五四运动以来的100年，是中国青年一代又一代接续奋斗、凯歌前行的100年，是中国青年用青春之我创造青春之中国、青春之民族的100年。

——习近平

———————————————————————— ★ ————————————————————————

　　让青春成为中华民族生气勃发、高歌猛
进的持久风景，让青年英雄成为驱动中华民
族加速迈向伟大复兴的蓬勃力量！

——习近平

——

五四运动画传

历史的现场和真相

丁晓平 / 著

人民出版社

这是一部图文并茂地记录伟大的五四运动的著作。作品从历史的细节着手，以辩证唯物主义和历史唯物主义的方法，阐说五四运动的历史背景、原因、经过及其在中国现代史上的影响，用清新可读的文字、大量珍贵的历史文物和史料图片，再现这段人们知道却并不完全知道的历史，发掘历史真相，理性地将五四时代的那些人和事系统地还原到历史的现场，全面反映了五四运动的历史风貌。史料丰富，视角独特，思想深邃。

1919.5.4.

纪念五四运动 **100** 周年

1919 年的北京

五四运动是反帝国主义的运动，又是反封建的运动。五四运动的杰出的历史意义，在于它带着为辛亥革命还不曾有的姿态，这就是彻底地不妥协地反帝国主义和彻底地不妥协地反封建主义。五四运动所以具有这种性质，是在当时中国的资本主义经济已有进一步的发展，当时中国的革命知识分子眼见得俄、德、奥三大帝国主义国家已经瓦解，英、法两大帝国主义国家已经受伤，而俄国无产阶级已经建立了社会主义国家，德、奥（匈牙利）、意三国无产阶级在革命中，因而发生了中国民族解放的新希望。五四运动是在当时世界革命号召之下，是在俄国革命号召之下，是在列宁号召之下发生的。五四运动是当时无产阶级世界革命的一部分。五四运动时期虽然还没有中国共产党，但是已经有了大批的赞成俄国革命的具有初步共产主义思想的知识分子。五四运动，在其开始，是共产主义的知识分子、革命的小资产阶级知识分子和资产阶级知识分子（他们是当时运动中的右翼）三部分人的统一战线的革命运动。它的弱点，就在只限于知识分子，没有工人农民参加。但发展到六三运动时，就不但是知识分子，而且有广大的无产阶级、小资产阶级和资产阶级参加，成了全国范围的革命运动了。五四运动所进行的文化革命则是彻底地反对封建文化的运动，自有中国历史以来，还没有过这样伟大而彻底的文化革命。当时以反对旧道德提倡新道德、反对旧文学提倡新文学为文化革命的两大旗帜，立下了伟大的功劳。这个文化运动，当时还没有可能普及到工农群众中去。它提出了"平民文学"口号，但是当时的所谓"平民"，实际上还只能限于城市小资产阶级和资产阶级的知识分子，即所谓市民阶级的知识分子。五四运动是在思想上和干部上准备了一九二一年中国共产党的成立，又准备了五卅运动和北伐战争。当时的资产阶级知识分子，是五四运动的右翼，到了第二个时期，他们中间的大部分就和敌人妥协，站在反动方面了。

——毛泽东《新民主主义论》

一百年太久，只争朝夕

（再版序言）

2019年，是五四运动100周年。

习近平总书记指出："100年前爆发的五四运动，是一场以先进青年知识分子为先锋、广大人民群众参加的彻底反帝反封建的伟大爱国革命运动。我们党历来高度重视对五四运动和五四精神的研究和阐释。新时代，我们要继续加强对五四运动和五四精神的研究。"在2019年4月19日主持中共中央政治局第十四次集体学习时，他指出，五四运动是我国近现代史上具有里程碑意义的重大事件，五四精神是五四运动创造的宝贵精神财富。他强调，安排这次中央政治局集体学习，目的是重温100年前那段激情燃烧的岁月，加深对五四运动历史意义和时代价值的认识。

4月30日，习近平总书记在纪念五四运动100周年大会上的讲话中指出：五四运动是中国近现代史上具有划时代意义的一个重大事件。"五四运动，爆发于民族危难之际，是一场以先进青年知识分子为先锋、广大人民群众参加的彻底反帝反封建的伟大爱国革命运动，是一场中国人民为拯救民族危亡、捍卫民族尊严、凝聚民族力量而掀起的伟大社会革命运动，是一场传播新思想新文化新知识的伟大思想启蒙运动和新文化运动，以磅礴之力鼓动了中国人民和中华民族实现民族复兴的志向和信心。"

1919年至2019年的这100年，是中华民族救亡图存、艰苦奋斗、砥砺前行的100年。这100年，也是最值得思考和总结的100年。积贫积弱、内忧外患的中国，饱受屈辱、欺侮，吃过别人没吃过的苦，打过别人没打过的仗，受尽别人没有受过的罪，但历尽苦难初心不改，始终屹立于世界民族之林。从觉醒、崛起到改革开放，从站起来、富起来到强起来，中国已经阔步走在伟大复兴的康庄大道上。光荣与梦想，苦难与辉煌，我们都可以从五四运动找到回望的支点。

温故而知新。在中国近现代史上，五四运动以彻底的反帝反封建的革命性、追求救国强国真理的进步性、各族各界群众积极参与的广泛性，以全民族的力量高举爱国主义的伟大旗帜，以全民族的行动激发了追求真理、追求进步的伟大觉醒，以全民族的搏击培育了永久奋斗的伟大传统，对中国的政治、思想、文化乃至国家、民族的前途和命运，产生了深刻而又积极的影响，成为旧民主主义革命走向新民主主义革命的转折点。

五四运动的历史已经写进了教科书。但对大多数普通读者来说，这是一段并不完全知道的历史，尤其是五四运动的历史背景、起因、经过和影响，以及新文化运动和五四运动之间的紧密联系。20世纪70年代以来，五四运动研究大多注重史学或学术层面，主要分为三个方向：一是从政治意识形态的角度来分析和判断，二是从西方近现代哲学思想角度来比较和评论，三是从中国传统的国学思想体系来分析和批判。这些研究，有的存在一定的历史局限性和片面性，有的意识形态色彩太浓，有的带有明显的个人情绪，和普通读者似乎都存在隔膜。近年来，五四运动研究偏向于微观叙事，尤其偏向于对人物、事件或个人口述史的研究，呈现"捡了故事，丢了历史"的现象——个体的历史越来越清晰，整体的历史越来越混沌。

还原历史事实，回到历史现场，阐释历史真相，比任何雄辩更重要。五四运动，应该从两个角度来考察：一个是新文化运动，另一个是爱国运动。彻底地不妥协地反对帝国主义和封建主义，是五四精神的核心。作为新文化运动，她是启蒙、是引导、是教育，是文化的觉醒，是知识分子和青年学子的一场思想革命。作为爱国运动，她是觉悟、是干预、是启示，是政治的觉醒，是爱国青年学子和知识分子联合工人、商人的一场爱国的直接行动。

之所以强调回到历史现场，是因为历史并不是我们"想象"中的历史。任何历史事件都有其必然性和偶然性。重述历史，既不能拿显微镜去"放大"偶然性，也不能戴老花镜去"模糊"必然性。比如，关于打倒"孔家店"这个问题，我作出了独立、科学的分析和判断，把"孔家店"与孔子区别开来——打倒"孔家店"并不是打倒孔子；孔子是人，不是神。"孔家店"则是统治阶级利用孔子来愚昧人民、控制人民的工具。新文化运动呼唤"德先生"和"赛先生"，从来没有全盘否定过中华民族的传统文化。不容置疑的是，新文化运动的领导者对中华民族传统文化采取的态度也是"吸取精华，排除糟粕"。作为后来者，我们在坚持历史现场细化的同时，还要坚持可信的现代解读，从个体的记忆和公共舆论中聆听那些被历史烟云所湮灭的声音，感受悲喜交集的历史表情，省察波澜壮阔的爱国革命运动，继承五四运动的精神之光。

历史是需要思考的。思考什么？怎么思考？答案只有一个，那就是思考最有价值的那部分。对一个学者或作家来说，就是要写历史中最有价值的那部分。什么是最有价值的？或者说，最有价值的是什么？在我看来，推动、改变并有利于民族、国家和人民的根本利益的历史，就是最有价值的历史，也是历史中最有价值的部分。爱国、进步、民主、科学，五四运动的根本精神也就在这里。"国家兴亡，匹夫有责。"五四运动给我们最大的启示，就是让每一个中国人明白了"国家"和"家国"的关系，懂得了一个人、一个家庭的前途和命运必须与民族、国家的前途和命运紧紧地联系在一起——家是最小的国，国是最大的家。

《五四运动画传——历史的现场和真相》第一版创作于十年前的2009年。当时，中共党史研究专家审读后认为，本书"对人们特别是青年人了解中国革命的历史，了解五四运动，增强对中国国情的了解和认识，激发强烈的爱国主义精神，建设中国特色的社会主义，实现中华民族的伟大复兴，会有积极的启迪作用"。本书既注重历史叙事，又重视历史省察；既注重史实呈现，又重视史识阐发；既有饱满、鲜活的历史细节，又有睿智、思辨的历史分析；既有纵向的对历史事件人物的逻辑梳理，又有横向的对历史文献文物的脉络考证，描绘了一幅立体的五四运动全景图。在五四运动100年的时刻，本书再版，的确是一个非常有意义的纪念。

一日长于百年。100年，并不遥远，但也不算太短。今天，我们拿什么来纪念五四运动？

100年前，亲身经历五四运动的毛泽东，在那个历史现场曾经向同学少年发出这样的呐喊："天下者我们的天下，国家者我们的国家，社会者我们的社会。我们不说，谁说？我们不干，谁干？"至今读来依然振聋发聩，催人奋进！

100年后的今天，习近平总书记指出："五四运动以来的100年，是中国青年一代又一代接续奋斗、凯歌前行的100年，是中国青年用青春之我创造青春之中国、青春之民族的100年。"青年是国家的未来，也是世界的未来。习近平总书记殷切期望新时代的中国青年树立远大理想，热爱伟大祖国，担当时代责任，勇于砥砺奋斗，练就过硬本领，锤炼品德修为。

在纪念五四运动100年的时刻，在世界面临百年未有之大变局的时刻，我还想与读者朋友们一起分享毛泽东的诗词《满江红》："小小寰球，有几个苍蝇碰壁。嗡嗡叫，几声凄厉，几声抽泣。蚂蚁缘槐夸大国，蚍蜉撼树谈何易。正西风落叶下长安，飞鸣镝。多少事，从来急；天地转，光阴迫。一万年太久，只争朝夕。四海翻腾云水怒，五洲震荡风雷激。要扫除一切害人虫，全无敌。"

道路由来曲折，征途自古艰难。在中华民族伟大复兴中国梦的征程中，我们都是追梦人！奋斗是青春最亮丽的底色。团结才有力量，行稳才能致远。我想和青年朋友们说：一百年太久，只争朝夕！

爱国、进步、民主、科学的五四精神不朽！

丁晓平

2019年5月4日

历史昭示未来

丁晓平

1 星汉灿烂，若出其里。

五四时代是一个生产大师的时代。

五四那一代人取得的成就体现为一项集体的事业。这项事业的成功也是那一代人的个性和意识形态的多样性所贡献的礼物。他们自己塑造了自己，甚至他们也意识到自己正创造着历史，但他们是不可能知道他们正在创造的历史的。当我们翻开五四的历史，那些已经变得模糊不清的人物，神态安详又富有尊严，他们那穿越历史时空的眼神正在注视着我们。或许他们会想到，我们会来瞻仰他们，阅读他们，聆听他们的教诲。

2 五四的天空，是爱国的天空。那一代新青年，他们没有停留或陶醉或沉沦于自我之中，他们肩上有责任，心中有国家；他们肩上有使命，心中有荣誉。他们是最纯粹的爱国者！

爱国主义——这是五四运动平凡而又伟大的起点，也是五四运动的落脚点和终点。正是在爱国主义的旗帜下，在爱国这个根本问题上，新文化运动的对手们在新旧思潮的激战中没有偏离方向，没有起哄没有背叛没有阴谋诡计，而是高度地团结在一起，一致对外。这也构筑了新文化运动深入人心的基础。他们的论争无论多么激烈多么激进多么激越，他们的矛盾都是五四新文化运动的新旧思潮的对立，就像一枚硬币的两面，是一个矛盾的统一体。这场文化论争，没有肮脏的权术，没有黑暗的功利，也少有劣质的政治，一切都浮在水面，学术对学术，思想对思想，甚至谩骂对谩骂，嘲讽对嘲讽，阳谋对阳谋，都像一锅沸腾的水，膨胀，碰撞，在北京大学这个思想的实验场里加工、制造乃至创造，成为半殖民地半封建中国社会变革的催化剂。无论是陈独秀、胡适、李大钊，还是辜鸿铭、林琴南、黄季刚，等等，他们的精神是如此的坚定，个性是如此的鲜明、真实和可爱，有血有肉，敢作敢为。他们都站在爱国主义这个起点上，结成了统一战线，因为他们都有一颗中国心——祖国要强大，民族要复兴。

3 历史是宽容的。

我们回望历史，不能对前人求全责备，更不能做事后诸葛亮，更不能当"马后炮"；我们既不能用今天的眼光去指点过去，也不能拿过去的事物来类比今天；一定要回到历史的现场，正视先人的历史局限性，也不要限于自己的局限。因为在现实面前，谁都不是先哲和先知。而在历史面前，任何人推动或者改变了历史，同样也被历史推动和改变。

五四新文化运动，不是全盘西化的运动，它是一股"西潮"，是一次试图全面、深刻、立体地从文学和思想领域，吸收人类优秀的文明成果，对国家、民族和人民进行解放思想和改革开放的运动。它是一次全民教育运动，也是一次民族思想启蒙运动，还是一次中国人的政治觉醒运动。

但五四运动和历史上的任何一次文化运动或政治运动一样，都有其时代的局限性和历史性，它所承担的历史使命和责任都是不可能超时代的。在21世纪的今天，我们应该拿什么来纪念这个现代中国的伟大思想革命？从90年前五四运动精神领袖陈独秀先生高举科学和民主的大旗的时候开始，我们伟大的民族就开始了自我解放自我更新自我革命的伟大进程。这种创造性的思想革命，开天辟地，把人民的觉醒和民族、国家的命运紧紧地与个人的命运联系在一起，这种科学、民主的五四精神和21世纪今天中国共产党提出的"科学发展"与"和谐社会"可谓一脉相承，是中华民族贡献给人类的智慧的礼物。

4 我不是历史学家，但我喜欢思考历史，历史也需要思考。但思考什么？怎么思考？这是一个问题。答案只有一句话，思考最有价值的那部分。而对一个作家来说，也就是书写历史中最有价值的那部分。

"三十年河东，三十年河西。"这是一个俗语，却也像一句谶语。20世纪中国的历史就这样每隔30年递进式地向前推进，向前发展。现在，我们可以把自己置身于1919年五四运动的历史现场，一个新的中国如襁褓中的婴儿，从这里开始了在黎明前的黑暗中的成长；30年后的1949年，中国天翻地覆，中国人民站立起来了；又过了30年，1978年改革开放，中国开始以全新的姿态走进世界，也以全新的姿态让世界走进中国。1919—1949—1979年，2009年又是一个30年后，科学发展、和谐社会——在中华民族伟大复兴的历史现场，梦想已经把现实照亮。

5 1919—2009。在五四运动90周年的时候，中华人民共和国迎来了60岁的生日。

美国开国元勋约翰·亚当斯在1807年回忆独立战争的时候，曾经这样写道："在我的记忆中，没有什么东西比我通过观察得出的这个结论更古老了：艺术、科学和帝国总是向西前进。从我还是个乳臭未干的小孩起，在平日交谈中我就总是强调，历史将越过大西洋来到美利坚。"

当约翰·亚当斯这句不是格言警句的话语，跨越两个世纪在200多年后的21世纪初的某个时空与一个中国人相逢的时候，我的第一感觉就是：他说得太好了，而我也应该接着他的话继续强调——艺术、科学和帝国总是向西前进，而且必然继续向西前进，历史将越过太平洋来到中国！因为地球是圆的，向西就是向地球的东方前进，向中国前进！21世纪，对我们中国人来说，就处在这样一个历史的现场，一个创造的现场。因为——

历史必将跨过太平洋来到中国！

历史正在跨过太平洋回到中国！

历史在进步——物质在进步，精神在进步，科学在进步，民主在进步，思想在进步，政治在进步，社会在进步，国家在进步——归根结底：人在进步！

6 毋忘国耻！知耻而后勇。纪念五四，最大的意义莫过于此。

爱国，进步，民主，科学——五四精神不朽！

2009年1月于北京平安里弃疾斋

目 录
CONTENTS

1919.5.4 纪念五四运动**100**周年

八国联军开进紫禁城

1900年8月14日，八国联军侵占北京，德国陆军元帅瓦德西带领骑兵进入紫禁城。

WU SI
YUNDONG

日本驻华公使日置益向梦想当皇帝的袁世凯提交了几页用印有"军舰和机关枪"的水印纸打印的文件——这就是比鸦片战争中西洋的坚船利炮更令中国人的自尊心经受巨大伤害的臭名昭著的"二十一条"。

第一章
CHAPTER 1

从国耻"二十一条"说起

WU SI YUNDONG

HUAZHUAN
Scene and Truth of History

1915

拿破仑曾说中国是睡狮。这个比喻堪称一个伟人的远见。习近平主席2014年3月访问法国时，在中法建交50周年纪念大会上的讲话中说，"中国这头狮子已经醒了，但这是一只和平的、可亲的、文明的狮子"。

在1919年五四运动之前的1895年，中国人从甲午海战大败于日本人之后，终于在北洋舰队全军覆没的惨烈中发出了"救国"的呼声，"中央之国"的臣民们也终于开始意识到自己的国家还在沉睡之中。

毫无疑问，20世纪的一二十年代，是一个在中国近现代史上值得反复强调的年代。这是一个风云变幻的混乱年代，一个天翻地覆的年代，一个前所未有的年代，一个旋涡接着一个旋涡的年代。腐败、分裂、外辱、黑暗同生并存。

——中华民族五千年历史正处于寒冬……

这的确是一个令中国人心寒的冬季。1915年1月18日，北京的冬天阴暗肃杀。这天傍晚，中华民国总统袁世凯在自己的官邸，与日本驻华公使日置益（1861—1926）举行了一场秘密的私人会晤。也就是在这次会晤中，日置益向梦想当皇帝的袁世凯提交了几页用印有"军舰和机关枪"的水印纸打印的文件。精于阴谋的日本人之所以使用这种特殊的水印纸，其阴险狡诈的企图显然与文件内容一起宣告了日本人特别的暗示。这就是比鸦片战争中西洋的坚船利炮更令中国人的自尊心经受巨大伤害的臭名昭著的"二十一条"。

日本帝国主义利用第一次世界大战的时机，向袁世凯政府提出的旨在独占中国的这个秘密条款，共计五号，分为二十一条。主要内容为：一、承认日本继承德国在山东的一切权益，山东省不得让与或租借他国。二、承认日本人有在南满和内蒙古东部居住、往来、经营工商业及开矿等项特权。旅顺、大连的租借期限并南满、安奉两铁路管理期限，均延展至99年为限。三、汉冶萍公司改为中日合办，附近矿山不准公司以外的人开采。四、所有中国沿海港湾、岛屿概不租借或让给他国。五、中国政府聘用日本人为政治、军事、财政等顾问。中日合办警政和兵工厂。武昌至南昌、南昌至杭州、南昌至潮州之间各铁路建筑权让与日本。日本在福建省有开矿、建筑海港和船厂及筑

袁世凯（1859—1916年）

河南项城人，故人称"袁项城"。
中国近代史上著名的政治家、
军事家，北洋军阀领袖。

袁世凯称帝时的"皇帝之宝"
和"中华帝国之玺"

路的优先权等。

袁世凯打着自己的小算盘，阴谋称帝，亟须取得日本人的支持，派外交总长陆徵祥、次长曹汝霖和日本代表秘密谈判。

袁世凯这个"袁大头"一点也不糊涂，他深知日本人这二十一条要求严重损害了中国的主权，不敢立即表示接受。于是，在秘密谈判期间，他也曾委婉地试图利用国际和国内新闻界的舆论力量来争取道义上的支持。刚刚上任外交部参事不到一年的顾维钧大胆地实施了这个"舆论政策"——他不顾日本要求保密的警告，把"二十一条"的性质和内容开始一点一点地向英语系国家使馆和新闻界吹风。于是，中国的新闻纸上也开始透露日本帝国主义者威胁中国签订"二十一条"、妄图独占中国的消息。由此，在混乱、落后、军阀统治的条件下，现代中国历史上公众舆论也第一次有了发言的机会。

消息一经传开，反日舆论沸腾。欧美列强对日本损害他们在华的侵略权益一致不满，纷纷给予抨击。但诡计多端的日本人却违反正常外交途径，要求袁世凯"绝对保密，否则要负一切严重后果之责"，力阻其他外国势力插手干预，企图控制中国的满洲里、内蒙古、山东、东南沿海和长江流域。日本人以见不得人的秘密谈判的方式，企图强迫中国就范。真是触目惊心！接受这"二十一条"，无异于让日本人开始在大半个中国进行殖民统治，从而掌控中国的经济和行政。从此，中日双方开始了长达四个月的极端秘密的谈判。

正式谈判于1915年2月2日开始。日本以支持袁世凯称帝引诱于前，以武力威胁于后，企图使袁世凯政府全盘接受。中国人民反日爱国斗争日趋高涨，日本见事态严重，便一面宣布第五项为希望条件，属于劝告性质；一面提出新案，内容与原要求一至四项基本相同，仅将若干条文改用换文方式。经过三个月的拉锯，至5月7日下午3时，急不可耐的日本人向中国发出了最后通牒，限48小时内应允，骇人听闻地要求"不加修改地接受一、二、三、四组内所有要求和第五组内有关福建的要求"。面对这种明目张胆的威胁，袁世凯指望欧美列强干涉的妄想落空了。怕得罪日本、皇帝做不成的袁世凯，便以中国无力抵御外侮为理由，屈服在日本的"军舰和机关枪"面前。5月9日下午1时，

袁世凯手批的"二十一条"原件

"二十一条"日文文本

袁世凯为了取得日本政府对他复辟帝制的支持，除"二十一条"第五款外全部接受

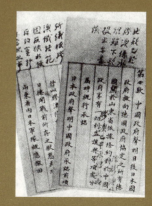

袁世凯手批的"二十一条"原件

袁世凯在没有得到国会批准的情况下，递交复文表示除第五项各条容日后协商外，全部接受日本的要求。5月25日，陆徵祥和日置益在北京签订了所谓《关于南满洲及东部内蒙古之条约》《关于山东之条约》。

"二十一条"是日本帝国主义以吞并中国为目的而强加于中国的单方面"条约"，袁世凯卖国政府事后也不得不声明此项"条约"是由于日本最后通牒而被迫同意的。此后历届中国政府均未承认其为有效条约。

袁世凯在日本的软硬兼施下丧失了立场，卖国求荣。而作为中方谈判代表的北京政府外交部次长曹汝霖等人，在日本人面前更是奴颜婢膝——日本公使日置益3月17日因坠马受伤

日置益（1861—1926年）

日本外交官。1915年1月18日，他代表日本政府向袁世凯递交旨在灭亡中国的"二十一条"。5月25日，以全权代表身份与陆徵祥签订《二十一条》。

袁世凯天坛祭天

卧床，他竟然把谈判桌移到了日本人的床前！他曾如此回忆说："适日使坠马受伤，会议停了三次，小幡来部告我，公使伤未愈，腿涂石膏，不能下床，但急于会议，拟请陆总长（陆微祥——楷体字为作者注，下同）与您枉驾使馆会议。余告陆总长同意，遂移至日本使馆会议。日使不能下床，就在床前设桌会议。"露骨的奴才们活生生地表演了古今中外外交史上罕见的丑闻。

可耻！床前外交！

呜呼！国将亡矣！

谈判期间，中国知识分子首先表达并传递了民族屈辱感，爱国者的心声第一时间在全国引起共鸣——人民群情激愤，人民来信像潮水一样涌向总统府，29个省的都督向中央政府呼吁，不要向日本人低头，不签订"二十一条"。而在1月26日，也就是有关"二十一条"的消息首次披露不久，公众就举行了集会。

1915年"二十一条"签字时，中日代表的合影及他们的亲笔签名

2月，上海又先后成立了"市民爱国会"和"国民对日同志会"，开始抵制日货，迅速蔓延全国，并从3月持续到8月，长达5个月时间。这是中国历史上第五次抵制外国货的运动，使得日本对华贸易遭受了空前损失，让中国人第一次感受到了这种民众团结的集体抵制运动所具有的巨大威力。

当北京袁世凯政府因为日本政府"能遇事相助"支持其恢复帝制，最终在5月9日丑陋地屈服于日本人的时候，中国人民的愤怒达到了顶点。5月7日（即日本政府下最后通牒的日子）和9日（袁世凯政府承认"二十一条"的日子）被命名为"国耻纪念日"，并从此写进了中国的历史教科书。中国人开始在心灵上背负一个民族和一个国家历史的耻辱。"勿忘国耻"的标语也很快被粉刷在大街小巷、印在各类商品的包装上或信封上。显然，"二十一条"激发了中国人的民族情感，人民大众开始意识到为了生存必须反抗外国侵略。但对活跃的中国知识界精英分子来说，比如陈独秀、李大钊等，已不再满足于把反抗侵略只停留在民族主义的情绪发泄和抵制上，而是开始冷静地思考中国落后挨打的根本问题——中国的文明或者文化是否应该进行一场前所未有的彻底的革命。时年22岁的毛泽东，正在湖南长沙第一师范读书，当他读到学校同学们编印的反对卖国条约的言论集《明耻篇》时，义愤填膺，在该书的封面上写道："五月七日，民国奇耻；何以报仇，在我学子"！

印有"二十一条"内容的传单　　　　毛泽东在《明耻篇》上的题诗

　　1916年3月22日，袁世凯无可奈何地宣布撤销帝制，废除"洪宪"年号，83天的皇帝梦灰飞烟灭。6月6日，这个"几乎在20世纪的中国所能找到的一切道德上卑鄙、政治上落后的化身"，"有一打以上妻妾和众多子女，除在正式场合穿西式军服外都穿中式服装，不懂外语，从来没有出国到比朝鲜更远的地方旅行，却把自己的几个儿子均送到海外接受教育"的"袁大头"，"在1898年背叛了改良主义，辛亥革命中背叛了朝廷，当了民国总统背叛了民国"，从而靠"撒谎、欺骗、玩阴谋、搞暗杀，杀出一条通向复辟帝制的道路"的野心家袁世凯，在人民的唾骂声和反抗声中死去。[1]

　　城头变幻大王旗。随着袁世凯在阴谋复辟的历史丑剧中死去，副总统黎元洪接任大总统，但实权却握在国务总理兼陆军总长段祺瑞手中。他们之间的矛盾由1917年初中国是否参战问题的争论而上升为"府（总统府）院（国务院）之争"，背后实际上是他们各自帝国主义后台美、日两个国家之间的斗争。"府院之争"导致了1917年7月张勋上演复辟闹剧。翻手为云、覆手为雨的段祺瑞乘机在马厂誓师讨张，假"再造民国"之名强迫黎元洪下台，并利用日本"西原借款"贿选新国会，将徐世昌推上大总统的宝座。8月14日，段祺瑞使北京政府对德作战。

　　德国战败后在山东侵占的权益理应由中国收回。但1918年9月24日，北京政府的驻日公使章宗祥和日本外相后腾却交换了关于向日本借款的公文和关于山东问题的换文，并在28日签订了借款两千万元的合同。日本政府强行以条约的形式肯定其占领济南和青岛的合法性。这就直接说明，中国参战的结果，不仅未能收回德国占领的山东，而是丢弃了更多的主权，且大大超出了"二十一条"日本所要求的继承德国之山东权益的范围。这真是奇耻大辱！但投靠日本帝国主义的段祺瑞政府，不仅不感到耻辱，反而"欣然同意"，特

---

[1] [美]费正清主编：《剑桥中华民国史1912—1949》上，杨品泉等译，中国社会科学出版社1998年版，第232—265页。

1919
5.4
SCENE
TRUTH
五四运动画传
历史 的 现场 和 真相

德国侵占青岛后，曾于信号山摩崖石刻飞鹰图徽和德军侵占年月及侵略将领姓名。1914年日军侵占青岛后，又刻其侵略年月"大正三年十一月七日"于其上。

命全权公使章宗祥向日本人立下了这样的保证——

敬启者：

接奉贵翰内称，贵国政府顾念贵我两国间所存善邻之谊，本和衷协调之意旨起见，提议关于山东省诸问题，照左记各项处理等因，业已阅悉：

一，胶济铁路沿线之日本国军队，除济南留一部队外，全部均调集于青岛；

二，胶济铁路之警备，可由中国政府组成巡警队任之；

三，右列巡警队之经费，由胶济路提供相当之金额充之；

四，右列巡警队本部及枢要驿并巡警养成所内，应聘用日本国人；

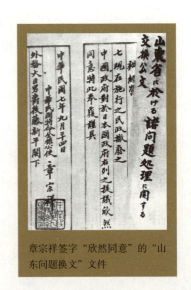

章宗祥签字"欣然同意"的"山东问题换文"文件

黎元洪（1864—1928年）
两次任中华民国大总统、三次任中华民国副总统。恢复约法，召集国会。

张　勋（1854—1923年）
为效忠清室，张勋禁止所部剪辫子，被称为"辫帅"。

段祺瑞（1865—1936年）
中华民国时期著名政治家，号称"北洋之虎"，皖系军阀首领。

　　五，胶济铁路从业员中应采用中国人；

　　六，胶济铁路所属确定以后，归中日两国合办经营；

　　七，现在施行之民政撤废之。

　　中国政府对于日本国政府右列之提议欣然同意。

　　特此奉复，谨具。[1]

　　上述保证文字之"欣然同意"，也就成为1919年巴黎和会上日本强占山东的借口和"证据"。

章宗祥（1879—1962年）
曾任袁世凯政府秘书、司法总长，1916年任驻日特命全权公使，与日本签订了《中日陆军共同防敌协定》《中日海军共同防敌协定》，"欣然同意"日本继续占领济南、青岛和控制山东的要求。

[1] 彭明：《五四运动史》，人民出版社1984年版，第23页。

20 世纪初的陈独秀

WU SI
YUNDONG

1915年9月15日《青年杂志》诞生了。

这是一个历史性的标志。

影响中国历史的新文化运动从此开始。

第二章
CHAPTER 2

"新青年"来了

HUAZHUAN
Scene and Truth of History

WU SI YUNDONG

1915

　　引领五四时代的"新青年"领袖和先锋大多是"海归"。毫无疑问，共同的海外留学经历成为他们"家事国事天下事事事关心"的优势和历史背景。

　　但我们也不要忘了，彼时彼刻的世界处于战争状态，彼时彼刻的中国处于战争状态，而且是外战和内战彼此交错，几乎没有喘息的机会。这就是我们观察五四运动时最不可忽略的背景。在这样的背景下，才有了后来1919年的两个"和会"，一个是中国南北政府之间吵闹不休的上海和会，一个是英国、意大利、法国、美国和日本等强国博弈的巴黎和会。

　　辛亥革命虽然推翻了统治中国几千年的君主专制制度、建立起共和政体，但革命并未彻底成功，在袁世凯窃取辛亥革命成果之后，中华民国成了一块打着"共和"的招牌。一位清朝的遗老为此还编撰了一副藏头联，对"民国"和"总统"进行了嘲讽——

　　　　民犹是也，国犹是也，何分南北？
　　　　总而言之，统而言之，不是东西。

　　"民国何分南北？总统不是东西"——如此的质疑和咒骂，即使是今天读来也觉得妙不可言。而在当时，或许也不尽然是个别的情绪宣泄，而是一种社会势力和阶级斗争的真切反映。

孙中山手书同盟会誓词

　　不断复辟的政治闹剧，皇权主义的军阀们继续他们的封建专制主义统治，想当"皇帝"，但现实的中华民国却像鲁迅先生在《忽然想到》一文中写的那样："我希望有人好好地做一部民国的建国史给少年看，因为我觉得民国的来源，实在已经失传，虽然还只有十四

英国报纸刊载孙中山在伦敦的留影

中华民国临时大总统印

年！""民国"为什么"失传"了呢？根本原因是中国的封建专制主义者和帝国主义者，在经济、军事上相互勾结，以达到各自的政治目的。

诚如毛泽东在《新民主主义论》中所言，此时"因为中国资产阶级的无力和世界已经进到帝国主义时代，这种资产阶级思想只能上阵打几个回合，就被外国帝国主义的奴化思想和中国封建主义的复古思想的反动同盟所打退了，被这个思想上的反动同盟军稍稍一反攻，所谓新学，就偃旗息鼓，宣告退却，失了灵魂，而只剩下它的躯壳了。旧的资产阶级民主主义文化，在帝国主义时代，已经腐化，已经无力了，它的失败是必然的"。帝国主义的经济侵略、封建军阀的经济掠夺和中国民族资产阶级的进一步发展，使得有良知的中国人尤其是知识分子开始觉悟民族危机——必须实行民族自救，挽救中国——但中国的出路到底在哪里？"自从一八四〇年鸦片战争失败那时起，先进的中国人，经过千辛万苦，向西方国家寻找真理。洪秀全、康有为、严复和孙中山，代表了在中国共产党出世以前向西方寻找真理的一派人物。"[1]国耻民辱，工人、农民、学生、民族工商业者、华侨和所有的爱国人士，都在期盼着一次新的洗礼。

从历史科学体系的整体来考察，正如我国著名历史学家翦伯赞所说："经济是历史的骨骼，政治是历史的血肉，文化是历史的灵魂。"就在

[1]《毛泽东选集》第四卷，人民出版社1991年版，第1469页。

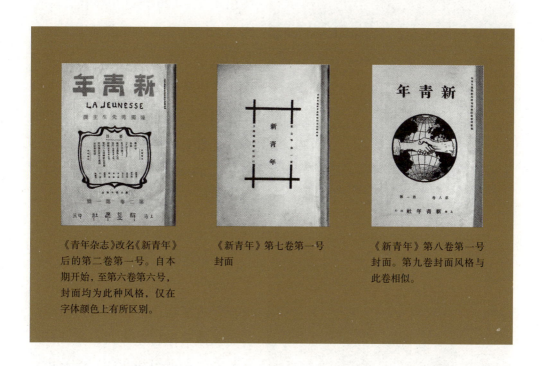

《青年杂志》改名《新青年》后的第二卷第一号。自本期开始，至第六卷第六号，封面均为此种风格，仅在字体颜色上有所区别。

《新青年》第七卷第一号封面

《新青年》第八卷第一号封面。第九卷封面风格与此卷相似。

这样的半殖民地半封建的政治、经济背景中，一场思想和文化的启蒙运动——新文化运动，就像冬日的梅花，不知不觉中迎着封建主义的寒风和帝国主义的霜冻而绽放。

1915年9月15日，《青年杂志》诞生了。

这是一个历史性的标志。影响中国历史的新文化运动从此开始。

1915年是中国农历的乙卯年，也就是兔年，是陈独秀的本命年。这一年他36岁。1879年10月9日，他诞生在安徽安庆怀宁县的一个小户人家。不满两周岁的时候，父亲即死于疫病，成了一个"没有父亲的孩子"。5岁的时候，他过继给因治水有功而官运亨通的叔父陈衍庶做嗣子。这个天生就有着叛逆精神的安徽人，小时候跟着祖父读书，因为耍小聪明经常挨打，但据他自己说，使祖父"最生气，气得怒目切齿几乎发狂令人可怕的，是我无论挨了如何毒打，总一声不哭，他不止一次愤怒而伤感地骂道：'这个东西，将来长大成人，必定是一个杀人不眨眼的凶恶强盗，真是家门不幸。'"他的母亲"为此不知五四时期是中国新闻出版事业的大发展时期。随着新文化运动的不断深入，新式标点符号在报刊上广泛应用，白话文逐步代替文言文成为主流语言，新期刊如雨后春笋般狂飙突进，旧刊物与时俱进实行改革，形成了一股"报刊热"，有600多种新期刊和报纸面世。这确是中国新闻出版史上值得不断研究和讨论的时代。

《新青年》，月刊，原名《青年杂志》，16开，1915年9月15日创刊，编辑部就在陈独秀上海法租界嵩山路吉谊里21号的家中，由群益书社陈子沛、陈子寿兄弟发行。陈独秀得编辑费、稿费200元。《新青年》采用标点和分段，开创了中国报刊史的先河。标点符号的字模是陈子寿和太平洋印刷所张秉文用外文的标点符号做底子刻成的。从第一卷第一号至第三卷第六号（1915年9月15日至1917年8月1日）由陈独秀主撰、主编。1916年第一卷第一号改名《新青年》。1917年编辑部随陈独秀移师北京。从第四卷第一号（1918年1月15日）起，杂志改为同人刊物，但陈独秀仍然负主要责任，参与编辑的人员有胡适、钱玄同、刘半农、沈尹默、陶孟和、高一涵、李大钊。而蔡元培、鲁迅、周作人、刘文典、吴虞、王星拱、易白沙、杨怀中、吴稚晖、傅斯年、罗家伦等都是其作者。从第七卷第一号（1919年12月）起，又由陈独秀主编。此后，编辑部又随陈独秀回迁上海。1920年8月，陈独秀在上海创立中国共产党发起组，《新青年》从第八卷起成为中共发起组的机关刊物，1922年7月1日休刊。1923年《新青年》季刊在广州创刊，由瞿秋白担任编辑，是中共中央的理论刊物。

《新青年》高举民主和科学的旗帜，开展文学革命，反封建反侵略，传播马克思主义，带领爱国青年为独立和自由而战，成为新文化运动的领导刊物和舆论阵地。或许很难再找到一本杂志像《新青年》一样，对一个时代发生如此深刻的影响，它确实像黑暗中的一盏灯，指引着一个时代前进的步伐，培养了整整一代青年人。作为现代中国革命史上最重要的杂志之一，它从创刊到终刊，前后长达10年，而这10年正是中国革命完成由旧民主主义到新民主主义过渡的阶段，建立了中国共产党，掀起了规模巨大的国民革命运动。《新青年》是一本综合性的社会科学期刊，每期100页左右，每六号为一卷。从出版周期上可分为月刊、季刊和不定期刊，共出版了63期。其中月刊（1915年9月至1922年7月）共出版了9卷54期，季刊（1923年6月至1924年12月）共出版了4期，不定期刊（1925年4月至1926年7月）共出版了5期。从第一卷至第七卷由上海群益书社发行，第八卷之后由上海新青年社印行。

流了多少眼泪"。可是，如此倔强的他每次见到母亲流泪，自己"倒哭出来了"。20世纪30年代，陈独秀在自传中说："母亲的眼泪，比祖父的板子，着实有权威，一直到现在，我还是不怕打，不怕杀，只怕人对我哭，尤其是妇人哭。母亲的眼泪，是叫我用功读书之强有力的命令。"1898年9月，维新变法失败，戊戌六君子人头落地，血的教训令陈独秀开始重新思考他所信奉的康梁维新派主张。到了1902年，经历了1900年八国联军侵华屈辱的清王朝已经成了自己的掘墓人，陈独秀开始从改良派转变为革命派，立志推翻清王朝的封建统治。辛亥革命时期，陈独秀在故乡安庆从事革命活动，发起反对沙皇俄国侵占东北三省的演说大会，在安庆、芜湖创办《安徽俗话报》宣传反帝爱国，还先后开办进步学校、组织秘密的反清军事团体"岳王会"。

1915年7月初，经好友汪孟邹的介绍，两年前因参加讨袁"二次革命"失败流亡日本的陈独秀，一回到上海就与群益书社的老板陈子沛、陈子寿兄弟定夺创办《青年杂志》。双方议定每月的编辑费和稿费为二百元，月出一本，并于9月

15日出版了第一卷第一号。这就是后来在中国革命史上影响了一代人的著名新文化运动杂志《新青年》的前身。

《青年杂志》第一卷第一号的封面上署有法语La Jeunesse，系"青年"之意。陈独秀是唯一的编辑，而第一号几乎大半文章也都出自他的手笔。他除了发表《敬告青年》《法兰西人与近世文明》《妇人观》《现代文明史》等主要文章外，还亲自撰写和辑录了《社告》《国外大事记》和《国内大事记》以及"通信"等栏目、文章。

《青年杂志》创刊号

《青年杂志》的创刊标志着20世纪初中国新文化运动的开始，吹响了中国思想解放运动的号角。在《敬告青年》中，陈独秀满怀激情地讴歌"青年如初春，如朝日，如百卉之萌动，如利刃之新发于硎，人生最可宝贵之时期也"。他以进化论的观点说——

窃以少年老成，中国称人之语也；年长而勿衰(Keep young while growing old)，英、美人相勖之辞也，此亦东西民族涉想不同、现象趋异之一端欤？青年如初春，如朝日，如百卉之萌动，如利刃之新发于硎，人生最可宝贵之时期也。青年之于社会，犹新鲜活泼细胞之在人身。新陈代谢，陈腐朽败者无时不在天然淘汰之途，与新鲜活泼者以空间之位置及时间之生命。人身遵新陈代谢之道则健康，陈腐朽败之细胞充塞人身则人身死；社会遵新陈代谢之道则隆盛，陈腐朽败之分子充塞社会则社会亡。

准斯以谈，吾国之社会，其隆盛耶？抑将亡耶？非予之所忍言者。彼陈腐朽败之分子，一听其天然之淘汰，雅不愿以如流之岁月，与之说短道长，希冀其脱胎换骨也。予所欲涕泣陈词者，惟属望于新鲜活泼之青年，有以自觉而奋斗耳！

自觉者何？自觉其新鲜活泼之价值与责任，而自视不可卑也。奋斗者何？奋其智能，力排陈腐朽败者以去，视之若仇敌，若洪水猛兽，而不可与为邻，而不为其菌毒所传染也。

接着，陈独秀呼唤"敏于自觉、勇于奋斗之青年，发挥人间固有之智能，抉择人间种种之思想，——孰为新鲜活泼而适于今世之争存，孰为陈腐朽败而不容留置于脑里"，中国青年"决不作牵就依违之想，自度度人"，应该"利刃断铁，快刀理麻"，否则"社会庶几其有清宁之日也"。他提出青年行为的六条原则，即：（一）自主的而非奴隶的；（二）进步的而非保守的；（三）进取的而非退隐的；（四）世界的而非锁国的；（五）实利的而非虚文的；（六）科学的而非想象的。陈独秀在此文中大力抨击保守主义，抨击旧传统旧伦理，提倡科学、人权和自由，要求青年独立自主，用世界的眼光来看中国，他痛心疾首地说——

陈独秀手书：
行无愧怍心常坦，身处艰难气若虹。

上海亚东图书馆的标志

举凡残民害理之妖言，率能征之故训，而不可谓诬，谬种流传，岂自今始！固有之伦理、法律、学术、礼俗，无一非封建制度之遗，持较晳种之所为，以并世之人，而思想差迟，几及千载；尊重廿四朝之历史性，而不作改进之图，则驱吾民于二十世纪之世界以外，纳之奴隶牛马黑暗沟中而已，复何说哉！于此而言保守，诚不知为何项制度文物，可以适用生存于今世。吾宁忍过去国粹之消亡，而不忍现在及将来之民族，不适世界之生存而归削灭也。

呜呼！巴比伦人往矣，其文明尚有何等之效用耶？"皮之不存，毛将焉傅？"世界进化，骎骎未有已焉。其不能善变而与之俱进者，将见其不适环境之争存，而退归天然淘汰已耳，保守云乎哉！

1915年9月15日，在《青年杂志》第一卷第一号的《社告》上，陈独秀首先作了五点声明，应该算是"新青年"诞生的"宣言书"——

一，国势陵夷，道衰学弊。后来责任，端在青年。本志之作，盖欲与青年诸君商榷将来所以修身治国之道。

二，今后时会，一举一措，皆有世界关系。我国青年，虽处蛰伏研求之时，然不可不放眼以观世界。本志于各国事情学术思潮尽心灌输，可备攻错。

三，本志以平易之文，说高尚之理。凡学术事情足以发扬青年志趣者，竭力阐述，冀青年诸君于研习科学之余，得精神上之援助。

四，本志执笔诸君，皆一时名彦，然不自拘限。社外撰述，尤极欢迎。海内鸿硕，倘有佳作见惠，无任期祷。

五，本志特辟通信一门，以为质析疑难发舒意见之用。凡青年诸君对于物情学理有所怀疑，或有所阐发，皆可直缄惠示。本志当尽其所知，用以奉答，庶可启发心思，增益神志。

《青年杂志》因与基督教上海青年会主办的《上海青年》周报名字雷同，被其来信指控"应该及早更名，省得犯冒名的错误"，陈独秀才赞同群益书社陈氏兄弟的意见，从1916年9月1日出版的第二卷第一号起正式改名《新青年》。

陈独秀（1879—1942年）

安徽怀宁（今安庆）人，新文化运动的发起者、五四运动的总司令、中国共产党最重要的创始人。

在1917年之前，《新青年》完全由陈独秀一人担任编辑。1916年改名后，也就是《新青年》第二卷第一号的封面上，还专门醒目地加上了"陈独秀先生主撰"。稿源除了陈独秀本人之外，1915年第一卷的主要作者是高一涵、李亦民、汪叔潜、刘叔雅（刘文典）、谢无量、易白沙、高语罕等人。从1916年第二卷开始，作者群开始扩大，先后增加了李大钊、胡适、吴虞、吴稚晖、刘半农、马君武、苏曼殊、杨昌济、陶履恭（陶孟和）等人。杂志的月发行量也由最初的只印一千本上升到一万五六千本，影响越来越大。

《新青年》从一开始就以发表有关政治、思想方面的评论为主，兼顾中外历史、哲学、文学艺术（包括戏剧、小说和外国文艺翻译作品，从第二卷第六号开始发表胡适的白话诗）、人物传记以及国内国外时事和通信。

在这个时期，陈独秀的活动主要在上海，国内外新知识分子的头面人物们还没有什么密切的联系，更谈不上有什么组织。《新青年》的主旨虽然也尖锐地发出了反帝制评论，还开创性地专设了"通信"专栏，搭建编读平台，加强与读者的互动和沟通，释疑解惑；但其主要思想依然在批判传统伦理和思想意识上——唤起国民独立人格，破除儒家奴隶道德，强调打破陈腐的旧传统和在思想上唤醒中国青年，并寄新青年们建设一个新中国的希望。

　　1917年1月1日，《新青年》第二卷第五号发表了胡适的《文学改良刍议》。紧接着，刚刚进京上任北京大学文科学长不到半个月的陈独秀，就在2月1日出版的《新青年》第二卷第六号上发表了亲自撰写的《文学革命论》，变"改良"为"革命"，"不容反对者有讨论之余地"，前无古人前所未有闻所未闻地举起了"文学革命"的大旗，以"有不顾迂儒之毁誉，明目张胆以与十八妖魔宣战者乎？予愿拖四十二生的大炮，为之前驱"的气概，发出了响亮的战斗号召，更彻底更激进更鲜明更磅礴更勇敢地向中国的旧文化，投下了一颗解放思想的原子弹。这正像他1904年"背了一个包袱，带了一把雨伞"，从安庆到芜湖的科学图书社主办《安徽俗话报》时应邀题写的楹联——

　　　　推倒一时豪杰
　　　　扩拓万古心胸

那一年，陈独秀才25岁。
真正的一个新青年！向历史走来。

國立北京大學

原北京大学大门

WU SI
YUNDONG

蔡元培在陈独秀、胡适等人的支持下，开辟了中国现代史上"大学应以研究学术而谋国家学术独立为己任"的道路，"在静水中投下知识革命之石"，高举科学和民主的大旗，把一个"官僚养成所"改造成中国的"精神圣地"，"为国家种下了读书、爱国、革命的种子"。

第三章
CHAPTER 3

老北大改革

WU SI YUNDONG

HUAZHUAN
Scene and Truth of History

1919

1916年12月26日。这是一个值得铭记的日子。在这一天，刚刚当了半年总统的黎元洪发出其政府少有的一个正确的影响中国20世纪历史的人事任命——由正在法国致力于华工和工读学生的教育和社会服务改善工作的蔡元培，接任因去美国而辞职的胡仁源为北京大学校长。此前，这位1894年就升补翰林院编修的浙江人，曾被该省一些议员提议北京政府任命他为浙江省省长，但遭到远在法国的他回电拒绝。

北京大学在1919年初是中国政府仅有的三所官办大学之一，也是唯一位于首都并完全由中央政府供给的大学。其前身是京师大学堂，创立于1898年（光绪二十四年）5月，由大学士、吏部尚书孙家鼐任总监督，吏部侍郎许景澄为总教习，传教士丁韪良（W.A.P.Martin）任西学总教习。1912年改名北京大学，严复担任校长。作为当时的中国最高学府，北大分为文科、理科、法科、工科。

文科包括中文、哲学、英文、法文、历史等系；

理科包括物理、化学、数学、地理等系；

法科包括政治科学、经济、商学等系；

工科包括土木工程、矿业冶金两个系。

蔡元培担任北京大学校长之后，进行了大刀阔斧的改革。1917年1月4日，蔡元培正式到北大就职。他在就职演说中训话："大学生当以研究学术为天职，不当以大学为升官发财之阶梯。"因为此时的北大像个衙门，素以保守闻名，没有学术气氛，学生把北大当作升官发财的跳板，风气败坏，庸俗不堪，很多人就是混日子混张文凭。当时"八大胡同"最欢迎的就是"两院一堂"，两院指国会的参议院和众议院，一堂就是指被称作"京师大学堂"的北大。为此，蔡元培又提出了"十六字箴言"：囊括大典，网罗众家，思想自由，兼容并包。

经过蔡元培的治理，北大出现了新气象，至1919年，财政预算由1916年的43万银元上升到792459元，学生数由1916年的1503人上升到2413人。1919年初，北大的管理人员有50人，教员有202人，除了4名英国人、3名美

蔡元培（1868—1940年），浙江绍兴人，原籍浙江诸暨。教育家、革命家、政治家。民主进步人士，曾任国民党中央执委、国民政府委员兼监察院院长、中华民国首任教育总长，北京大学校长。

国人、3名德国人及日本、法国、丹麦各1人外，教授和教员均为中国人。

因为实行"循思想自由原则，取兼容并包主义……无论各种学派，苟言之成理，持之有故，尚不达自然淘汰之命运者，虽彼此相反，而悉听其自由发展"，求才若渴的蔡元培不仅聘请了许多新文化人到北大任教治事，还长期聘任留长辫、穿红马褂的辜鸿铭和"筹安会"的刘师培为北大教授。也就是在这个时候，国立北京医学专门学校校长汤尔和向蔡元培推荐《新青年》主编陈独秀担任北大文科学长，还拿了几本《新青年》给蔡看——要知道彼时的北大文科学长和今日大学中的文学院院长是有天壤之别的。

其实，蔡陈早已是忘年之交，1904年陈在上海就曾加入蔡担任会长的暗杀团；而十年前的1906年蔡在上海《警钟日报》工作时，就知道曾多次为他撰写革命檄文的陈独秀，而且对陈在安徽芜湖独自坚持办《安徽俗话报》印象深刻。1916年11月28日陈独秀抵达北京后，他们很快就见面了。当时因为募集资金，陈独秀和亚东图书馆主人汪孟邹一起赴京，下榻于西河沿中西旅馆64号房间。蔡元培多次来旅馆拜访，晚睡晚起的陈独秀却在呼呼大睡之中。蔡元培礼贤下士，招呼茶房不要叫醒陈，自己干脆拿个凳子坐在房门口等候。这个故事情节传为美谈。但陈独秀对蔡的这个邀请并非十分痛快地一口答应，原

京师大学堂牌匾

1917年8月蔡元培请鲁迅为北大设计的校徽

行己有耻
博学于文
北大二十年级同学录
蔡元培题

蔡元培为北京大学二十年级同学录的题词。有意思的是蔡题词的行文为自左向右，改变了传统的自右向左的格式。

1 京师大学堂（北京大学）旧址
2 京师大学堂管学大臣张百熙
3 北京大学第一任校长严复
4 五四时期，北京大学在知识分子和全国民众中拥有很高的威信。图为1918年
  蔡元培（前排中）、陈独秀（前排右二）参加北京大学文科毕业礼的合影。
5 京师大学堂校舍
6 京师大学堂校门
7 京师大学堂译学馆

因是他需要"回上海办《新青年》"。蔡就请他把《新青年》也搬到北京来办。"三顾茅庐"之情深深感动了陈独秀，他就答应了。

1917年1月11日，蔡元培致函北京政府教育部请派陈独秀为北大文科学长。报告所附简历称：陈独秀，安徽怀宁人，日本东京日本大学毕业，曾任芜湖安徽公学教务长、安徽高等学校校长。1月13日，北京政府教育总长范源廉签发第三号命令："兹派陈独秀为北京大学文科学长。"原文科学长夏锡祺已辞职。

陈独秀的任命为什么在短短三天之内就走完了法定程序，效率如此之高？原来，陈独秀的履历是蔡元培造了假的，向教育部隐瞒了真相。夜长梦多，这位中华民国的第一任教育总长求贤若渴，不惜在背后做了文字的手脚。对此，陈独秀自己说得最明白最真实最可信，在离沪赴京时，他对朋友说："我从没在大学教过书，又没有什么学位头衔，能否胜任，不得而知，我试干三个月，如胜任即继续干下去，如不胜任即返沪。"多实在的一个人！

陈独秀当月进京就职，三个月后妻子高君曼也来到北京，家住离北大不远的北池子箭杆胡同九号（今为东城区北河沿箭杆胡同20号）。《新青年》就这样从上海移师北京。有意思的是，就在1917年1月1日刚刚出版的《新青年》第二卷第五号上，正好发表了两篇以记者名义记录的蔡元培的讲演，即《蔡孑民在信教自由会之演说》和《蔡孑民先生之欧战观》。这也是蔡的文章第一次在《新青年》上发表。而同一期的"通信"栏目中一位读者还建议陈独秀邀请蔡为《新青年》的撰稿人。这是一个巧合，还是蔡和陈二人的心心相印？

陈独秀到来，北大"全校震动"。"青年学生无不热烈欢迎，奔走相告，而教师中的遗老遗少则窃窃私议，啧有烦言"，觉得陈独秀"只会写几篇策论式的时文，并无真才实学，到北大任教尚嫌不够，更不用说出任文科学长了"[1]。但在北大的新青年们看来，陈独秀"当时是一员闯将，是影响最大，也是最能打开局面的人。但是，陈这个人平时细行不检，说话不讲方式，直来直去，很不客气，经常得罪人，因而不少人怕他，乃至讨厌他，校内外都有反对他的人。只有真正了解他的人才喜欢他，爱护他，蔡先生是最重要的一位……如果得不到蔡先生的器重、维护和支持，以陈之所短，他很可能在北

---

[1] 罗章龙：《陈独秀先生在红楼的日子》，《新华文摘》1983年第8期。

大站不住脚，而无用武之地。"[1]而在陈独秀执掌北大文科的同时，蔡元培仍然长期聘任留长辫、穿红马褂的辜鸿铭和"筹安会"的刘师培为北大教授，对此北大的一些新青年很不满意。蔡元培就教导他们说："我希望你们学辜先生的英文和刘先生的国学，并不要你们也去拥护复辟或君主立宪。"

陈独秀主持北大文科以后，有职有权，但他不开课，专心致力于北大的文科改革。蔡元培对文科改革不作任何干涉，并称"北大的整顿，自文科起"。一时间，提倡新文化运动的知名人士荟萃北大，刘半农、胡适、李大钊等人也进入北大文科任教，再加上此前已在北大任教的钱玄同、沈尹默等人，他们很快就形成了北大的新派教授联盟。在陈独秀看来，大学生的求学目的在于研究学理，为此他提出了三种方法：一是注重外国语；二是废讲义；三是多采购参考书。在确定教育方针后，他又开始抓具体工作，主要是：一是扩充文科，增设新系；二是允许学生自由选课；三是整顿课堂纪律，制定考试制度；四是采购图书，广设阅览室，为学生提供学习条件。

蔡元培实行"教授治校"方针，在平等、自由、进步的基础上，鼓励学生自治。在就任第一天，他规规矩矩、恭恭敬敬地向给他行礼的校役鞠躬还礼，而且每天出校门都会脱帽向校警鞠躬。他积极鼓励北大师生集中精力进行学术研究，不要死读书和读死书。陈独秀如鱼得水，积极主动地参与北大改革。1917年陈独秀当选校评议员，并担任北大入学试验委员会副会长（蔡元培任会长）、北大附设国史馆编辑处纂辑股主任和《北大日刊》编辑，强力支持蔡元培的整顿。随后，各种团体成立，音乐会、体育会、进德会、画法研究会、新闻研究会、哲学研究会、消费公社、校役夜班、平民夜校等等如雨后春笋，塑造了一个自由、平等和进步的新北大。尤其是1918年成立的进德会，前后约有1000人入会，禁止全体会员狎妓、赌博或娶妾。会员分甲、乙、丙三种，乙种会员在甲种会员的戒律之上又加不准担任政府官职或国会议员二戒。这

---

[1] 汪东林：《访梁漱溟答录》，《人物》1986年第1期。

种不当议员不任官职的约定，深受无政府主义和虚无主义的影响，反映了当时新知识分子对旧官僚和军阀的蔑视和痛恨。丙种会员于前五戒外，又加不吸烟、不饮酒、不食肉三戒。

蔡元培治学有"四诀"——宏、约、深、美。"宏"指知识结构要博大宏伟，兼收并蓄，了解相关各个知识领域之间的联系，加以贯通，以打下坚实基础；"约"是指一个人的生命有限，时间宝贵，当基础打好以后，就当由博趋约，从十八般兵器中选择一两件最适合自己的，否则精力分散，顾此失彼，势必一事无成；"深"，就是要精通、发展、创造，在约的前提下重点突破、穷本源，自然会发现新的境界；"美"是指治学的理想境界。唯有付出巨大的劳动，才可能进入这种境界。因此，他还提出了以"美育代宗教"。

因为主张思想自由，任何言之有理的理论都可在北大充分自由传播，北大在蔡元培的改革下，吸收了包括从著名的保皇党、守旧派和复古论者到自由主义者、激进主义者、社会主义者和无政府主义者等各种持不同观点的人。有人这般称赞蔡元培："于是很自认地，所有最有生气和天才的年轻一代中国知识分子都集中在他的领导之下。结果在几年内创造出一种令人难以置信的

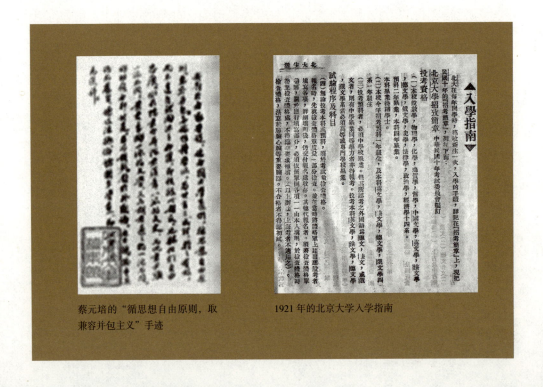

蔡元培的"循思想自由原则，取兼容并包主义"手迹　　　　　　1921 年的北京大学入学指南

多产的思想生活，几乎在世界学术史上都找不到先例。"美国学者杜威说："拿世界各国的大学校长来比较一下，牛津、剑桥、巴黎、柏林、哈佛、哥伦比亚等等，这些校长中，在某些学科上有卓越贡献的，固不乏其人；但是，以一个校长的身份，而能领导那所大学对一个民族、一个时代起转折作用的，除蔡元培以外，恐怕找不到第二个。"

经过两年时间的整顿，蔡元培在陈独秀、胡适等人的支持下，开辟了中国现代史上"大学应以研究学术而谋国家学术独立为己任"的道路，"在静水中投下知识革命之石"，高举科学和民主的大旗，把一个"官僚养成所"改造成中国的"精神圣地"，"为国家种下了读书、爱国、革命的种子"。

新文化运动在北大就这样轰轰烈烈地开始了……

陈独秀

WU SI
YUNDONG

五四新文化运动可以说是从文学革命开始的。文学革命又是从白话文发端的。在1916年以前的中国，文学是中国传统知识分子的职业，而文学革命其实就是知识分子的一场思想革命。

第四章
CHAPTER 4

新文学：从白话文开始的革命

　　五四新文化运动可以说是从文学革命开始的。文学革命又是从白话文发端的。在1916年以前的中国，文学是中国传统知识分子的职业，而文学革命其实就是知识分子的一场思想革命。当时，中国文学的统治局面是三足鼎立——以散文写作为主的"桐城派"、以诗歌写作为主的"江西派"和主张师法魏晋六朝文体的"文选派"。而像用白话写的小说、故事等只是下里巴人茶余饭后的谈资而已，是登不上大雅之堂的。

　　其实早在宋朝、元朝，在官方文件和戏曲、通俗小说中就已经出现了白话文。1895年前后，戊戌变法的政治改革家们开始提倡新诗。19世纪末，中国开始出现白话文报纸，如《杭州白话报》《无锡白话报》。1904年，陈独秀创办了《安徽俗话报》。但这些白话文报纸当时的作用只是停留在阅读和传播的价值上，并非为了改革文学。渐渐地，随着严复、林纾的翻译文学和章士钊等人的政论文的出现，以及外国传教士在中国出版报刊开始使用白话文，白话文在民间开始有了一定的阅读市场和知识期待。

　　1915年，陈独秀创办《青年杂志》，在第一卷第一号即连载了陈嘏翻译的俄国作家屠格涅夫的小说《春潮》，第二号又发表了薛琪瑛女士翻译的王尔德的剧本《意中人》；第三、第四号发表了陈独秀亲自撰写的《现代欧洲文艺史谭》，对欧洲18和19世纪的文艺思想发展史进行了简单的介绍，并认为托尔斯泰、左拉、易卜生是世界最伟大的三位文学家，易卜生、屠格涅夫、王尔德、梅特林格是当时世界最有代表性的作家。12月底，他在答复读者有关中国文学的意见和是否将在中国提倡自然主义的问题时，明确指出："吾国文艺犹在古典主义理想主义时代，今后当趋向写实主义。文章以纪事为主，绘画以写生为重。庶足挽今日浮华颓败之风。"陈独秀对西方现代文艺简单而且带有一些个人曲解的观点，却是中国新知识分子企图依照西方理论改革中国文学的先声。

　　陈独秀的一家之言，在国内并没有得到多少响应，倒是在太平洋东岸引起了共鸣。正在美国哥伦比亚大学研究院跟杜威学习哲学的胡适，就在陈独秀《青年杂志》第一卷第一号出版后的第三天也同样发出了中国文学改革的声音——1915年9月17日，他在赠给友人梅光迪的诗里写道："梅生梅生毋自鄙，神州文学久枯馁。百年未有健者起，新潮之来不可止。文学革命其时矣，吾辈誓不容坐视。且复号召二三子，革命军前仗马箠。鞭笞驱除一车鬼，再拜迎入新世纪。"

后来，经过安徽同乡亚东图书馆主人汪孟邹的介绍，陈胡二人结识。两个人通过书信来往，成了好朋友。对文学改革，陈独秀开弓没有回头箭，胡适也是意气风发走在大路上，认为："今日之文言乃是一种半死的文字"，"白话文是一种活的语言"，"文学在今日不当为少数文人之私产，而当以能普及大多数之国人为一大能事"。于是，两个性格迥异的安徽人，远隔重洋，在东西两个半球，为五千年的中国文学竖起了现代革命的大旗。

当陈独秀1916年8月13日写给胡适的信还在路上的时候，胡适在8月21日又致信陈独秀。信中，胡适不仅批判了"南社"的诗风，还针对文学堕落提出了有名的"八不主义"——

综观文学堕落之因，盖可以"文胜质"一语包之。文胜质者，有形式而无精神，貌似而神亏之谓也。欲救此文胜质之弊，当注重言中之意，文中之质，躯壳内之精神。古人曰："言之不文，行之不远。"应之曰：若言之无物，有何用文为乎？

年来思虑观察所得，此为今日欲言文学革命，须从八事入手。八事者何？

一曰，不用典。二曰，不用陈套语。三曰，不对仗（文当废骈，诗当废律）。四曰，不避俗字俗语（不嫌以白话作诗词）。五曰，须讲求文法之结构。

此皆形式上之革命也。

六曰，不作无病之呻吟。七曰，不摹仿古人，语语须有个我在。八曰，须言之有物。

此皆精神上之革命也。

胡适（1891—1962 年），安徽绩溪人，著名思想家、文学家、哲学家。以倡导白话文、领导新文化运动闻名于世。

　　陈独秀读后欣喜万分，不仅将胡适的来信全文发表，刊登在改名后的《新青年》1916年10月1日出版的第二卷第二号上，并致信胡适，说：除了第五条和第八条之外，"无不合十赞叹"。但在陈看来，胡的这些主张，立场还不十分坚决，于是在10月5日又致信胡，希望他明确表示"文学改革为吾国目前切要之事，此非戏言，更非空言"，盼他"切实作一改良文学论文，寄登青年"。

　　在陈独秀"切实作一改良文学论文"以"唤起国人"，达到思想启蒙的鼓励下，胡适对"八不主义"进行了修改补充，作文《文学改良刍议》。陈独秀把它发表在1917年1月1日出版的《新青年》第二卷第五号上。同时，胡适还把这篇文章发表在由他担任主编、同年3月在上海出版的《留美学生季报》上。显然，作为一篇正式的策论，胡适的《文学改良刍议》与他写给陈独秀的信相比，因"考虑到那无可怀疑的老一辈保守分子的反对"，在遣词和行文上都要温和许多，题目就"说明是改良而非革命；同时那只是个'刍议'，而非教条式的结论"，但明确指出了"吾国言文之背驰"的弊端，主张"言文合一"，以"白话文学"为"中国文学之正宗"。陈独秀在编辑此文时，也作了编者按语，称之为"今日文界之雷音"，并说明自己"也有相同的信念及热烈的希望"。

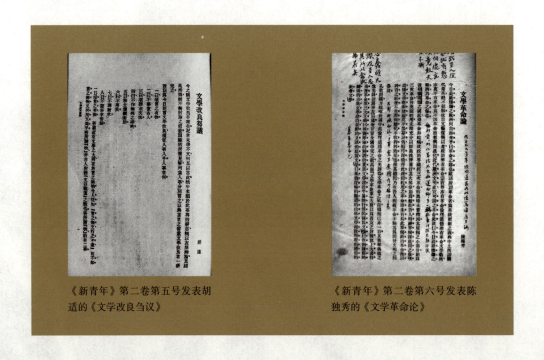

《新青年》第二卷第五号发表胡适的《文学改良刍议》

《新青年》第二卷第六号发表陈独秀的《文学革命论》

胡适的《文学改良刍议》发表后，陈独秀感觉胆子还不够大，步子还不够快，"改良"之说似乎仍不过瘾，于是他又亲自披挂上阵，激进狂飙，向旧文学开火。紧接着于2月1日出版的《新青年》上以"头条"位置发表了自己撰写的《文学革命论》，以比胡适更坚决更彻底更鲜明的革命态度，发出了向封建文学总攻的号令，提出了"三大主义"：

> 文学革命之气运，酝酿已非一日，其首举义旗之急先锋则为吾友胡适。余甘冒全国学究之敌，高张"文学革命军"大旗，以为吾友之声援。旗上大书特书吾革命军三大主义：曰，推倒雕琢的阿谀的贵族文学，建设平易的抒情的国民文学；曰，推倒陈腐的铺张的古典文学，建设新鲜的立诚的写实文学；曰，推倒迂晦的艰涩的山林文学，建设明瞭的通俗的社会文学。

在文章的结尾，陈独秀明目张胆地攻击了当时占统治地位的三个文学流派，旗帜鲜明，气势磅礴地宣告："吾国文学界豪杰之士，有自负为中国之虞哥（雨果）、左喇（左拉）、桂特郝（歌德）、卜特曼（豪普特曼）、狄铿士（狄更斯）、王尔德者乎？有不顾迂儒之毁誉，明目张胆以与十八妖魔宣战者乎？吾愿拖四十二生的大炮，为之前驱！"同期还第一次发表了胡适的《白话诗八首》。

4月1日，陈独秀在《新青年》第三卷第二号的"通信"栏目中指出，推行白话文，"首当有比较的统一的国语；其次则创造国语文典；再次国之闻人多以国语著书立说"。

由此，文学革命开始由口号转向"建设"的实践阶段。

从"改良"到"革命"，陈独秀这位老革命党人，把文学革命作为"开发文明"、解放思想和改造国民的"利器"，同政治革命密切结合起来，以主将乃至"总司令"的身份冲上了20世纪中国第一次思想解放运动的主战场。

钱玄同（1887—1939年）

浙江吴兴（今湖州市）人，
中国现代思想家、文学学家、
新文化运动的倡导者。

刘半农（1891—1934年）

江苏江阴人，中国新文化运
动先驱，文学家、语言学家
和教育家。

陈独秀的一声号令，立即在新知识分子中有了响应。最早给予强力支持的是章太炎的学生钱玄同。作为北大著名教授和研究音韵学、训诂学的专家，钱玄同加入"文学革命军"，震动了中国文坛。恰在此时陈独秀已经接受蔡元培的聘请，进京出掌北大文科，钱玄同的加入既是对陈独秀文学革命事业的响应，也是对他在北大工作的大力支持。钱玄同连续致信陈独秀，毫不留情地攻击和斥责当时的文学界，称他们是"桐城谬种""选学妖孽"。同时，预科国文教授刘半农（刘复）也公开站出来力挺文学革命，在1917年5月1日出版的《新青年》第三卷第三号上发表了《我之文学改良观》。

从1917年春天开始，文学革命的"春潮"可谓澎湃激荡，讨论热烈。但与陈独秀、钱玄同相比，温文尔雅的胡适却显得有些小心谨慎或者胆怯了。《新青年》第三卷第三号发表了胡适的《历史的文学观念论》和4月9日自纽约写给陈独秀的信，说：他的《文学改良刍议》，不过是他个人的"私意"，目的在引起人们的"讨论，征集意见"，"此事之是非，非一朝一夕所能定，亦非一二人所能定。甚愿国中人士能平心静气与吾辈同力研究此问题。讨论既熟，是非自明。吾辈已张革命之旗，虽不容退缩，然亦绝不敢以吾辈所主张为必是而不容他人之匡正。"陈独秀立即在同期发表了回信，说：

改良文学之声，已起于国中，赞成反对者各居其半。鄙意容纳异议，自由讨论，固为学术发达之原则；独至改良中国文学，当以白话为文学正宗之说，其是非甚明，必

陶孟和（1887—1960年）

祖籍浙江绍兴，生于天津。
1914—1927年间历任北京大学
哲学系教授、哲学系主任、教
务长等职，是著名的哲学家、
社会学家。新中国成立后担任
中国科学院副院长。

高一涵（1885—1968年）

安徽六安人，曾留学日本，
回国后与李大钊同办《晨报》，
经常为陈独秀主编的《新青
年》撰稿，并协办《每周评论》，
是新文化运动的主力军之一。

沈尹默（1883—1971年）

祖籍浙江湖州。早年留学日
本，后任北京大学教授、辅
仁大学教授，《新青年》杂
志编委，积极投身五四运动。

不容反对者有讨论之余地，必以吾辈所主张者为绝对之是，而不容他
人之匡正也。其故何哉？盖以吾国文化，倘已至文言一致地步，则以
国语为文，达意状物，岂非天经地义，尚有何种疑义必待讨论乎？

  显然，陈独秀牢牢掌握了文学革命的领导权，毫不含糊，不留余地，剥
夺了那些反对白话文的遗老遗少们参与讨论的资格，大有雄霸天下之势。对
于陈独秀的这种革命姿态，胡适在五年后中肯地回忆说，由于自己的"历史
癖太深，故不配做革命的事业。文学革命的进行，最重要的急先锋"是陈独
秀，自己的"态度太和平了"，若照着他的"这个态度做去，文学革命至少还
须经过十年的讨论与尝试"，"当日若没有陈独秀'必不容反对者有讨论之余地'
的精神，文学革命的运动，决不能引起那样大的注意"。

  1917年9月10日，还没有拿到博士学位的胡适在陈独秀举荐下，就任北

大文科教授，讲授欧洲文学、英文诗歌和中国古代哲学。胡适月薪高达200块大洋，是仅次于文科学长陈独秀300大洋的教授最高月薪。随后，《新青年》重要撰稿人和英文编辑刘文典（和陈是同乡，安徽怀宁人，有"狂人"之称），经陈独秀举荐到北大文科任教；李大钊经章士钊举荐，陈独秀提携其就任北大图书馆馆长。与此同时，经周树人（即鲁迅，时任教育部佥事）推荐，蔡元培提携其弟周作人任北大文科教授；而在钱玄同和刘半农的"怂恿"下，鲁迅很快加入了《新青年》。以周氏兄弟的加入为标志，新文化阵营以《新青年》为阵地，紧密团结在陈独秀的周围，开始了冲锋陷阵的文学革命和热火朝天的新文学建设事业。

1918年1月，由陈独秀独自主编的《新青年》改为同人刊物，并成立了编委会。沈尹默在《我和北大》一文中回忆说："编委七人：陈独秀、周树人、周作人、钱玄同、胡适、刘半农、沈尹默。并规定由七人编委轮流编辑，每期一人，周而复始。"而周作人在《知堂回忆录》中说，《新青年》的编辑为陈独秀、胡适、李大钊、刘半农、钱玄同和陶孟和，他本人"一直没有参加过"编辑会，只是个"客员"。1919年1月出版的《新青年》第六卷第一号在卷首公布了"本杂志第六卷分期编辑表"，分别是：第一期，陈独秀；第二期，钱玄同；第三期，高一涵；第四期，胡适；第五期，李大钊；第六期，沈尹默。鲁迅也回忆说："《新青年》每出一期，就开一次编辑会，商定下一期的稿件。"因为编辑部地址就在箭杆胡同9号陈独秀的家中，所以，这里也当然地成为新文化运动的大本营和指挥部。

文学革命的战斗打响以后，随着陈独秀出掌北大文科而移师北京的《新青年》更是畅销全国，每期发行量在短短两年里由1000多册上升到16000册。时为北大文科学生的张国焘回忆说，他的同学原来知道这个刊物的人"非常少"，但随着新文化运动的日渐扩大，尽管"无条件赞成新思潮、彻底拥护白话文者虽占少数，但他们具有蓬蓬勃勃的热烈精神"，《新青年》"每期出版后，在北大即销售一空"。

令人奇怪的是，文学革命在知识分子中反响强烈，北大的学生中"新旧之争，就在课堂中、宿舍里到处展开着"，但反对者的声音似乎并不强烈。最早公开反对的是著名古文家和翻译家林纾[1]，他在1917年2月8日的上海《民国日报》上发表了《论古文之不宜废》，反对白话文，称"国未亡而文字已先之"，讥笑白话文是"引车卖浆之徒所操之语"，"不值一哂"。但古文为什么不该废除，林纾却说"吾识其理，乃不能道其所以然也"。胡适在同年5月1日出版的《新青年》"通信"栏目撰文嘲笑他说："不能道其所以然，则古文之当废也，不亦既明且显耶？"

除了林纾之外，在北大，反对派代表人物是辜鸿铭，严复、章士钊、刘师培、黄侃、马叙伦等人也是较为坚定的反对派。他们在北大的课堂上公开痛骂或讥讽，而在低头不见抬头见的日常生活或酒席上也是互相斗嘴，留下了许多真性情的轶闻趣事。比如：黄侃在课堂上痛骂白话文，语言极其刻薄。钱玄同、胡适、沈尹默等都是他谩骂的对象，有时50分钟的课程，大约30分钟都用在骂白话文上。有一次他在赞美文言文的好处时，竟举例挖苦胡适："如胡适的太太死了，他的家人电报必云：'你的太太死了！赶快回来啊！'长达十一字。而用文言则仅需'妻丧速归'四字即可，只电报费就可省三分之一。"他还大骂说："胡适之说作白话文痛快，世界上哪里有痛快的事，金圣叹说过世界上最痛的事，莫过于砍头，世界上最快的事，莫过于饮酒。胡适之如果要痛快，可以去喝了酒再仰起脖子来给人砍掉。"但奇怪的是，反对派们大都还没人敢直接骂陈独秀。

尽管如此，文学革命的旗帜树起来之后，反对者的声音依然多停留在嘴皮子上。更有意思的是，提倡白话文的文学革命阵营，在高举文学革命大旗的时候，他们在《新青年》上发表的文章却依然多是文言文。为了不授人以柄，改变这个尴尬的局面，《新青年》自1918年1月起，大部分文章都改用白话文。不甘寂寞的《新青年》同人为了传播新文学改革的主张，希望革命的浪潮更

[1] 即林琴南，福建闽县人，曾任教京师大学堂，以清朝遗老自居。不懂任何外文，却经别人口译、他记录的方式，然后用古文整理，翻译了法国小仲马的《巴黎茶花女遗事》等170多部欧美小说。

鲁迅（1881—1936年），浙江绍兴人，中国现代著名文学家、思想家和革命家，五四新文化运动的"主将"，中国现代文学的奠基人。

凶猛一些，便策划制造了一出新文化运动史上著名的"双簧戏"——由钱玄同化名"王敬轩"扮演反对派角色，在1918年3月15日出版的《新青年》第四卷第三号发表《文学革命之反响》一文，以封建文人的口气大放厥词，向新文学进行反击，反对白话文。编辑在排版时故意用了小号的宋体。然后由刘半农撰写万言长文，编者却用大号宋体字以18个页码的篇幅，逐条对王敬轩的观点进行驳斥。随后，在6月15日出版的第四卷第六号上发表了一位署名"崇拜王敬轩先生者"的来信，质问《新青年》："贵志记者对于王君的议论，肆口大骂，自由讨论学理，固应如是乎！"陈独秀亲自作答：对于妄人"闭眼胡说，则唯有痛骂之一法"，并谴责其滥用讨论学理之神圣自由，"致是非不明，真理隐晦，是曰'学愿'；'学愿'者，真理之贼也"。真理不辩不明。一出煞费苦心的"双簧戏"，在虚构中真实反映了大大小小的"王敬轩"式人物的客观存在。因为此时的文学革命没有和政治革命相结合，"新旧思潮的大激战"还没有达到高潮。《新青年》同人们似乎还处于孤独的愤怒和愤怒的孤独之中。

　　1918年，可以说是中国新文学在阵痛中诞生的一年。

　　4月15日，《新青年》第四卷第四号在头条位置发表了胡适万言长文《建设的文学革命论》，宣称"古典文学已死亡"，尽管事实上并非如此。他说——

周作人（1885—1967年）

浙江绍兴人。中国现代文学理论家、诗人、翻译家，中国民俗学开拓人，新文化运动的杰出代表。

王星拱（1888—1949年）

安徽怀宁人。早年留学英国。回国后任教北大，在《新青年》等刊物上发表文章，宣传科学知识，反对宗教迷信。

李大钊（1889—1927年）

河北乐亭人，伟大的马克思
主义者、杰出的无产阶级革
命家、中国共产党的主要创
始人之一。

刘文典（1889—1958年）

祖籍安徽怀宁，生于安徽合肥。
现代杰出的文史大师、校勘学
大师与研究庄子的专家。

我的《建设新文学论》的唯一宗旨只有十个大字："国语的文学，
文学的国语。"我们所提倡的文学革命，只是要替中国创造一种国语
的文学。有了国语的文学，方才可有文学的国语。有了文学的国语，
我们的国语才可算得真正的国语……

二千年的文人所做的文学都是死的，都是用已经死了的语言文字
做的。死文字决不能产出活文学……

简单说来，自从《三百篇》到于今，中国的文学凡是有一些价值
有一些儿生命的，都是白话的，或是近于白话的。其余的都是没有生
气的古董，都是博物院中的陈列品！

中国若想有活文学，必须用白话，必须用国语，必须做国语的
文学。

胡适在写好此文后，立即致信母亲，不无自豪地说："昨天我忙了一天，

替《新青年》做了一篇一万字的文章。这文不是卖钱的。不过因为这是我们自己办的报，不能不做文。昨日一直做到半夜后三点半钟才做好。这篇文字将来一定很有势力，所以我虽吃点小苦，也是情愿的。"

自从胡适1917年在《新青年》发表了《白话诗八首》之后，沈尹默、刘半农等开始发表白话诗。白话诗既成为新知识分子做国语文学实践活动最为广泛的形式，也成为文学国语的最初的革命成果。1920年胡适出版的《尝试集》中的白话诗也大多是这个时期创作的。因此，胡适也被称作"新诗的老祖宗"。

新文学"建设"到底从哪里着手呢？在不断探索和斗争实践中，陈独秀领导《新青年》阵营，从白话诗创作开始，以翻译外国文学、开辟散文专栏"随感录"和改革中国传统戏剧的新戏剧运动等形式，进行实践和试验。但真正在文学创作上具有划时代意义的，还是鲁迅在1918年开始创作的白话文小说。

1918年5月15日，《新青年》第四卷第五号发表了鲁迅的短篇小说《狂人日记》，成为新文学为五四新文化运动讨伐封建礼教的第一篇战斗檄文。鲁迅借狂人之口，愤怒控诉绵延数千年的旧礼教是"吃人的礼教"。他说："我翻阅历史一查，这历史没有年代，歪歪斜斜的每页上都写着'仁义道德'几个字，我横竖睡不着，仔细看了半夜，才从字缝里看出字来，满本都写着两个字'吃人'！""我是吃人的人的兄弟！我自己也被人吃了，可仍然是吃人的人的兄弟！""他们会吃我，也会吃你，一伙里面，也会自己吃。""四千年来时时吃人的地方，今天才明白，我也在其中混了多年。"鲁迅警告那些封建礼教的卫道士，"你们立刻改了，从真心改起，你们要晓得将来是容不得吃人的人"的。

在《新青年》的鼓舞和启示之下，鲁迅发出了新时代的"呐喊"。从1918年7月到1920年4月，鲁迅在《新青年》上发表了50多篇作品，其中小说5篇：《狂人日记》《孔乙己》《药》《风波》和《故乡》，政论2篇：《我之节烈观》和《我们怎样做父亲》，随感录27篇，新诗6首，译文3篇，以及通信1篇。经《新青年》隆重推出，鲁迅成为新文化运动的"主将"。

1933年，鲁迅在《我怎么做起小说来》一文中念念不忘《新青年》的编辑"一

鲁迅在《新青年》发表的《狂人日记》等作品

回一回地来催，催几回，我就做一篇，这里我必得纪念陈独秀先生，他是催我做小说最着力的一个"。他说他那时做的小说是"遵命文学"，"不过我所尊奉的，是那时革命的前驱者的命令，也是我自己愿意尊奉的命令，决不是皇上的圣旨，也不是金元和真的指挥刀"。鲁迅说这些话的时候，陈独秀已经被国民党逮捕，关押在南京"老虎桥监狱"。而陈独秀对鲁迅也是敬重和推崇的，称其"做的小说，我实在五体投地的佩服"，并通过他与群益书社的关系重印了鲁迅的《域外小说集》，还建议鲁迅把发表在《新青年》和《新潮》[1]上的小

---

[1]《新潮》杂志，月刊，16开，1919年1月1日在北京创刊，系北京大学学生组织新潮社的机关刊物。英文名为The Renaissance（文艺复兴）。每5号为一卷。至1922年3月第三卷第二号出版后停刊，共出版12期。《新潮》发刊词是："去遗传的科举思想，进于现世的科学思想；去主观的武断思想，进于客观的怀疑思想；为未来社会之人，不为现在社会之人；造成战胜社会之人格，不为社会所战胜之人格。"发起人是罗家伦、傅斯年、徐彦之等，初期社员有顾颉刚、吴康、陈达材、毛子水等25人，其中叶绍钧、俞平伯、杨振声、康柏青、潘家洵等都是文学革命初期的著名作家和翻译家，后来周作人、孙伏园也加入该社。五四以前，编辑部由傅斯年、罗家伦和杨振声三人组成，傅斯年担任编辑部主任。五四运动不久，傅斯年、杨振声出国，由罗家伦担任主编。罗家伦出国后，由周作人担任主任编辑，毛子水、顾颉刚、陈达材和孙伏园担任编辑。《新潮》杂志得到了陈独秀、胡适等在物质和精神上的大力支持，并提供办公地点。李大钊、鲁迅等也在上面发表过文章。《新潮》的发行量大、影响广，时人美誉它是《新青年》的"卫星"。

说，"剪下自加订正，寄来付印"。

从胡适《文学改良刍议》发难，到陈独秀《文学革命论》的首倡，钱玄同在第一时间站出来响应，紧接着是刘半农的《我之文学改良观》《诗与小说精神上之革新》，胡适的《建设的文学革命论》《历史的文学观念论》《论短篇小说》《文学进化观念与戏剧改良》，以及傅斯年的《戏剧改良各面观》《再论戏剧改良》的积极推进，加上周作人提出《人的文学》《平民文学》的理论，新文学的革命就逐渐由"刍议"形成了具体的主张和纲领——白话文学、国语文学、人的文学和平民文学，兴起了文学和思想的新潮，以至随着政治运动的演进而走向成熟，影响了中国历史发展的进程。

1919年的春天，新文学运动"面朝政治，春暖花开"。以1919年5月4日的北京学生运动为标志，大部分学生刊物开始广泛使用白话文，几乎所有的杂志、报纸和文学作品都开始使用新文学媒介。胡适在1922年曾这样描述学生运动对文学革命的影响："民国八年的学生运动与新文学运动虽是两件事，但学生运动的影响能使白话的传播遍于全国，这是一大关系；况且'五四'运动以后，国内明白的人渐渐觉悟'思想革命'的重要，所以他们对于新潮流，或采取欢迎的态度，或采取研究的态度，或采取容忍的态度，渐渐地把从前那种仇视的态度减少了。文学革命的运动因此得自由发展，这也是一大关系。因此，民国八年以后，白话文的传播真有'一日千里'之势。"

1919年10月，文学革命也进入了收获的季节——全国教育联合会决议，要求政府正式提倡白话文。1920年1月12日，教育部发布训令，要求小学一二年级国语从当年秋季起用白话文取代古文。同年3月，教育部要求小学各年级一律废除文言教科书。白话文的采用迅速扩展到中等以上学校。1920年和1921年间，白话文被正式和广泛地称为"国语"。至此，文学革命应该说已经取得了胜利。

1919 年的北京正阳门

WU SI
YUNDONG

"革中国人思想的命",毫无疑问这是五四运动
对五千年封建中国的一次历史挑战,更是一次
前所未有的创造和贡献。

第五章
CHAPTER 5

新思想:德先生和
赛先生

纪念五四运动**100**周年

WU SI YUNDONG
HUAZHUAN
Scene and Truth of History

　　"革中国人思想的命"，毫无疑问这是五四运动对五千年封建中国的一次历史挑战，更是一次前所未有的创造和贡献。因为他们要创造的就是要在文化上思想上建立一个新中国，即打破传统，以新思想代替旧思想、以新文化代替旧文化。这种思想，从《新青年》创办之日起，就已经成为这个历史性运动的主导思想。而1919年5月4日之后，从北京到上海乃至全国发生的学生运动和罢工事件，只是整个五四运动的"开花"和"结果"。

　　在21世纪的今天，我们回望人类的历史，可以发现一个最深刻又最浅显的真理——文化的力量（流行说法叫"软实力"）比政治、经济和战争的力量更强大更持久。从五四运动还在萌芽状态的时候，以陈独秀为代表的中国新知识分子就以正面强攻、毫不妥协的姿态开始了对文化和思想的革命。

　　因此，在熟悉五四运动的历史之前，我们必须首先要了解《新青年》为什么要请"德先生"和"赛先生"来"打倒孔家店"。

　　民国初年，尊孔复古的思潮汹涌而至，封建主义的思想堡垒依然坚固，资产阶级革命派和新知识分子们提倡的新思想新文化被打得落花流水。

　　1912年10月，"以讲习学问为体，以救济社会为用……宗祀孔子以配上帝，诵读经传以学圣人……冀以挽救人心，维持国教"为宗旨的"孔教会"，由康有为的弟子陈焕章和许多著名的旧文人，如沈曾植、朱子牟、梁鼎芬、严复以及张勋发起，在上海成立，不久在全国建立了分会。

　　1913年2月，康有为创办《不忍》杂志，为"孔教会"大肆鼓吹尊孔，说："夫孔子道本于天……凡普大地万国之人，虽欲离孔教须臾而不能也。""中国一切文明，皆与孔教相系相因，若孔教可弃也，则一切文明随之而尽也，即一切种族随之而灭也。""今欲存中国，非赖孔教不可。"主张"定孔教为国教"，祭孔子必须行跪拜礼，谁若是行鞠躬礼，谁就是"媚师欧美"，"中国人不敬天，不敬教主，不知留此膝以傲慢何为也"。

　　1913年7月，北京国会制宪委员会制定宪法时，进步党提出要把孔教定为国教，遭到国民党反对。经过激烈争辩后，通过的《中华民国宪法草案》（即

"天坛宪法")第十九条却规定:"国民教育,以孔子之道为修身本。"

尊孔复古的思潮为袁世凯的复辟帝制鸣锣开道。袁世凯以大总统的名义发布尊孔祭孔令,曰:"孔子之道,如日月经天,江河行地,树万世之师表,亘百代而常新。"他还在1916年元旦称帝的第一天,就下令封孔子的后裔孔令仪为"衍圣公",并加"郡王"衔。

袁世凯的短命复辟崩溃了,但根深蒂固的封建余毒依然有蔓延的趋势,辛亥革命的成果几乎完全被吞噬。从政治界到文化界,再到思想界,革命的生机在挣扎中奄奄一息。

就在这个时刻,留学日本的陈独秀和易白沙回到了上海。1915年6月中旬,陈独秀住在法租界嵩山路吉谊里21号一楼一底砖木结构的楼房中,和咯血患病的妻子高君曼团聚。此后,他就开始在亚东图书馆汪孟邹的帮助下,与群益书社的陈氏兄弟合作,开始了创办《青年杂志》的伟大事业。从此,他以《青年杂志》为阵地,以科学和民主为武器,"利刃断铁,快刀理麻",猛烈抨击封建纲常礼教,从思想和文化这个"软实力"上为中国人"补课"启蒙,表

"五四"前夕,新思潮开始传入,北大校风比较开放和民主,师资阵容亦很强盛。图为1918年6月北京大学哲学系师生合影,图片前左一为康宝忠,左二崔时,左四马叙伦,左五蔡元培,左六陈独秀,左七梁漱溟,左八陈汉章;中排左四冯友兰,右二胡鸣盛,右三嵇文甫,后排左二黄文弼,右一孙本文。

现了一种前所未有的彻底而坚决的斗争精神，超越了前人和同辈，从而成为新文化运动的领军人物。

《青年杂志》第一卷第一号《敬告青年》一文，可谓是陈独秀发动新文化运动的宣言。他"涕泣陈辞"，寄希望于青年，不仅用进化论的观点号召国人起来"自强"，还大力强调科学与民主是检验一切政治、法律、伦理、学术以及社会风俗、人们日常生活一言一行的唯一准绳，凡违反科学和民主的，哪怕是"祖宗之所遗留，圣贤之所垂教，政府之所提倡，社会之所崇尚，皆一文不值也"。在同期《青年杂志》，陈独秀还发表了《法兰西人与近代文明》，指出近代有三大文明："一曰人权说，一曰生物进化论，一曰社会主义。"他说"这三大文明，皆法兰西人之赐。世界而无法兰西，今日之黑暗不识仍居何等"。应该说，陈独秀的科学民主思想当然地是辛亥革命时期中国先进人物向西方文明学习的继续，也是中国资产阶级民主革命未竟事业的继续，并且把向西方先进（也可以说是人类先进文明成果）学习和反对封建主义的斗争推向了一个新的阶段。

针对"孔家店"统治着的半殖民地半封建的国家现实，《新青年》提出了两大影响中国历史进程的口号——民主和科学，即"德先生"（Democracy）和"赛先生"（Science）。陈独秀斩钉截铁地说："要拥护那德先生，便不得不反对孔教、礼法、贞节、旧伦理、旧政治；要拥护那赛先生，便不得不反对旧艺术，旧宗教；要拥护德先生又要拥护赛先生，便不得不反对国粹和旧文学。"他通过《本志罪恶之答辩书》宣告："我们现在认定只有这两位先生，可以救治中国政治上、道德上、学术上、思想上一切的黑暗。"（《新青年》第六卷第一号）

在老一辈和保守分子依然坚守传统思想和伦理的时候，新知识分子和精英人物在这个时刻开始团结起来，拥护"德先生"和"赛先生"，开始向西方寻找真理。而这个寻找的过程，是一个发展的过程，也是一个与时俱进的过程。经历了长期的斗争，有成功也有失败。在五四时期，各种新思想登陆中国，鱼龙混杂，尤其是从法国和美国"进口"的诸如现实主义、功利主义、自由主义、个人主义、社会主义和无政府主义以及达尔文主义等，一股脑地涌入中国——如同混乱不堪的自由市场一样，越来越新鲜地吸引着中国的新青年们。与此同时，各种新的哲学和方法论也随之涌现，诸如实用论、怀疑论和未知论以及后来的马克思主义，开始逐渐地影响中国和中国人。

1916年的中国，袁世凯虽然已死，但其阴魂未散。封建社会所谓的三纲五常依然束缚着人们的头脑。于是从1916年开始，陈独秀连续发表文章，猛烈抨击儒家"君为臣纲、父为子纲、夫为妻纲"的三纲教义，打响了思想革命的攻坚战，立即引起舆论极大关注。陈独秀在1月15日出版的《青年杂志》第一卷第五号上发表了《一九一六年》，对"三纲之说"公开发难，"君为臣纲，则民于君为附属品，而无独立自主之人格矣；父为子纲，则子于父为附属品，而无独立自主之人格矣；夫为妻纲，则妻于夫为附属品，而无独立自主之人格矣。率天下之男女，为臣，为子，为妻，而不见有一独立自主之人者，三纲之说为之也。"而忠、孝、节，"皆非推己及人之主人道德，而为以己属人之奴隶道德也"。紧接着，陈独秀在2月15日出版的第一卷第六号上发表了《吾人最后之觉悟》，"断言曰：伦理的觉悟，为吾人最后觉悟之最后觉悟"，对封建伦理道德如"不攻破，吾国之政治、法律、社会道德，俱无由出黑暗而入光明。神州大气，腐秽蚀人"。同期《青年杂志》发表了易白沙的《孔子平议》，力图"一扫两千年来孔教信仰的秘密"——指出孔学在春秋时期"虽称显学，不过九家之一"，只是由于历代封建统治者"欲敝塞天下之聪明才智者"，才利用孔子的思想，把孔子打扮为他们统治的傀儡，垄断天下。而孔子本人也就这样成了封建统治者的御用工具——这就是两千年来尊孔的大秘密。易白沙在《孔子平议》的下篇指出，孔教无权垄断中国思想，因为中国思想传统丰富多彩，有多种流派，百花齐放，百家争鸣。

需要我们注意的是，易白沙批判"孔教"，但并不是批判孔子本人，他强调必须把原始的孔子学说与被统治者利用的所谓孔教相区分，要"使国人知独夫民贼利用孔子，实大悼孔子精神。孔子宏愿，诚欲统一学术，统一政治，不料独夫民贼作百世之傀儡，惜哉！"他响亮地提出"真理以辩论而明，学术由竞争而进"的口号，得到了陈独秀的大力捧场。而易白沙的这种观点也正是《新青年》一以贯之的反对"孔教"，直至后来提出打倒"孔家店"的基本路线。因此，近百年来，我们对五四运动的这个口号，实在多有误读。也就是说，包括陈独秀在内的五四新文化运动的精英们，他们对中国的传统思想采取的并非是全盘否定的态度，而是带着朴素的客观和历史的辩证的观点，打倒的绝不是思想家孔子，而是"孔教"——被封建皇权和独裁者们利用来愚昧人民的"孔家店"。

当然，历史人物除了有时代局限性之外，同时亦有"文为时而作"的客观因素。在五四运动前夕，如果仅仅像易白沙这样只是揭示统治者强制人们尊孔的原因，而不去作强有力的批判，不对社会和政治的弊病用上一剂"猛药"奋力一击，那么说了也等于白说。因此，陈独秀批判"孔教"把伦理觉悟提高到至高无上的地位，把建立民主制度与反封建复辟联系起来，并把批判儒家思想与反对封建复古逆流的斗争相结合，反对不加区分地接受"孔教"。1916年10月至12月，陈独秀在《新青年》连续发表了《驳康有为致总统总理书》《宪法与孔教》《孔子之道与现代生活》三篇论文，以唤起国民独立人格，破除儒家奴隶道德。

两千年来，在中国历史上敢于直言反孔的人极其少有，在思想界只有东汉唯物主义哲学家王充（27—97）和明代思想家李贽（1527—

易白沙（1886—1921年）

湖南长沙人，新文化运动中反对尊孔读经第一人，五四时期风云人物。他是《帝王春秋》的编写者和《新青年》的撰稿人。

1602）有过先例，但均受到政府压制。近代以来，严复曾在一个时期对中国传统思想提出过怀疑，但遭到正统理论的驳斥后便不再发言。梁启超说过"吾爱孔子，但吾更爱真理"，却也没有多少作为。陈独秀以袁世凯复辟帝制为契机，高举民主和科学的大旗，勇敢地站起来破天荒地打倒"孔家店"的无上权威，在当时可谓发聋振聩，石破天惊。

陈独秀毫不隐讳大张旗鼓地掀起"反孔"斗争，对两千年来不容置疑地占据着中国伦理和思想统治地位的儒家伦理道德进行批判，为争取个性自由解放而斗争，易白沙、李大钊、杨昌济、吴虞和鲁迅等人迅速以不同的方式加盟战斗。

应该说，对待反孔问题，曾在东京研究过法律和政治学的吴虞可谓是真正的斗士。他不仅把"孔教"作为一种抽象的哲学和伦理体系来批判，还重点在制度、风俗和法律上系统地进行了批判。这位在成都和父亲关系搞得极其紧张甚至爆发冲突，以致被父亲告到官府对簿公堂的"蜀中名宿"，在《新青年》发表的第一篇反孔文章是《家族制度为专制主义根据论》（1917年2月1日第二卷第六号）。这篇文章综合分析了《四书》《孝经》《礼记》以及宋儒语录等书，抓住儒家"孝弟"与封建家族制度的关系，对封建宗法制度、家族制度和专制制度进行了"三位一体"的猛烈攻击。他批驳孔教的主要观点是："它维护传统的家庭制度，提倡家长式统治成了专制主义的基础；它的基本伦理原则'孝'，成了盲目忠于统治者的基础。他追溯了'孝'的观念的发展和它与'忠'、'礼'观念的关系。"[1]在吴虞看来，"孔教"是消除人们心中的抗议和反叛的欲望。他还批判程朱理学"孝弟是顺德，所以不好犯上，自然不会有叛乱的事"的观点，认为"孝的观念把中国变成了一个制造顺民的大工厂"。吴虞除了批判孝道（愚忠）之外，还大力批判了等级制度和社会的不平等。

吴虞"反孔非儒"的批判精神，深受陈独秀、胡适的赞赏，也赢得了众多的支持。或许是因为自己对父亲的非难有着深刻体会，吴虞的文章更加深入和具体，针对性也更强，更适应时代的需要。因为反孔的"真正问题不只是重新检查孔子本人的教导，而是要揭露几百年来统治者和官僚强加在民众

---

[1] [美]周策纵:《五四运动:现代中国的思想革命》,周子平等译,江苏人民出版社1999年版,第307—308页。

身上的一切伦理原则和制度，即揭露根据孔子原来的理论或冒充采用了这种理论而制定的那些不平等原则和制度的虚伪和残酷。斗争的关键是反对腐朽的传统，而孔教正是这一传统的核心。"[1]当吴虞在《新青年》第四卷第五号上看到鲁迅的《狂人日记》后，赞不绝口，写下《吃人与礼教》发表在《新青年》第六卷第六号上。他说："我觉得他这《日记》，把吃人的内容和仁义道德的表面，看得清清楚楚。那些戴着礼教假面具吃人的滑头伎俩，都被他把黑幕揭破了。"在文中，他列举了历史上的许多事例来证明鲁迅揭穿的礼教"吃人"的观点，最后说："到了如今，我们应该觉悟：我们不是为君主而生的！不是为圣贤而生的！也不是为纲常礼教而生的！什么'文节公'呀、'忠烈公'呀，都是那些吃人的人设的圈套来诳骗我们的！我们如今应该明白了！吃人的就是讲礼教的！讲礼教的就是吃人的呀！"为批判旧礼教，"反孔非儒"的吴虞言辞激烈，因此胡适在给《吴虞文录》作序时，称赞他是"四川省只手打孔家店的老英雄"。从此，"打倒孔家店"也成了中国知识分子中一个十分流行的口号。

毫无疑问，鲁迅作为新文学战线上的主将，

吴虞（1872—1949 年）

四川新繁（今成都）人，近代思想家，学者。早年留学日本。归国后任四川《醒群报》主笔，鼓吹新学。北大任教期间，在《新青年》上撰文抨击旧礼教和儒家学说，影响较大。

吴虞画像

---

[1] [美]周策纵：《五四运动：现代中国的思想革命》，周子平等译，江苏人民出版社1999年版，第307—308页。

那个年代的"祭孔典礼"

同样以其匕首、投枪一样的杂文和白话小说参加了"打倒孔家店"的行动。继1918年5月发表《狂人日记》之后，鲁迅又在《新青年》发表了《我之节烈观》《我们现在怎样做父亲》等文章，并在"随感录"栏目连续发表了《随感录》27篇（1918年发表了6篇，1919年发表了21篇），还在《每周评论》上发表了《敬告遗老》《孔教与皇帝》《旧戏的威力》等，对封建礼教进行了有力的批判和打击。直至1922年在《晨报副刊》发表《阿Q正传》，鲁迅在他的大量作品中，以怪异、夸张的人物代表在传统伦理和制度束缚下的中国人性格的缺陷，暴露人性的弱点，攻击旧传统、旧思想、旧伦理。

在"打倒孔家店"的斗争中，除了陈独秀、吴虞、鲁迅之外，钱玄同、胡适等人也同样发挥了重要的战斗作用，只是他们的表现手段更温和，或者说方法上更冷静些，态度上更学术些。但时代的洪流需要的是拿起枪来战斗的勇士，而不是书斋里的革命，只有狂飙突进你死我活的斗争才能深入人心，才能打破旧世界，创造新世界。五四时代的大师们就在五四的现场，告诉我们：打倒"孔家店"，不是打倒思想家孔子。孔子是一个人，而不是神。

科学和民主就像火车的两条铁轨，唯有平行，才能前进。在用"德先生"来打倒"孔家店"的同时，陈独秀针对中国群众思想蒙昧和落后的现状，用"赛先生"来打倒一切偶像和鬼神。

辛亥革命之后，封建统治者在提倡尊孔诵经之外，还大力宣扬鬼神之说，一时间封建迷信随着复古主义思潮开始泛滥。1917年10月，上海的一帮封建文人在十里洋场开设了宣传封建迷信文化的"盛德坛"，成立了"上海灵学会"。鬼神妖风在上海滩刮起来，并迅速得到了北京当权者的支持，黎元洪为《灵学丛志》题词，清朝废帝溥仪的英国老师庄士敦也交款入会，严复也写信深表支持。甚至有鬼论者正儿八经地宣扬"鬼神之说不张，国家之命运遂促"，欲借神仙鬼神之力来拯救众生。

国家将亡，必兴妖孽。和"打倒孔家店"一样，陈独秀和《新青年》同人在五四的现场毫不留情地同时打响了另一场和有鬼论者的斗争。从1918年5月15日《新青年》第四卷第五号开始，陈独秀专门开辟专栏与"灵学"针锋相对。发表了北大心理学教授陈大齐的《辟灵学》，以心理学、生物学证明"扶乩者所得之文，确实扶乩者所作"；他们"喜为古人的奴隶，以做奴隶为荣，而以脱离古人绊羁"，而假借鬼神的招牌"以自欺欺人"，这是奴隶的劣根性。陈独秀、钱玄同、刘半农也分别撰文《有鬼论质疑》等，向鬼神论者发问，大骂灵学是"妖孽"。接着，易白沙在第五卷第一号上发表《诸子无鬼论》，指出："吾国鬼神，盛于帝王。""鬼神之势大张，国家之运告终。证以历史，自三代以至清季，一部二十五史，莫不如是。盖大可惧之事也。"

随后，一个自称"平日主有鬼论甚力"的名叫易乙玄的人，写了篇《答陈独秀先生〈有鬼质疑论〉》，大发鬼论。刘文典和鲁迅及时给予了回击。鲁迅在《随感录》中说："现在有一班好讲鬼话的人，最恨科学，因为科学能教道理明白，能教人思路清楚，不许鬼混，所以自然而然的成了讲鬼话的人的对头。于是讲鬼话的人，便须想一个方法排除他。其中最巧妙的是捣乱，先把科学东拉西扯，羼进鬼话，弄得是非不明，连科学也带了妖气。"鲁迅接着指出："据我看来，要救治这'几至国亡种灭'的中国，那种'孔圣人张天师传言由山东来'的方法，是不全对症的，只有这鬼话的对头的科学！——不是皮毛的真正科学！"

不破不立。陈独秀勇于独创，大胆地反对宗教迷信，指出世上"凡是无

用而受人尊重的，都是废物，都算是偶像"。他在《偶像破坏论》中惟妙惟肖
地描绘了偶像的丑态："一声不做，二目无光，三餐不吃，四肢无力，五官不全，
六亲无靠，七窍不通，八面威风，九（久）坐不动，十（实）是无用。"陈独
秀主张"以科学代宗教"，破除迷信，推倒一切偶像，"开拓吾人真实之信仰"。
更重要的是，陈独秀把破除鬼神论，从天上拉回了人间，指出"君主也是一
种偶像"。人们迷信他是"天的儿子，是神的替身，尊重他，崇拜他，以为他
的本领与众不同"，其实"他本身并没有什么神圣出奇的作用，全靠众人迷信
他，尊崇他，才能够号令全国"，一旦亡了国，像清朝的皇帝溥仪、俄罗斯的
皇帝尼古拉二世，现在"好像一座泥塑木雕的偶像抛在粪缸里"。写到此处，
陈独秀还不痛快，他又把中国"男子所受的一切勋位荣典"和"女子的贞节牌坊"
等也统统列为需要推倒破坏的偶像。他把破除迷信、推倒偶像和"打倒孔家店"
有机地结合起来，大声疾呼："破坏！破坏偶像！破坏虚伪的偶像！吾人信仰，
当以真实的合理的为标准；宗教上、政治上、道德上自古相传的虚荣，欺人
不合理的信仰，都算是偶像，都应该破坏！"可见，陈独秀高举民主和科学
的旗帜，已经坚定地站在了唯物主义的立场上，成为一个民主主义的斗士。

1919 年的天安门

西洋人因为拥护德、赛两先生，闹了多少事，流了多少血，德、赛两先生才渐渐从黑暗中把他们救出，引到光明世界。我们现在认定只有这两位先生，可以救治中国政治上、道德上、学术上、思想上一切的黑暗。若因为拥护这两位先生，一切政府的压迫，社会的攻击笑骂，就是断头流血，都不推辞。

——陈独秀

第六章
CHAPTER 6

改革者与反对者：
从文化到政治

HUAZHUAN
Scene and Truth of History

WU SI YUNDONG

1919

5·4

重在输入学理，围绕文学革命开展思想革命，宣扬修身治国之道，不再批评政治，这是《新青年》创刊之初的宗旨。用胡适的话说就是："打定二十年不谈政治的决心，要想在思想文艺上替中国政治建设筑一个革新的基础。"但随着国内和国际形势的变化——"袁大头"洪宪帝制的覆灭、皖系军阀的上台、张勋复辟的失败、广东护法军政府的建立和1917年11月7日俄国十月革命的胜利、《中日共同防敌军事协定》的订立以及第一次世界大战的结束，受国内外重大事件的影响，忧国忧民的新知识分子们无不从正面或反面，更急切和焦灼地关注着国家、民族的前途命运，逐渐认识到政治的重要性。

新文化运动影响力越来越深，影响面也越来越宽，但直到1918年5月之前，它仍然好像只是新旧知识分子笔墨间的"战争"和大学这个"象牙塔"里的事情。如果把这个以科学和民主为主导的新文学、新思想的新文化运动比作一场"头脑风暴"的话，那么也只是一场"茶壶里的风暴"，与群众的政治斗争依然没有结合起来。但到了1918年的春天，情况发生了变化。

1918年5月18日，中英文对照报纸《京报》（*The Peking Gazette*）发表了一篇《出卖中国》（*Selling out China*）的新闻，揭露了北京政府与日本秘密签订的《中日共同防敌军事协定》，公开谴责段祺瑞政府为卖国政府。随后，《京报》被查封，主编陈友仁也被囚禁。而此前在日本和法国的中国留学生们还举行了示威游行，抗议秘密外交。中国留日学生的游行遭到日本警察多次粗暴甚至武力干涉，不得不于5月5日集会决定：3000多名留日学生从12日开始，陆续全部回国。

国内民众反对秘密外交的情绪也空前高涨。5月19日，北京高等工业专门学校学生张传琦义愤填膺，断指血书"亡国条件不取消不达目的，勿限于五分钟之热血"，激发了同学们的爱国热情。5月21日，北京大学、北京高等师范学校、北京法政学校和北京工业专门学校等2000多名学生破天荒地组织了游行请愿，到冯国璋的总统府要求废除这个卖国协定。高等工业专门学校学生夏秀峰在同学们整队集合出发前，跳上讲台发表讲话后，从衣袋中抽出小刀割破手指，血书"此条约取消之日，为我辈生还之时"。参加请愿活动的学生们于上午9点便聚集在新华门总统府的会客室前，要求会见总统。冯国璋派北京市市长王志襄、步兵统领李阶平、警察局局长吴镜潭和宪兵司令马巏门等接见学生，劝说他们返回学校，但没有奏效。最后，冯国璋无奈之下在居仁堂接见了13位学生代表，包括北大的学生段锡朋、雷国能、许德珩、王政、易克嶷、方豪，师范学校的熊梦飞，工业学校的鲁士毅、邓翔海、夏秀峰。这些学生中很多人后来成为五四运动的领导者及中国政界、教育界的名人。[1] 随后，天津、上海等城市的学生也举行了游行示威。

尽管这次学生运动很快就平息下去，但在中国商界却产生了影响，商人们也曾集会并致电政府停止与南方的内战。而北京和上海的学生们由此团结起来，成立了"学生爱国会"（后改名为"学生救国会"）。1918年5月的大学生抗日请愿活动，虽然没有对政府和政治造成什么直接的影响，但其活动的价值和意义却非同寻常，可以说这是中国新知识分子和商界等其他社会力量第一次成规模有组织地合作的标志，是一年后在天安门广场爆发的五四爱国运动的一次预演。

在这次反对帝国主义的示威请愿斗争中，北大校长蔡元培在学生出发时前往劝阻，但没有成功，为此他曾主动提出"引咎辞职"。文科学长陈独秀和其他各科学长一样，也表示和蔡共进退，提出"引咎辞职"，后"经慰留而罢"。而关于这次反帝斗争，"不谈政治"的《新青年》也没有作出反应。

但作为一个参加过辛亥革命的老革命党人，有着激烈舆论渴求和成熟办报经验的陈独秀，现在无论如何也按捺不住自己对政治的热情了。1918年7月15日，陈独秀在《新青年》第五卷第一号上发表《今日中国之政治问题》，公开表明了自己与《新青年》同人截然不同的意见，说："本志同人及读者，往往不以我谈政治为然。有人说：我辈青年重在修养学识，从根本上改造社会，何必谈什么政治呢？……何必谈什么政治惹出事来呢？"其实"这些话都说错了"，作为一个国家的人民对政治"怎么该装聋作哑"？国民应该"速醒"，对"关系国家民族根本存亡的政治根本问题"，要有"彻底的觉悟，急谋改革"，

---

[1] [美]周策纵:《五四运动:现代中国的思想革命》，周子平等译，江苏人民出版社1999年版，第307—308页。

《新青年》和《每周评论》　　　　　　　　　《新潮》杂志

否则"必至永远纷扰，国亡种灭而后已！"从此，陈独秀开始了辛亥革命后的政治运动生涯。

1918年5月的北京学生请愿活动，让新青年们在运动中自己组织起来了，中国社会力量阵线注入了新的血液，并开始了新的组合。

1918年10月13日，活跃的青年学生们以"学生爱国会"的名义，以北大为中心，由邓康（邓中夏）、黄日葵、许德珩、高尚德、张国焘、段锡朋、易克嶷等成立了《国民》杂志社，聘请李大钊为顾问，旗帜鲜明地反帝。

1918年12月3日，由北大文科学生傅斯年、罗家伦、徐彦之等人发起组织了新潮社，得到了蔡元培、陈独秀的支持，蔡、陈代表校方给他们提供经费、房屋。其出版的《新潮》月刊被誉为《新青年》的"卫星"。

此后，1919年3月，邓中夏等在北大发起组织平民教育讲演团，以"增进平民知识，唤起平民之自觉心"；王光祈等人和日本归国学生曾琦、陈清（愚生）、雷宝菁（眉生）、张尚龄（梦九）和周芜（太玄）在北京创立了少年中国学会[1]，等等，新知识分子们开始有组织地积极联合起来。[2]

---

[1] 1918年6月30日开始筹建，1919年7月1日正式成立。

[2] 关于五四时期的社团，本书后面将有专门章节介绍。

《新潮》杂志创刊号，1919年元旦正式发刊，蔡元培题写刊名。

《国民》创刊号，封面画由徐悲鸿作。

1918年11月，时值第一次世界大战结束，中国的政治气氛高涨。在支持学生社团和学生刊物的同时，陈独秀深感作为月刊的《新青年》因为"不谈政治"很难对现实的政治斗争发挥作用，必须创办一份"更迅速、刊期短、与现实更直接"的刊物。11月27日，他召集李大钊等志同道合者在自己的办公室里开始讨论创办《每周评论》，参加会议的还有张申府、高一涵、高承元等，会上"公推陈独秀负书记及编辑之责，余人俱任撰述"。

就像把《新青年》编辑部设在箭杆胡同自己的家中一样，陈独秀把《每周评论》编辑部就设在沙滩新落成的北大红楼文科学长的办公室里，发行所设在北京骡马大街米市胡同79号。本来大家商议决定在12月14日就出版《每周评论》的第一号，后来因为各种原因耽搁来不及，就改在21日出版了第一号，22日正式上市销售。《每周评论》每周出版一期，所刊文章一律没有稿酬，总共有12个栏目，主要是：国外大事述评、国内大事述评、社论、文艺时评、随感录、新文艺、国内劳动状况、通信、评论之评论、读者言论、新刊批评和报刊选论。在《每周评论》创刊号上，陈独秀除了撰写《发刊词》之外，还发表了《两团政治》《义和拳征服了洋人》《战争的责任者》和《公仆变了家长》（部分文章使用笔名"只眼"）。同时还发表了王光祈的《国际社会之改造》、蔡元培的《劳工神圣》、梁启超的《欧战结局之教训》、胡适的新诗《奔丧到家》和署名"质心"的《有饭大家吃，有工大家做》。

与《新青年》重在文化塑造和思想启蒙不一样，《每周评论》则重在针砭时弊、批评时政，完全是一个锋芒毕露的战斗性刊物。《每周评论》和《新青年》两者相互配合、相互补充，可谓协同作战，相得益彰。但志同道不合，由于文学革命的战友胡适极力反对谈论政治，而内心始终激荡着革命浪漫主义的陈独秀毅然决然地大谈政治，和李大钊等坚定地走自己的政治道路，新知识分子们在文化理想和政治思想上开始分道扬镳，并逐渐演化成后来的"问题和主义之争"，最终导致《新青年》同人的分裂。1920年9月1日出版的《新青年》第八卷第一号上，陈独秀再次高调解释了自己之所以要谈政治的原因——

　　本志社员中有多数人向来主张绝口不谈政治，我偶然发点关于政治的议论，他们都不以为然。但我终不肯取消我的意见，所以常劝慰慈、一涵两先生做关于政治的文章。在他一方面，外边对于本志的批评，有许多人说《新青年》不讨论政治问题，是一个很大的缺点。我对于这个批评也不能十分满足，曾在"我的解决中国政治方针"演说中回答道："我们不是忽略了政治问题，是因为十八世纪以来政治已经破产，我们正要站在社会的基础上造成新的政治；我们不是不要宪法，是要在社会上造成自然需要新宪法底实质，凭空讨论形式的条文，是一件无益的事。"因此，可以表明我对于政治底态度，一方面固然不以绝口不谈政治为然，一方面也不愿意和一班拿行政或做官弄钱当作政治的先生们谈政治。换句话说，就是：你谈政治也罢，不谈政治也罢，除非逃在深山人迹绝对不到的地方，政治总会寻着你的；但我们要认真了解政治底价值是什么，绝不是争权夺利的勾当可以冒牌的。

此前，1919年1月15日，《新青年》第六卷第一号[1]发表了陈独秀的《本志罪案之答辩书》，对《新青年》创办三年来的工作进行了一次总结，并从根本上对顽固派毫不妥协地发动了进攻——

　　本志经过三年，发行已满三十册；所说的都是极平常的话，社会上却大惊小怪，八面非难，那旧人物是不用说了，就是咶咶叫的青年学生，也把《新青年》看作一种邪说，怪物，离经叛道的异端，非圣无法的叛逆。本志同人，实在是惭愧得很；对于吾国革新的希望，不禁抱了无限悲观。

　　社会上非难本志的人，约分二种：一是爱护本志的，一是反对本志的。第一种人对于本志的主张，原有几分赞成；惟看见本志上偶然指斥那世界公认的废物，便不必细说理由，措词又未装出绅士的腔调，恐怕本志因此在社会上减了信用。像这种反对，本志同人，是应该感谢他们的好意。

　　这第二种人对于本志的主张，是根本上立在反对的地位了。他们所非难本志的，无非是破坏孔教，破坏礼法，破坏国粹，破坏贞节，破坏旧伦理（忠孝节），破坏旧艺术（中国戏），破坏旧宗教（鬼神），破坏旧文学，破坏旧政治（特权人治），这几条罪案。

　　这几条罪案，本社同人当然直认不讳。但是追本溯源，本志同人本来无罪，只因为拥护那德莫克拉西（Democracy）和赛因斯（Science）两位先生，才犯了这几条滔天的大罪。要拥护那德先生，便不得不反对孔教、礼法、贞节、旧伦理、旧政治；要拥护那赛先生，便不得不反对旧艺术，旧宗教；要拥护德先生又要拥护赛先生，便不得不反对国粹和旧文学。大家平心细想，本志除了拥护德、赛两先生之外，还有别项罪案没有呢？若是没有，请你们不用专门非难本志，要有气力有胆量来反对德、赛两先生，才算是好汉，才算是根本的办法。

　　社会上最反对的，是钱玄同先生废汉文的主张。钱先生是中国

[1] 黄真先生考证说，本期《新青年》实际上是3月份出版发行的。

文字音韵学的专家，岂不知道语言文字自然进化的道理（我以为只有这一个理由可以反对钱先生）？他只因为自古以来汉文的书籍，几乎每本每页每行，都带着反对德、赛两先生的臭味；又碰着许多老少汉学大家，开口一个国粹，闭口一个古说，不曾声明汉学是德、赛两先生天造地设的对头；他愤极了才发出这种激切的议论，像钱先生这种"用石条压驼背"的医法，本志同人多半是不大赞成的。但是社会上有一班人，因此怒骂他，讥笑他，却不肯发表意思和他辩驳，这又是什么道理呢？难道你们能断定汉文是永远没有废去的日子吗？

西洋人因为拥护德、赛两先生，闹了多少事，流了多少血，德、赛两先生才渐渐从黑暗中把他们救出，引到光明世界。我们现在认定只有这两位先生，可以救治中国政治上道德上学术上思想上一切的黑暗。若因为拥护这两位先生，一切政府的压迫，社会的攻击笑骂，就是断头流血，都不推辞。

此时正是我们中国用德先生的意思废了君主第八年的开始，所以我要写出本志得罪社会的原由，布告天下。

刘师培（1884—1919 年）

江苏仪征人，1915 年发起成立筹安会，鼓吹袁世凯称帝，失败后，流落天津。后任北大文科教授，成为国粹派代表人物。

黄侃（1886—1935 年）

湖北蕲春人，生于成都。中国近代民主革命家、辛亥革命先驱、著名语言文字学家。

陈独秀大义凛然地反对封建专制，其大无畏的气概和坚持不渝的决心，再次震动了中国思想界，也引起了封建主义卫道士们的极大恐慌。而就在以《新青年》和《新潮》为阵地的两代新知识分子在北大组成"联合阵线"的时候，一些保守的教授、研究者和学生组成的反对派集团也在北大结成联盟。他们以旧文学的提倡者刘师培为首，黄侃（黄季刚）、朱希祖、林损、辜鸿铭、马叙伦以及国史馆的老学究们，沆瀣一气，得到了著名古文专家严复和林纾的支持，1919年，还开辟了提倡文言文、孔教和旧伦理的公共论坛——《国故》杂志。但现实是残酷的——《国故》的出版和发行没有赢得更多的读者尤其是青年人的喜欢，在仅仅出版了四期之后便夭折了。这与畅销全国的《新青年》和《新潮》相比，那真是一个天上一个地下。

2月17日，强烈支持"国故派"的古文学家林纾终于跳了出来，在上海《新申报》发表小说《荆生》，指桑骂槐，恶意讽刺和影射蔡元培、陈独秀、胡适、钱玄同。这就是中国现代文学史上著名的"荆生大闹陶然亭"案。小说假借"皖人田必美"影射陈独秀、"浙人金心异"影射钱玄同、"不知其何许人"的"狄莫"影射胡适，讲他们三人聚会陶然亭，田必美指责孔子，狄莫主张白话，忽然间跳出来一个名叫"荆生"的"伟丈夫"，把这三人打得落花流水——"田生尚欲抗辩，伟丈夫骈二指按其首，脑痛如被锥刺。更以足践狄莫，狄腰痛欲断。金生短视，丈夫取其眼镜掷之，则怕死如猬，泥首不已。丈夫笑曰：'尔之发狂似李贽，直人间之怪物。今日吾当以香水沐吾手足，不应触尔背天反常禽兽之躯干。尔可鼠窜下山，勿污吾简……留尔以俟鬼诛。'三人相顾无言，敛具下山。"小说的末尾，林纾还颇有感慨地说："如此混浊世界，亦但有田生狄生足以自豪耳！安有荆生？"

《荆生》小说真实反映了"国故派"的封建卫道士的心态，可谓其穷途末路的丧气叹息。67岁的林纾把自己打扮成小说中的伟丈夫"荆生"，表明自己是为"国故派"撑腰的英雄人物。不过，时人大都认为伟丈夫"荆生"是指皖系军阀干将徐树铮。

而就在这个时候，突然谣言四起。3月4日、6日的上海《申报》接连报道说，陈独秀、胡适等四人将被驱逐出北大等，北京、上海的舆论一片哗然。新旧思潮的一场大激战立即打响。

新潮社主要成员，前排右起汪敬熙、康白情，后排右起周炳琳、段锡朋、罗家伦

《荆生》一发表，立即遭到陈独秀、李大钊等"改革派"的激烈反对，并开始了与"国故派"第一次短兵相接的战斗。3月2日，陈独秀以笔名只眼在《每周评论》第十一号发表《旧党的罪恶》，说——

　　言论思想自由，是文明进化的第一重要条件。无论新旧何种思想，他自身本没有什么罪恶。但若利用政府权势，来压迫异己的新思潮，这乃是古今中外旧思想家的罪恶，这也就是他们历来失败的根原。至于够不上利用政府来压迫异己，只好造谣吓人，那更是卑劣无耻了！

3月9日，陈独秀在《每周评论》第十二号全文转载了林纾的小说《荆生》，并加"编者按"指出：古文家林纾的梦想小说，就是代表"借用武人政治权威来禁压"新思潮。同期，还转载了李大钊发表在《晨报》上的《新旧思想之激战》，指出——

　　我正告那些顽旧鬼祟、抱着腐败思想的人：你们应该本着你们所信的道理，光明磊落的出来同这新派思想家辩驳、讨论。公众比一个人的聪明质量广、方面多，总可以判断出来谁是谁非。你们若是对于公众失败，那就当真要有个自觉才是。若是公众袒佑你们，哪个能够推倒你们？你们若是不知道这个道理，总是隐在人家的背后，想抱着那位伟丈夫的大腿，拿强暴的势力压倒你们所反对的人，替你们出出气，或是作篇鬼话妄想的小说快快口，造段谣言宽宽心，那真是极无聊的举动。须知中国今日如果有真正觉醒的青年，断不怕你们那伟丈夫的摧残；你们的伟丈夫，也断不能摧残这些青年的精神。当年俄罗斯的暴虐政府，也不知用尽多少残忍的心性，杀戮多少青年的志士，那知道这些青年牺牲的血，都是培植革命自由花的肥料；那些暗沉沉的监狱，都是这些青年运动奔劳的休息所；那暴横政府的压制却为他们增加一层革命的新趣味。直到今日，这样滔滔滚滚的新潮，一决不可复遏，不知道那些当年摧残青年、压制思想的伟丈夫那里去了。我很盼望我们中国真正的新思想家或旧思想家，对于这种事实，都有一种觉悟。

　　与此同时，京沪两地关于北大开除陈独秀、胡适的谣言已开始发生连锁反应。而肇事者正是北大法科学生张厚载。此人系江苏青浦人（今上海），小学毕业后随父母迁居北京，曾入北京五城中学堂学习，是林纾的入室弟子，被称为林在北大的心腹。而林的小说《荆生》也正是张向上海《新申报》推荐的。作为《新申报》特约记者，张厚载同时还在上海《神州日报》主持一个不定期的"半谷通信"栏目，主要报道北京方面的信息，时不时炒作一下北大新旧思潮的"八卦"新闻。这次，他先后于2月26日、3月3日、3月9日在《神州日报》上"造谣"北大"文科学长一席在势必将易人，而陈独秀之即将卸职，已无疑义"等等，引起了北大的高度关注。尽管2月22日北大高层已经开会决议废除学长制，陈独秀面临下岗，但这毕竟还是一个没有公开的学校机密。更重要的是，《新青年》改革派认为这是"国故派"在借机打压他们，反对新文化运动。3月10日，胡适首先站出来反驳张厚载。随后校长蔡元培也亲自站出来，认定张厚载是在传播谣言。

　　也就在这个时候，经张厚载的推荐，《新申报》又于3月19日至23日连载了林纾的另一篇小说《妖梦》。这次，林纾在小说中"梦想"在阴曹的一个白话学堂里，"教务长田恒""二目如猫头鹰，长喙如狗"，以影射陈独秀，"副教务长秦二世""似欧西之种，深目而高鼻"，以影射胡适，而"谦谦一书生"的"校长元绪"竟影射一直置身新旧思潮激战之外的蔡元培。因为田、秦二人提倡白话、反伦常而元绪公点头赞成，最后终有一妖魔"直扑白话学堂，攫人而食，食已大下，积粪如丘，臭不可近"。事实上，就在林纾将作品寄给张厚载的同时，他收到了蔡元培的来信，代一个叫赵体孟的人请他为"明遗老刘应秋先生遗著"作序。这令林纾百感交集又手忙脚乱，他赶紧致信张厚载追回《妖梦》。同时，他又在《公言报》以公开信的方式致信蔡元培，表示对蔡"为士林表率"的敬意，说："大学为全国师表，五常之所系属。近者外间谣诼纷集，我公必有所闻，即弟亦不无疑信。"而北大则"必覆孔孟、铲伦常为快"，"若尽废古书，行用土语文字，则都下引车卖浆之徒，所操之语，按之皆有文法……凡京津之稗贩，均可用为教授矣"。他向蔡坦诚进言："须圆通广大，据中而立，方能率由无弊。若凭位分势力而施趋怪走奇之教育，则惟穆罕默德左执刀而右传教，始可如其愿望。今全国父老以子弟托公，愿公留意，以守常为是。"还说他虽年垂七十，"尚抱残守缺，至死不易甚操"。

　　然而，令林纾没有想到的是，追回《妖梦》已经来不及了，而《公言报》3月18日在发表他意为与蔡元培修好的信《致蔡鹤卿太史书》的同时，不知是有意还是无意地把一篇题为《请看北京学界思潮变迁之近状》的文章和公开信一起发表了。这篇文章恰恰诬蔑北大在蔡元培担任校长后，文科学长陈独秀以新派首领自居，胡适、钱玄同、刘半农、沈尹默等新派人物沆瀣一气，字里行间对新思潮极尽谩骂之能事，说他们"无异于洪水猛兽"。

　　《妖梦》《请看北京学界思潮变迁之近状》和《致蔡鹤卿太史书》同时发表，激怒了蔡元培。张厚载自知闯下了大祸，赶紧致信蔡元培，把林纾曾请其退

辜鸿铭（1857—1928 年）

祖籍福建惠安，生于马来西亚，热衷向西方人宣传东方文化和精神。

林纾（1852—1924 年）

福建闽县（今福州）人，近代文学家、翻译家。

林纾画像

稿的经过亲自向蔡呈述，并请求校长不要"介意"。蔡元培回复短信温和地批评了学生张厚载，并写了一封长信《致〈公言报〉答林君琴南函》。两封信同时发表在 3 月 21 日的《北京大学日刊》上。在正面回答林纾的公开信中，蔡元培以严密的逻辑、大量的事实和犀利的论理，逐条进行了驳斥，维护了北大的声誉，也保护了陈独秀、胡适等新派教授。

随后，刘师培也抱病亲自致信《公言报》辟谣，《国故》杂志也致信《公言报》，批评《请看北京学界思潮变迁之近状》的错误，对林纾的言论也是不予理睬。林纾真可谓热脸凑了个冷屁股，不得不在 3 月 24 日发表《再致蔡鹤卿书》，表示愿意部分地接受蔡元培的批评，并公开坦诚认错，终于停止了对北大和《新青年》阵营的攻击。

对于林纾勇于认错，陈独秀为此专门发表文章《林琴南很可佩服》。3 月 31 日，《北京大学日刊》刊登一则"本校布告"，称："学生张厚载屡次通信于京沪各报，传播无根据之谣言，损坏本校名誉，依大学规程第六章第四十六条第一项，令其退学。"而再过三个月，张厚载即将正式从北大毕业。

就在新旧思潮斗争激烈的时刻，封建官吏也开始干涉新文化运动。参议员张元奇曾赴教育部要求取缔《新青年》《新潮》等刊物，否则"将由新国会提出弹劾教育总长案"，弹劾蔡元培，"而尤集矢于"陈独秀。全国各地的军阀也和北京政府一样开始干涉新思潮，比如 4 月 9 日江苏省省长齐耀琳就公开电令各校、各县严禁阅读新思潮刊物。

面对封建军阀的飞扬跋扈，陈独秀毫不退缩，他在4月13日和27日出版的《每周评论》上专门编辑了《特别附录：对于新旧思潮之舆论》，汇集了京、沪、浙、川四个省市14家报刊发表的有关这场论争的27篇文章，与反对派面对面地强攻。与此同时，为了减轻北京政府对蔡元培的压力，陈独秀特别在《新青年》第六卷第二号发表了《编辑部启事》，正式声明："《新青年》编辑部和做文章的人，虽然有几个在学校做教员，但是这个杂志完全是私人的组织。我们的议论完全由我们自己负责，和北京大学毫不相干。"

4月8日，面对北洋军阀政府和政客们的威慑和恫吓，蔡元培不得不提前实施文理科合并，取消学长，新设立的教务长由马寅初担任。这次所谓的"内部变动"，与其说是蔡元培对北洋军阀政府的一次政治妥协，不如说是让他当初三顾茅庐请来的新文化运动领袖陈独秀从文科学长的位置上下台多了一丝体面罢了。但工作岗位的变化，并没有影响陈独秀这个安徽好汉狂飙激进的思想，作为新文化运动的精神领袖，从1919年春天开始，他把文化革命与政治革命接轨，从而掀起了现代中国的思想革命，高举科学和民主的旗帜，把民族主义和爱国主义在古老的中国大地上发挥得酣畅淋漓，成为名副其实的"五四运动的总司令"。

克林德碑

一时间，"公理战胜，强权失败"简直成了当时中国人的口头禅。陈独秀在《每周评论》发刊词中，全篇主旨就是"公理战胜强权"这一句话。而克林德碑由东单路口移到了中央公园，碑名也改为"公理战胜"。公理真的战胜强权了吗？

第七章
CHAPTER 7

从克林德碑到公理战胜

纪念五四运动 **100** 周年

WU SI YUNDONG

HUAZHUAN
Scene and Truth of History

1918年11月14日至16日，北京城像过大年一样，旌旗满街，电彩照耀，鼓乐喧阗，好不热闹，尤其是天安门、东交民巷这些中心城区，一片欢腾。京城各大中小学放假三天，北京大学15日和16日还在天安门举行讲演大会。十天后，北京政府又决定11月28日至30日再接连放假三日，并在故宫的太和殿前举行了四五个小时的盛大阅兵典礼。所有驻京北洋军阀部队都接受了大总统徐世昌率领的国务总理、陆军部长等文武官员的检阅，各国公使也参加了观礼。阅兵后，又在中南海的总统府举行了宴会，轻歌曼舞，酒绿灯红。

此前，一座1902年建造的"石头牌坊"也热热闹闹地从东单牌楼的北边，也就是现在东单十字路口北侧、西总布胡同西口，迁移到中央公园（今中山公园），并将这座名为"克林德碑"（Von Ketteler Monument）的"石头牌坊"改名为"公理战胜"，中国人终于出了一口憋了16年的恶气。

中国的"石头牌坊"为什么取了这么个洋里洋气的名字呢？这还得从

第一次世界大战结束，北京政府在故宫太和殿前举行胜利阅兵仪式

1901年义和团被镇压、清政府签订《辛丑条约》彻底投降帝国主义说起。

谁也不会想到《辛丑条约》的第一条，竟然是以国家的名义向一个叫克林德的外国人赔礼道歉，并为其竖立牌坊。这个克林德是何许人也？原来，克林德是德国驻大清朝公使。慈禧太后垂帘听政后，在废存光绪皇帝的问题上与帝国主义一度产生了矛盾，她便利用义和团对外宣战，并以政府的名义鼓励捕捉洋人："生擒洋人一名，男则赏银五十两，女则四十两，幼则三十两。"重赏之下必有勇夫，1900年5月，德国公使克林德在坐轿经过东单牌楼北边时，被欲领取赏银的清军兵丁枪杀。谁知，这一事件竟然成了帝国主义扩大侵略战争的借口。腐败的清政府背信弃义，把责任全部推卸给义和团，并开始残酷的镇压，彻底向帝国主义投降，被迫签订了屈辱的《辛丑条约》。"克林德碑"竖立后，清政府竟然还在碑文上大捧克林德，大骂义和团，让国人丢尽了脸面。

《辛丑条约》第一款清清楚楚地写的就是为克林德被杀赔礼道歉的事。原文如下："一，大德国钦差男爵克(林德)大臣被戕害一事，前于西历本年六月初九日，即中历四月二十三日，奉谕旨钦派醇亲王载沣为头等专使大臣赴大德国大皇帝前，代表大清国大皇帝及国家惋惜之意。醇亲王已遵旨于西历本年七月十二日，即中历五月二十七日，自北京起程。二，大清国国家业已声明，在遇害处所，竖立铭志之碑，与克大臣品位相配，列叙大清国大皇帝惋惜凶

西摩尔（Edward Hobart Seymour, 1840—1929年）

英国海军元帅。曾参与第二次鸦片战争、指挥八国联军侵华战争。

瓦德西（Alfred Graf Von Waldersee, 1832—1904年）

德意志帝国第二任总参谋长，在德国以"政治将军"闻名。晚年担任有名无实的八国联军统帅。

事之旨，书以辣丁、德、汉各文。前于西历本年七月二十二日，即中历六月初七日，经大清国钦差全权大臣文致大德国钦差全权大臣，现于遇害处所，建立牌坊一座，足满街衢，已于西历本年六月二十五日，即中历五月初十日兴工。"

然而更令人难以想到的是，《辛丑条约》的签订还费尽了周折。德国公使被清兵杀死，克林德夫人发誓报仇，因此和清政府谈判时就信马由缰地提出了苛刻条件，甚至非要慈禧太后抵命不可。一时间"克林德事件"闹得紫禁城鸡犬不宁，朝廷上下都急成了热锅上的蚂蚁，不知如何是好。你要钱给钱，你要地给地，你要港口给港口，你要人命也可以给人命，但偏偏要这老佛爷的命，这可苦煞了大臣。最后，还是李鸿章出了一个奇招，请来一个奇人来救驾，此人就是京城八大胡同里的著名妓女赛金花。

"国家是人人的国家，救国是人人的本分。"这句话是文艺家的演绎还是

进入北京的八国联军官兵

克林德碑迁至中央公园改名公理战胜碑

真的出自赛金花之口，似乎已经无关紧要了，重要的是会说德语的赛金花真
的满口答应了李鸿章的请求，并通过她与德军元帅瓦德西的私人关系，亲自
与克林德夫人进行了谈判。曾朴在小说《孽海花》中形容这次谈判，赛金花
是"灵心四照，妙舌如莲，周旋得春风满座"。我们不妨听听赛金花的讲述，
两个女人的对话似乎已经没有了政治外交的辞令，而多了一些温情——

　　我见着了她，她对我的态度还很和蔼，让我坐下，先讲了些旁
的闲话，然后我便缓缓地向她解释，说："杀贵公使的，并不是太后，
也不是皇上，是那些无知无识的土匪——义和团，他们闯下了祸早跑
得远远的了。咱们两国的邦交素笃，以后还要恢复旧好呢，请您想开
些，让让步吧！只要您答应，旁人便都答应了。"

　　她道："我的丈夫与中国平日无仇无怨，为什么把他杀害？我总
要替他报仇，不能就这么白白的死！"

　　我说："仇，已经报了。我国的王爷大臣，赐死的也有，问斩的
也有，仇还不算报了么？"

她又道："那不行，就是不要太后抵偿，也要皇上给赔罪。"说这话时，她的态度坚决。我想了想，遂说："好吧！你们外国替一个为国牺牲的人作纪念，都是造一个石碑，或铸一个铜像；我们中国最光荣的办法，却是竖立一个牌坊。您在中国许多年，没有看见过那些为忠孝节义的人立的牌坊么？那都能够万古流芳千载不朽的！我们给贵公使立一个更大的，把他一生的事迹和这次遇难的情形，用皇上的名义，全刻在上面。这就算是皇上给他赔罪。"

经我这样七说八说，她才点头答

克林德（Klemens Freiherr von Ketteler，1853—1900 年）

德国驻华公使。1900 年义和团运动期间，在北京街头被清军枪杀。这一事件成为八国联军侵华战争的导火线之一。

《辛丑条约》条文

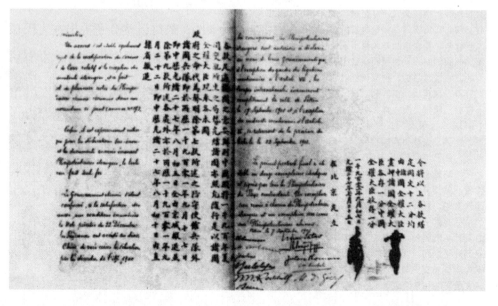

《赛金花本事》

[1] 刘半农等:《赛金花本事》,岳麓书社1985年版,第40—41页。"克林德碑"碑文如下:国家与环球各国立约以来,使臣历数万里之远,来驻吾华,国权所寄,至隆且重。凡我中国臣民,俱宜爱护而恭敬之者也。德国使臣克林德,秉性和平,办理两国交涉诸务,尤为朕心所深信。乃本年五月,义和拳匪阑入京师,兵民交讧,竟至被戕殒命,朕心实负疚焉!业经降旨特派大臣至祭,并命南北洋大臣于该使臣灵柩回国时,妥为照料。兹于被害地方,按其品位,树立碑铭。朕尤有再三致意者:盖睦邻之谊,载于古经;修好之规,详于公法。我中国夙称礼仪之邦,宜敦忠信之本。今者,克林德为国捐躯,令名美誉,虽已传播五洲,而在朕惋惜之怀,则更历久弥笃!惟望译读是碑者,见物思人,惩前毖后,咸知远人来华,意存亲睦,相与开诚布公,尽心款洽,庶几大和之气,洋溢赛区,既副朝廷柔远之思,益保亚洲升平之局,此尤朕所厚望云!据《清季外交史料》卷一四五,本碑文是奕劻和李鸿章等拟定的。

应了。这时候我心里喜欢极了,这也算我替国家办了一件小事。听说条约里的头一项就是这事哩!

这个牌坊就竖在东单牌楼北边,克林德遇害的那个地方。等到民国六年欧战告终,德国战败了,中国政府把牌坊拆除,挪到中央公园,改称"公理战胜牌坊"。当时曾举行一个盛大的纪念会,他们因我和这个牌坊有些关系,也邀请我去参加。那天莅会的人很多,钱能训、段祺瑞诸先生都有演说。会后还合一影,里面有个女子,站立在前排,那便是我。[1]

以上这段文字,出自新文化运动的干将之一、北大教授刘半农和他的学生商鸿逵撰写的《赛金花本事》,应该是可信的。本书如此大段摘引,只求说明道理:一个失去了尊严的国家,耻辱也像戏剧一样变得如此滑稽。

"克林德事件"最终以赛金花提出在克氏被杀之地竖立牌坊的方案,解决了政府都没有解决的难题。当年28岁的赛金花终身以此为荣,"心里喜欢极了",说自己总算是"替国家办了一件小事"。然而对中国人来说,这座"石头牌坊"既是落后无能的清政府镇压义和团、投降帝国主义的耻辱柱,又像魔咒一样压在中国人的心上。

因此,当1918年11月11日,第一次世界大战终于以德国战败投降告终的时候,作为协约

《彩云图》是张大千1933年所绘赛金花之彩像，1937年镌刻入铭。

国成员之一的中国也终于以胜利者的姿态推倒了"克林德碑"，轰轰烈烈热热闹闹地把这座"石头牌坊"迁移到中央公园，改名"公理战胜"。正因为如此，除了官方庆祝之外，民间也举行了大型的庆祝活动。北京、上海等大城市张灯结彩，一片欢腾。上海商界悬旗三天，学界也举办提灯会，仅环球中国学生会召集的提灯会就有数万学生参加。《救国日报》社制作的大地球灯，上书"打破军国主义，发扬民主精神，伸张正义人道，扑灭武力强权"，万众瞩目。当时的群众兴高采烈，会场拥挤不堪，还"燃放各种奇巧五色焰火及欢喜火"。一时间，上海、北京乃至全国各地沉浸在胜利的喜悦之中，前后持续半个多月。

　　11月15日、16日和28日至30日，北京大学分别在天安门和中央公园举行讲演大会。讲演者不仅有教职员，而且有学生。以北大为中心的新知识分子们更是出尽了风头，蔡元培、胡适、李大钊、陶孟和等都登台发表了演说。

　　蔡元培在天安门先后作了两次演说，11月15日演说的题目是《黑暗与光明的消长》，提倡举办中国平民大学，宣传平民主义，并指出：战局标志世界黑暗势力正不断削减，光明势力已日益增长。中国人民应乘此潮流，向着光明奋进。16日演说的题目是《劳工神圣》。第一次演说宣传的是无政府主义的互助论，第二次演说中赞扬了"在法国的十五万华工"，并满怀希望地指出："此后的世界，全是劳工的世界呵！"表达了自己的全民政治的理想。在讲演会上，一个北大法科学生赞扬了"华工"。他说："不知一人之力，力虽小，合为群力，其力大也。如十五万之华工，当彼等在本土之时，丝毫无足轻重，且常为旧官僚派所贱视，乃赴欧也，竟致协约国获最后之胜利，于以知华工虽少，其功实不在协约国以下。"可见，新青年们开始对工人阶级和群众力量予以重视。

李大钊在著名的《庶民的胜利》演说中指出："我们这几天庆祝战胜，实在是热闹的很。可是战胜的，究竟是那一个？我们庆祝，究竟是为那个庆祝？我老老实实讲一句话，这回战胜的，不是联合国的武力，是世界人类的新精神。不是那一国的军阀或资本家的政府，是全世界的庶民。我们庆祝，不是为那一国或那一国的一部分人庆祝，是为全世界的庶民庆祝。不是为打败德国人庆祝，是为打败世界的军国主义庆祝。"接着，他分析了第一次世界大战真正的原因是资本主义发展到帝国主义阶段的结果，"俄德等国的劳工社会，首先看破他们的野心，不惜在大战的时候，起了社会革命，防遏这资本家政府的战争"。最后，他指出这次大战有两个结果，一个是政治的，一个是社会的，政治的结果是"民主主义战胜，就是庶民的胜利"，"社会的结果，是资本主义失败，劳工主义战胜"。

李大钊的《庶民的胜利》和蔡元培的《劳工神圣》以及陶孟和的《欧战以后的政治》演说，被陈独秀以《关于欧战的演说三篇》为题，以头条位置发表于1918年11月15日出版的《新青年》上。同期还发表了李大钊的《Bolshevism的胜利》和陈独秀的《克林德碑》。

1918年11月27日的《北京大学日刊》也发表了胡适的演说。留美学生出身的胡适对美国参战和美国威尔逊总统的言论十分推崇。他说："这一次协商国所以能大胜，全靠美国的帮助。美国所以加入战国，全是因为要寻一个'解决武力'的办法。""如今且说美大总统所主张，协商各国所同声赞成的'解决武力'的办法是什么？"即："把各国私有的武力变成了世界公有的武力，就是变成了世界公有的国际警察队了。这便是解决武力的办法。"

像胡适所推崇的一样，美国总统威尔逊1918年1月8日在美国国会发表的和平演说确实如一枚炸弹，轰动世界。这个以和平、民主、独立为主体的"威尔逊十四条宣言"名扬天下的原因，就是让众多的弱小国家和民族看到了世界上人人平等、国国平等的美国梦想。节选如下[1]：

一、公开之和平条约，以公开之方法决定之。此后无论何事，不得私结国际之盟约。凡外交事项，均须开诚布公执行之，不得秘密从事。

二、领海以外，无论和平或战时，须保绝对的航海自由。但于执行国际条约时，得以国际之公意，封锁一部分或全部之公海。

三、除却各种关于经济之障碍物，使利益普及于爱和平及保障和平之各国。

四、立正确之保障，缩小武装至最低额，而足以保护国内治安为度。

五、对于殖民地之处置，须推心置腹，以绝对的公道为判断。殖民地人民之公意，当与政府之正当要求共适权衡。此种主义，各国须绝对尊重，不得丝毫假借。

十四、确定约章，组织国际联合会（General Association of Nations），其实旨为各国交互保障其政治自由，及土地统辖权。国无大小，一律享同等之利权。

威尔逊（Thomas Woodrow Wilson，1856—1924 年）

美国第 28 任总统。

---

[1] 第6条至第13条，系讨论俄国、比利时、法国、意大利、奥匈、罗马尼亚、塞尔维亚、门的内哥罗、土耳其、波兰等国家的具体问题，略。

威尔逊的"十四条宣言"不仅在欧洲国家有巨大的市场，也更加得到了中国人的欢呼和拥护。这确实是一个美国式的梦想。如果这个宣言真正得到落实，那么落后挨打、积贫积弱的中国，将在第一次世界大战胜利后，享受更多的大国平等待遇，尤其是在德国投降后，被德国侵占的山东就会自然而然地回到自己的怀抱。"十四条宣言"确实是一个美丽的诱惑，迷惑了很多人。

1918年12月22日，陈独秀在《每周评论》发刊词中，以少有的溢美之词公开赞颂威尔逊，说："美国大总统威尔逊屡次的演说，都是光明正大，可算得现在世界上第一个好人。"作为北大文科学长、新文化运动的精神领袖，陈独秀的观点自然引领并影响着新青年们的思想和行动。而此前，11月30日晚，北京大学的学生举行提灯游行，到段祺瑞住宅门前表示祝贺。北京许多学校的学生甚至跑到美国使馆去高呼："威尔逊大总统万岁！"

正因为如此，当1919年1月巴黎和会开幕的消息传来，中国社会各界更是充满着希望和期待，舆论形势一片大好。

全国各大报纸杂志纷纷著文庆祝，上海《民国日报》在1919年1月5日公开评论说，欧战的胜利是"协约国及美国之大战成功"，巴黎和会召开，中国可以"挽百十年国际上之失败"，使中国能够"与英法美并驾齐驱"。《东方杂志》1919年2月在一篇题为《欧战后中国所得之利益》的文章中，对巴黎和会更是充满信心，认为中国关于废除不平等条约的提案会成功，而且预言中国还能够获得许多根本利益(如"军武势力之消灭""海外移民之发展""道德基础之稳定"等)，相信中国从此会来一个大翻身。梁启超也在同一期《东方杂志》上撰文《国际联盟与中国》，说："今次之战，为世界之永久平和而战也。"他认为威尔逊提出的"国际联盟"是实现"将来理想之世界大同"的"最良之手段"，并说，"吾国人热望此同盟之成立，几于举国一致，此吾所敢断言也。此同盟最要之保证条件，即在限制军备。故吾谓我国为表示此热望之真诚起见，宜率先厉行裁兵。盖侵略主义既为天下所共弃，此后我友邦断无复有以此加诸我。藉曰有之，而亦必有他方面之制裁，使莫能发，故此后更无国防之可言"。

"战局告终，和会开幕，强权失败，公理昌明。正我国人仰首伸眉，理直气壮，求公判于世界各国之会。"[1]对于巴黎和会，除了社会名流和知识分子对国家的前途充满期待和信心之外，社会各群众团体也充满期待地联合起来，向巴黎和会表达中国人民的愿望，试图给和会以影响，以期实现国家和民族独立平等的要求。比如：留日学生救国团曾提议组织赴欧公诉团；国民对日外交后援会决议派代表赴欧；上海工商界的许多团体曾组织中华工商保守国际和平研究会，并联合全国商会联合会及各省商会，共同向巴黎和会提出要求，等等。

一时间，"公理战胜，强权失败"简直成了中国人的口头禅。陈独秀在《每周评论》发刊词中，全篇主旨就是"公理战胜强权"这一句话。而克林德碑也就由东单路口移到了中央公园，碑名也改为"公理战胜"。

公理真的战胜强权了吗？

殊不知，中国人的美国梦，亦真亦幻难取舍。新知识分子和新青年们对祖国独立自由平等的渴望太强烈，所以对巴黎和会的幻想也就显得太天真了！

殊不知，威尔逊的和平"十四条宣言"在巴黎和会上很快破产，而它带给中国人的梦想，也像阳光下的肥皂泡一样很快就破灭了。

殊不知，"只有永恒的利益，没有永远的朋友"。陈独秀和他的新文化运动同人，以及可爱的中国人民在那个落后封闭的时代，还远远没有读懂这个道理。

---

[1] 上海《民国日报》1919年2月4日发表的留日学生救国团提议组织国民赴欧公诉团的意见书。

《凡尔赛条约》签订现场

WU SI
YUNDONG

这两个分赃会议与世界永久和平，人类真正幸福，隔得不止十万八千里，非全世界的人民都站起来直接解决不可。若是靠着分赃会议里那几个政治家、外交家在那里关门弄鬼，定然没有好结果。

——陈独秀

第八章
CHAPTER 8

两个和会都无用

1915

正当中国人在北京欢庆胜利，甚至把东单的克林德碑推倒，重新写上"公理战胜"四个大字的时候，当"公理战胜，强权失败"几乎成为中国政治、文化媒介和社会名流的口头禅的时候，一场以"和平"为旗号的国际会议也大张旗鼓地在巴黎的凡尔赛宫粉墨登场。

有历史学家说，1919年的巴黎是世界的首都。1月18日，举世瞩目的巴黎和会开幕，参加会谈的举足轻重的国际要人，"天天会晤，谈判时辩论不休、争吵不断，但最终总能言归于好。他们在相互交易、制定条约、创建新国家和组织，还一起吃饭一起去剧院看戏。从1月到6月的半年中，巴黎一跃成为世界的政府、上诉法庭和国会，同时也是人们恐惧和希望的所在。"[1]巴黎和会邀请32个国家派代表出席，

1917年8月14日，段祺瑞政府对德、奥宣战，北洋军队在北京誓师。

[1] [英] 马格丽特·麦克米兰：《大国的博弈》，荣慧等译，重庆出版社2006年版，第1页。

中国劳工在赴欧作战前集合受训

既有参战国也有中立国。但和会的实质性工作基本上都是由特别委员会或"四巨头"——英国首相大卫·劳合·乔治、法国总理乔治·克雷孟梭、美国总统伍德罗·威尔逊和意大利总理奥兰多（后来因为本国要求在和会上未能实现而中途退出）完成的。而日本作为当时的强国，在和会上也同样享有与"四巨头"几乎同等的话语权。参与会谈的除了英、法、美、意等国的国家元首或政府首脑之外，还有他们的外交部长，加上日本的两位代表，因此就组成了主导和会的"十人会议"。但在这次长达180天的国际会议中，和会的全体代表团只举行了8次会谈。在这有限的会谈中，大国趾高气昂，小国则抱怨连连。

中国因为1917年对德宣战，为协约国的胜利作出了不可磨灭的贡献。1918年，就有10万中国劳工被送往法国，在西部前线战场上挖掘和维护战壕，以保证协约国的士兵抵抗德国的进攻。战争中有很多中国劳工被炮火炸伤炸死，或生病或无助客死法国，还有500多人因德国潜艇击沉法国船只而淹死在地中海。

对北京政府来说，派遣10万劳工或许是一件容易的事情，但要选派参加巴黎和会的优秀外交官却是一件非常棘手的事情。北京政府的总统和总理都因为国内形势的紧张，谁也不敢离开，只能从外交部及驻外使节中抽调人员，组成了一个由5位专使领头的63人代表团——其中5名全权代表是外交部长陆

参加巴黎和会的中国代表团成员

陆徵祥（1871—1949年）　　　王正廷（1882—1961年）　　　顾维钧（1888—1985年）

徵祥、驻美公使顾维钧、驻英公使施肇基、驻比利时公使魏宸组（后来改由伍廷芳之子、南方军政府代表伍朝枢接替）以及后来在美国驻华公使芮恩施的要求下加派的南方军政府代表王正廷。这个代表团可谓当时几乎四分五裂的中国政治地图的一个缩影——新旧搭配，南北两个政府出席巴黎和会的代表们表面上的一团和气，掩盖不了内部的明争暗斗。

南北两个政府组成的代表团，怀着大多数中国人一样的心情，以胜利者的姿态，满怀期望和信心地来到了巴黎，公理战胜强权了嘛！中国人还天真地相信，美国总统威尔逊年初在美国国会发表的十分迷人的"十四条"和平宣言会让中国理所应当地获得协约国同等的自主权，收回德国在山东的主权，结束被帝国主义列强瓜分的历史，非常乐观地希望在巴黎有丰厚的收获。31岁的驻美公使顾维钧还非常荣幸地得到了威尔逊的邀请，与其一道乘坐乔治·华盛顿号在一队由驱逐舰和战列舰组成的护航舰队护送下横穿大西洋来到欧洲。要知道新文化运动领袖人物陈独秀在1918年12月还称赞这位"美国大总统威尔逊屡次的演说，都是光明正大，可算得现在世界上第一个好人"呢！

施肇基（1877—1958年）　　魏宸组（1885—1942年）　　伍朝枢（1887—1934年）

中国代表团住在巴黎的鲁特西亚酒店[1]。陆徵祥作为首席代表，王正廷名列第二。陆是历次与日本签订密约包括"二十一条"有关系的人，而代表团中英美派居多，所以到巴黎不久，他便于2月10日提出辞呈，未获准，旋又称病于3月间赴瑞士，至4月5日返巴黎。实际上列席少有的几次巴黎和会最高会议的多是顾维钧和王正廷。

尽管因为国内政治纷争，政府没有给代表团一个全面的方针，但中国必须收回德国在山东的租界是非常明确的。而中国代表团在出发之前，1918年12月还罕见地召开了记者招待会，表达了要求解决与列强的关系。最初，中国代表团向和会提出的希望主要有七项：一是废除势力范围，二是撤退外国军队、巡警，三是撤退外国邮局及有线无线电报机关，四是撤销领事裁判权，五是归还租借地，六是归还租界，七是关税自由权。原来拟定的"铁路统一"提案因为交通总长曹汝霖以"陷入英美之阴谋"的反对理由而删除。在中国代表团抵达巴黎之后，欧洲的中国留学生们对巴黎和会的关注和国内的爱国者遥相呼应。他们结成团体，并派代表要求中国的外交代表必须向和会提出废除"二十一条"。中国代表团不得不尊重人民的意见，请求和会取消1915年5月25日签订的"二十一条"。作为回报或者妥协的筹码，中国将允许在蒙古和西藏进行外贸。

但在前往巴黎的路上，还是发生了一些奇怪的事情：陆徵祥在东京与日本首相举行了两个小时的密谈，内容众说纷纭。而他在日本逗留期间，中国代表团的一只装有包括中日秘密协议全文等重要文件的箱子神秘被盗。而在巴黎，毕业于耶鲁大学法学院的王正廷向上海的新闻界发出电报，指出代表团中有"某些叛徒"。可见，中国代表团内也是矛盾重重。

第一个从巴黎传来的令中国人震惊的消息是，在1月27日的"五强会议"（美、英、法、意、日）上讨论德属殖民地问题时，日本代表牧野宣布了1917年2月英、法、意与日本签订的秘密协定，声称在战争结束后"支持日本有关德国在山东权利的处理的主张"。日本人的举动令毫无准备的中国代表措手不及，十分狼狈。美国代表也非常吃惊，因为想与日本人争夺在中国的利益，

---

[1] 一译为露蒂霞饭店，英文为Lutitia Hotel。

以"十四条宣言"闻名的美国总统威尔逊此时在背后是很想帮助中国的。中午休息的时候，顾维钧找到了美国国务卿罗伯特·兰辛，希望得到美国的支持。那天下午，法国外交部的会议室里，中国代表如坐针毡。

第二天上午，顾维钧代表中国在"五强会议"上申诉理由。"虽然起初他的声音有些发抖，但却在演讲中猛烈地攻击了日本，其间不时引用国际法和拉丁语。他承认1915年和1918年签订协议允诺日本将得到德国在山东的权益，但中国是被迫的，因此不应该履行。无论如何，任何有关德国所有权的问题都必须由和会解决。"他还说，"中国感激日本把它从德国统治下解放出来"，"虽然感激，但是中国代表认为，如果他们不对靠出卖国人的天赋之权来表示感谢这种方式加以反对，并因此埋下未来混乱不和的种子，他们就亵渎了对中国和世界的职责"。而且这也是威尔逊总统所倡导的"十四条"的原则。顾维钧说，"山东是中华文明的摇篮，孔子和孟子的故乡，是中国的圣地"，而让山东落入外国统治就像"在中国的心脏插了一把尖刀"。

对顾维钧的发言，美国国务卿兰辛认为"压倒了日本人"；加拿大的博登称"中国的发言非常有力"。很少表扬别人的法国总理乔治·克雷孟梭热情洋溢的表扬一夜之间就成了巴黎的

威尔逊夫妇在圣克劳德观看赛马。虽然和谈工作繁重，代表们仍有休闲娱乐的时间。

威尔逊在和会前夕到达巴黎，受到热烈欢迎。他许诺建立国联以结束大战，并主张对某些国家实行自决，欧洲及其他地区的人民对此充满期待，但不久便大失所望。

在柏林爆发的抗议示威。德国人高举标语，呼吁"只要十四条原则"。

牧野伸显（1861—1949年）

日本帝国时期的政治家。在巴黎和会上风云一时。

新闻，他称赞顾维钧是"一只年轻的中国猫，典型的巴黎式的言语和着装，神情专注地追逐、抓挠着即便是专属日本的耗子"。

但中国的山东问题在1月的会议上依然没有解决，只能等到4月对德和约的最终条款确定之后了。在讨价还价的利益争夺中，落后软弱的北京政府毫无办法。中国代表团决定公开中日间的秘密协定，得到了克雷孟梭等巨头们的支持。这令日本人十分震惊，于是日本政府开始对北京政府施压。2月2日，日本驻中国公使小幡到外交部质问，要求中国政府不准在日本不同意的情况下公开任何文件。他向北京政府提出抗议："中国代表未与日本代表接洽，竟向新闻记者宣称，中国随时可将1918年中日密约发表。此举属漠视日本，违反国际通例，颇予日本以不快之感。"因此，"本国政府训令，提请中国政府并电告中国代表注意"，不得在巴黎和会上公布中日密约。小幡又警告北京政府外交次长陈篆：山东问题须由中日两国直接交涉，中国政府应立即训令中国代表团，非经日本同意，一切问题不得在巴黎和会提出。他甚至还恫吓说："日本陆军有精兵百万，而海军也有五十万吨，现在无地用武。中日近在毗

参加巴黎和会的另外三名日本代表

邻，正可发挥威力。"消息传出，全国一片哗然，舆论激愤。

2月4日，北京《益世报》发出号外披露上述消息，北大学生立即翻印散发传单，并于5日晚在法科召开全体学生大会，讨论救国办法。北京学生迅速联合起来，11500名学生联名致电巴黎中国代表团：务望努力坚持取消中日一切密约，及其他不平等之待遇。但电报却被北京政府扣压。2月9日，陈独秀在《每周评论》上立即作了报道："北京学生联合会筹议抵抗，五日晚间，北京大学学生在法科开全体大会，到会者二千多人，举出干事十几人，分头进行，并联合各学校的学生，电致巴黎五专使，请他们坚持前议，不要让步。"2月6日，《民国日报》开辟了《日本恫吓我国之恶潮》专栏，连载6天，随即又从2月12日至25日，换用大字标题《中日间密约宣布事件》，连载了13天。北京民众和舆论的行动，立即在全国引起反响，加剧了腐败无能的政府和爱国民众的矛盾，营造了五四运动前中国社会的政治紧张气氛，酝酿着怒火狂潮。

实际上，日本在巴黎和会上始终把中国当作它的附属国来看待。尽管中日代表团都私下里在各自繁忙地游说，旁观者从威尔逊"十四条宣言"与和会的指导思想上来看，甚至都看好中国。但日本人背后的工作做得更好，终于在幕后得到了他们想得到的东西。当然，帮助日本人成功的最主要因素是它愿意不再坚持种族平等的条款，而且竟然在意大利宣布退出和会之后，也以退出和会作为威慑。这吓坏了英、法、美，因为如果日本紧跟意大利退出和会，它们希望重新建立由他们主导的世界新秩序的图谋将面临破产，既得利益将无法分配，和会将无法进行下去。

在4月16日和17日讨论山东问题的会议上，应该成为主角的中国代表竟然被禁止参加。而美国先后提出山东问题由"和会暂收"和"五国共管"的两个建议，均遭到日本的反对。4月22日，和会召开大会，列强完全抛弃了中国。高喊民族自决和平"十四条"的美国总统威尔逊晃着他的大脑袋，耸耸肩膀，双手一摊，对中国代表团表示无能为力，还质问中国为什么在1918年中日秘密协议中要"欣然同意"（即章宗祥的"床前外交"），他说："1918年9月，

1919 年 4 月，巴黎和会会场 ▶

　　和会的实质性工作基本上都是由特别委员会或四巨头完成的。从左到右依次为：大卫·劳合·乔治（英国），奥兰多（意大利），乔治·克雷孟梭（法国）和伍德罗·威尔逊（美国）。他们一直会谈到 3 月，参与会谈的还有上述四国的外交部长和两位日本代表（出于礼节，日本也被纳入强国之列），因此就组成了"十人会议"。

　　法国总理乔治·克雷孟梭和英国首相大卫·劳合·乔治一同走过仪仗队。战争期间，两人都使国家得以保持完整统一。战后，他们来到和会谈判，既有民众的大力支持，同时也背负着沉重的期待。 ▶

协约国军事甚强，停战在即，日本决不能再强迫中国，何以又欣然同意与之订约？"英国首相和法国总理也冠冕堂皇地表示"现为条件所拘束，殊无可如何"。

4月30日，英美法"三巨头"会议上，所谓"神圣的三位一体"（The Holy Trinity）秘密决定，把德国在山东的所有利益转让给日本，根本没有提及日本1914年作出的"交还给中国"的诺言。这项决定后来被写进"凡尔赛和约"的第8号第156条、第157条和第158条中。中国在日本人的要挟下成为英美法列强利益的牺牲品。

人为刀俎，我为鱼肉。中国在这次长达180天的改变世界的国际和平会议上不仅毫无收获，而且带着屈辱彻底地以失败告终，中国代表团为此痛心疾首。陆徵祥在5月1日发给北京政府的电报中也不得不承认："此次和会条件办法，实为历史所罕见。"他在给威尔逊的信中严肃地说，中国人曾相信十四点原则，相信它用新方式处理国际关系的允诺，"我们指望公正和公平，但结果让我们非常痛心失望"。而美国总统威尔逊参加巴黎和会代表团的顾问和助手们几乎一致反对日本的要求，他的媒体秘书贝克警告说"世界都支持中国"。作为最高战争委员会的美军代表塔斯克·布利斯将军甚至打算辞职以避免在和约上签字，在同事兰辛（美国国务卿）和怀特（一位退休的外交官）的支持下，他写了一封严厉的信给威尔逊："如果警察可以保留拣到的钱包内的东西，而只是把空钱包交还失主，并声称他履行了职责，那么日本的行为就是可以容忍的。"他还总结说："和平令人向往，但还有比和平更珍贵的——公正和自由。"

巴黎和会谈判桌上的局势对中国来说是一种屈辱。

但"巴黎到处都是谣言。4月29日晚，在法的中国留学生在丹东街举行了一场激烈的集会，人们纷纷谴责西方。后来成为日伪政府首领的汪精卫用流利的英语警告说，中国人可能采取过激反应。一位学习艺术的年轻女生呼吁停止和谈——'我们必须采取武力'。后来成为（新中国）外交部长的陈毅提交了一份决议，谴责四大强国，尤其把威尔逊单独提出。集会全体一致通过

巴黎和会会场

该决议，当晚美国加强了威尔逊的安全戒备"[1]。

但就是这样"历史罕见"的屈辱条约，北京政府竟然还有人考虑签字同意！

——人民绝对不答应！巴黎和会期间，海内外的中国人都在时时刻刻地关注着会议的进展。他们甚至组织了众多团体支持和监督中国代表团，并在第一时间把代表团的行动与和会的消息公布于众。而从2月7日到4月10日，巴黎的中国代表团收到世界各地——北京、天津、上海、武汉、济南和纽约、波士顿、洛杉矶、伯克利、檀香山、伦敦等地的中国人团体发来的电报就高达86封，支持中国代表团的要求，抗议日本政府在和会上的提案。此外还有北京中华总工会、檀香山中华商会、山东工商协会、广州华侨工会等32个工商组织和工会的抗议，省议会、教育会等67个以上的政治和社会团体的抗议，以及美国、菲律宾、古巴、墨西哥、马来西亚等海外华侨组织的抗议，等等。

"4月30日，中国代表团得到详细的方案，其中一人绝望地扑倒在地。当晚，贝克（美国代表团成员）来到鲁特西亚酒店传达威尔逊的申辩和同情，他发现中国代表团非常沮丧，责怪威尔逊辜负了他们的期望。一些人想立刻离开巴黎而不愿在和约上签字。顾维钧后来对贝克说，只有接到政府的直接命令，他才会在和约上签字。'我希望他们不要让我签字，这对我来说无异于

[1] [英]马格丽特·麦克米兰:《大国的博弈》，荣慧等译，重庆出版社2006年版，第233页。

参加巴黎和会的各国代表

死刑.'在世界的另一端,人们一直密切关注着谈判。中国代表团遭到电报的
轰炸,学生组织、商会甚至工会表达了他们对威尔逊十四点的信心,并相信
和会一定会尊重中国的主张。5 月的第一个周末,中国各大城市的报纸报道,
山东权益将转交日本。中国的民族主义者忿忿地批评政府,但对西方列强更
是愤怒。"[1]在民族屈辱和国仇家恨面前,全世界的中国人和华侨结成了爱国同
盟。发自世界各地尤其是来自北京、上海的电报,极大地反映了中国民众的
爱国热情,鼓舞着全国民气,中国人民参与政治的热情空前高涨。

作为一个插曲,有意思的是,保守派辜鸿铭还念念不忘他在新文学革命
中的失败,四个月后竟然在英文报纸《密勒氏评论报》上对这些发往巴黎的
5000 多封爱国电报进行了冷嘲热讽——

---

[1] [英]马格丽特·麦克米兰:《大国的博弈》,荣慧等译,重庆出版社 2006 年版,第 233 页。

你们的记者抱怨有百分之九十多的中国人是文盲，因为"文言难学"。在我看来，我们全体，外国人、军人、政客，特别是现在仍在中国这个地方生活得很惬意的我们这些归国留学生，不但不应当抱怨，而应在有生之年为了四亿人中仍有百分之九十的人不识字而日日感谢上帝。因为不妨假设一下，如果四亿人中百分之九十的人都变得识字了，如果在北京这里，苦力、马夫、车夫、剃头匠、店小二、叫卖贩、算命先生、二流子和流浪汉，诸色人等（ethoc genus omme），都能认识字，都想像（北京）大学学生那样参加政治活动，其结果将会何等热闹。据说最近有五千封电报发给出席山东问题的巴黎和会的中国代表。让我们来计算一下，如果中国四亿人口中有百分之九十都识字、都想像我们的回国留学生那样爱国，那将会发出多少电报，将要浪费多少钱财！

当然，辜鸿铭的文章只是一个遗老迂腐的笑料。殊不知，积贫积弱的中国正是因为文盲太多，整体国民的素质太低才导致国力衰败、落后挨打。

消息传来如同噩耗。威尔逊在巴黎和会上的质问，一方面让中国民众尤其是知识分子们感到受了欺骗——什么外交公开、民族自决、各国相互保障政治自由及土地统辖权、国无大小强弱一律享有同等权利、战胜国不要求割地赔偿、倡议设立国联、维护世界永久和平，等等，威尔逊为确立战后国际关系准则发表的"十四条宣言"成了阳光下的肥皂泡，打了他自己一巴掌，也严重伤害了中国人。幻想破灭的同时，陷入一片沮丧和愤怒的中国民众最想知道，到底谁是这场灾难的罪魁祸首？人们开始怀疑——政府不是由于胁迫，而是心甘情愿地出卖了国家的主权。而这，正是最令人无法容忍的结果。

早在4月16日，上海民议联合会、华侨平和期成会、华侨联合会、对日外交后援会、救国会等团体就专门召开联合大会，公开指出"段祺瑞、曹汝霖、徐树铮、陆宗舆、章宗祥、靳云鹏等种种卖国行为，日益加厉，为全国不容，应请决议惩办，以除祸根"。并把这个决议在4月18日上海《民国日报》上公开发表。

在欧洲旅行的进步党领导人梁启超被北京政府任命为中国代表团的顾问。

他在4月24日从巴黎致电北京的国民外交协会[1]，反对中国政府同意巴黎和约。林长民收到梁的电报后，于5月2日在报纸上发表评论，告诉民众政府将在山东问题上被迫屈服于日本。而中国代表团由于害怕承担失败的责任，向国内报告说："此次中国主张失败之原因，一由于1917年2、3月间，日本与英法诸国有胶澳让归日本之密约，二由于1918年9月，我国政府与日本政府有'欣然同意'之山东换文，遂使爱我者无能为力。"这个报告5月1日就刊登于北京的英文报纸《中国时报》上，很快就被其他报纸转载，至5月3日，中国的民众已完全清楚了政府在召开和会之前就已经向日本出卖了主权，这更激起了全民的愤怒。

与巴黎和会的进程同步，新文化运动领袖陈独秀不断地在《每周评论》上发表激烈言论，批评巴黎和会。一个月前他还称赞提出"十四条宣言"的美国总统威尔逊是"世界上第一个大好人"，而如今他才看到"多半是不可实现的理想"，他嘲笑威尔逊是"威大炮"，对所谓"十四条"和公理战胜的幻想彻底地、真正地破灭了。而对于威尔逊的"十四条"，学生们也极其失望。在1919年上海学生联合会印刷的英文传单《学生罢课说明》中，我们可以看到中国年轻一代的无奈、悲观和不安——

> 全世界本来都倾听威尔逊的话语，像是先知的声音，它使弱者强壮，使挣扎的人有勇气。中国人一再听说过了……威尔逊曾告诉过他们，在战后缔结的条约里，像中国这种不好黩武的国家，会有机会不受阻碍地发展他们的文化、工业和文明。他更告诉过他们，不会承认

---

[1] 国民外交协会由蔡元培、王宠惠和林长民等人发起，1919年2月16日在熊希龄宅召开成立大会，有会员几十人，后发展到百余人，其中有不少各大学学生和湖南、贵州等西南各省的代表。协会会所系借用西单石虎胡同私立松坡图书馆西文部。协会成立时推举熊希龄、汪大燮、梁启超、林长民、范源濂、蔡元培、王宠惠、严修、张謇、庄蕴宽十人为理事，并推干事六人：总务陈介、外交叶景莘、文牍寿洙邻、法律王文豹、交际魏斯炅、庶务郑舜钦，后来因警察捣乱，聘请《英文导报》经理梁秋水任秘书。

秘密盟约和在威胁下所签订的协定。他们寻找这个新纪元的黎明，可是中国没有太阳升起，甚至连国家的摇篮也给偷走了。

4月20日，陈独秀在《每周评论》的随感录中公开点了章宗祥、曹汝霖、陆宗舆等亲日派的名字，揭露了卖国贼的丑恶嘴脸："这次章公使由日本回国，许多中国留学生，都手拿上面写着'卖国贼'三个字的旗子，送到车站。"4月27日，陈独秀更形象地描绘了留学生们在东京中央新桥火车站痛斥卖国贼章宗祥的情景："三百多中国留学生，赶到火车站，大叫卖国贼，把上面写了'卖国贼'、'矿山铁道尽断送外人'、'祸国'的白旗，雪片似的向车中掷去。"《民国通俗演义》记载说：章宗祥"老脸皮厚，也不禁面红耳赤，无词可答"，他是带着妻子陈氏一起回国的，"留学生们在车外大呼：'章公使！章宗祥，汝欲卖国，何不卖妻？'章妻陈氏，听了此言，更觉愧愤交加，粉脸上现出红云，盈盈欲泪，只因车中行客甚多，未便发作，没奈何隐忍不发。及车至神户，舍陆登船，官舱内分门别户，彼此相隔。陈氏彦安，怀着满腔怨愤，不由发

凡尔赛宫殿及其广场旧址。1919年6月28日，对德和约签订后，广场上喷泉齐放、礼枪齐鸣，以向等待的人宣布这一喜讯。虽然巴黎和会直到1920年1月才最终结束，但对德和约的签订标志着和会已度过最重要的关键时期。当晚，威尔逊离开巴黎返回美国，大卫·劳合·乔治随后返回英国。

泄出来，口口声声，怨及乃夫……"[1]陈独秀更深入具体地揭露了陆宗舆的嘴脸："有人说中华汇业银行是中日合办的，有人说完全是日本的银行，我们实在弄不清楚。为了吉黑两省金矿森林借款的事，那中华汇业银行总理陆宗舆，给中华民国农商总长、财政总长的信，满纸贵国、贵政府。这中华汇业银行到底是哪国的银行，陆宗舆到底是哪国的人，我们实在弄不清楚！"[2]

新旧思潮激战的时刻，陈独秀在民族危亡、国家危机面前大义凛然，尖锐地揭露所谓解决中国政治问题的"南北分立"之说就是"分裂""割据"。他大胆地在《每周评论》上质问"为什么要南北分立"？号召民众，解决问题的根本途径就是"铲除南北军阀"，而中国要真正得到和平，"非大多数国民出来，用那最不和平的手段，将那顾全饭碗、阻碍和平的武人、议员、政客扫荡一空不可"。

就在巴黎和会开幕一个月后的2月20日，中国的南北和会也在上海登场，南北的军阀、政客们为了争权夺利吵得不可开交。

南北和谈看似是中国国内的政党、政权之争，其实也是巴黎和会美日两国博弈的缩影。

第一次世界大战结束后，中国成为美日争夺的焦点。美国处心积虑地排除日本在中国的势力，它利用中国人"停止内战、实现和平"的反战情绪来打击日本人。1918年10月10日，威尔逊总统致电9月4日才上任总统的徐世昌，要求停止内战。这立即引起了日本人的警惕，10月23日提出应该由英、美、法、意、日五国向南北政府提出劝告和平统一。12月2日，驻北京的五国公使和驻广州的五国领事，假惺惺地提出同样的和平劝告："关于中国内讧之办法，五国政府无何等干涉之企图，亦不指示何等妥协条件，或左右之意志，全由

---

[1] 蔡东藩：《民国通俗演义》，中华书局1973年版，第906页。

[2] 陈独秀："随感录"，《每周评论》1919年4月27日。

上海南北和会

中国人士自己协定之。"

就是在这种背景下，北方政府于 11 月 16 日发布了"停战令"，南方政府的"停战令"是 11 月 22 日发布的。南北终于实行了"停战"，所谓南北和会就在上海正式开幕了。其实南北和会就是亲美派和亲日派的权力斗争。但终因意见不合，互不妥协，在经历了近三个月时间的拉锯斗争之后，1919 年 5 月 14 日南北和会在双方代表都辞职的情况下不欢而散，无果而终。

1919 年 5 月 4 日，也就是五四运动爆发的第一天，陈独秀就在《每周评论》第二十号（本期实际出版时间待考）上发表了《两个和会都无用》，一针见血地揭开了上海和会和巴黎和会的虚伪面纱，公开指出这是"两个分赃会议"——

上海的和会，两方都重在党派的权利，什么裁兵废督，不过说说好听，做做面子，实际上他们哪里办得了。巴黎的和会，各国都重在本国的权利，什么公理，什么永久和平，什么威尔逊总统十四条宣言，都成了一文不值的空话。那法、意、日三个军国主义的国家，因为不称他们侵略土地的野心，动辄还要大发脾气，退出和会。我看这两个分赃会议与世界永久和平，人类真正幸福，隔得不止十万八千里，

非全世界的人民都站起来直接解决不可。若是靠着分赃会议里那几

个政治家、外交家在那里关门弄鬼，定然没有好结果。

从"世界上第一大好人"到"威大炮"，再到"成了一文不值的空话"，

陈独秀对帝国主义者认知的心路历程，典型地反映了中国新知识分子对西方

帝国主义者天真的幻想，从希望到失望以至破灭的过程。正如巴黎和会的美

国法律专家大卫·亨特·米勒所说，"许多为'受辱的山东'而落的眼泪都是

共和党鳄鱼流的，他们其实一点都不关心中国"。而一向认为美国应该避免在

中国问题上和他国对抗的美国国务卿兰辛说得更真实："为中国的领土完整而

使美国陷入国际关系困境是非常不切实际的。"

"从来就没有什么救世主，也不靠神仙皇帝！要创造人类的幸福，全靠我

们自己！"中国人开始觉醒。也就是在这个时候，"十月革命一声炮响，给我

们送来了马克思列宁主义。十月革命帮助了全世界的也帮助了中国的先进分

子，用无产阶级的宇宙观作为观察国家命运的工具，重新考虑自己的问题。

走俄国人的路——这就是结论"。[1]

---

[1]《毛泽东选集》第四卷，人民出版社1991年版，第1471页。

1919 年 5 月 4 日，北京学生爱国游行示威

WU SI
YUNDONG

1919，那年，那月，那一天，觉醒的中国人民在民族主义和爱国主义的旗帜下，用自己的爱国行动证明："人民，只有人民，才是创造世界历史的动力。"爱国学生们以满腔热血、青春激情和一颗赤诚勇敢的中国心，谱写了一曲中华民族历史上的爱国浩歌，赢得了历史，也创造了未来。

第九章
CHAPTER 9

那年，那月，那一天

HUAZHUAN
Scene and Truth of History

WU SI YUNDONG

1915.4

1.幻想破灭的前夜

山雨欲来风满楼。当"德国在山东的权益转让给日本"的消息自巴黎传来，中国民众内心的沮丧和愤怒一下子爆发了。

1919年4月24日，作为2月16日才成立的国民外交协会10位理事之一的梁启超，致电大总统徐世昌的顾问和总统府外交委员会委员兼事务长林长民，说："对德国的事，闻将以青岛直接交日本。因日使力争结果。英法为所动。吾若让此，不啻引绳自缚。请警告政府及国民，严责各全权，万勿署名。"

5月1日，上海《大陆报》的北京通讯披露了这条消息，说："政府接巴黎中国代表团来电，谓关于索还胶州租借之对日外交战争，业已失败。"

5月2日，林长民在《晨报》发表《外交警报警告国人》，称："此噩耗，前两日仆即闻之。""胶州亡矣！山东亡矣！国不国矣！……国亡无日，愿合四万万民众誓死图之！"

同日，《晨报》在总编辑陈博生的主持下，还编发了国民外交协会于1日发给巴黎英法美诸国代表和中国专使的电报。前电指责了诸国利用中国权益作交易，同日本妥协，并警告说："如许日本在山东省有权利者，吾等决不承认。若以强力压迫，我国四万万人誓以全力抵抗，

梁启超（1873—1929年）

广东新会人，中国近代思想家、政治家、教育家、史学家、文学家。戊戌变法（百日维新）领袖之一。

林长民（1876—1925年）

福建闽侯（今福州）人，国民外交协会理事。

并诉诸世界之舆论。"在后电中，则请中国专使以全力抗拒日本代表的无理要求，指出："和平条约中若承认此种要求，诸公切勿签名。否则丧失国权之责，全负诸公之身，而诸公当受无数之谴责矣……诸公为国家计，并为己身计，幸勿轻视吾等屡发之警告也。"

巴黎和会上中国外交失败的消息自会议伊始就不断传来，北京的群众情绪已经高涨。4月20日，山东10万群众在济南召开国民请愿大会，并派代表到北京活动。北京的爱国人士也纷纷南下，到天津、山东和上海活动。而对中国民众尤其是青年学生的悲愤情绪，时任美国驻华公使的芮恩施后来回忆说——

世界上可能没有任何地方像中国这样，对美国在巴黎的领导抱着如此大的希望。中国人信任美国，信任威尔逊总统时常宣布过的原则，他的话语传播到中国最远的地方。正因为如此，那些控制巴黎和会的老头们的决定，使中国人民感到更强烈的失望和惊醒。我一想到中国人将如何来接受这个打击，来接受这摧毁他们对国际平等的希望的打击，就感觉不是滋味和沮丧……

在这些难熬的几个星期里，在华的美国人像英国人和中国人一样，深感沮丧。自美国参战的时刻起，人们就怀有一种胜利的信心：所有这些牺牲、这些苦难将换取关于世界行为的正义原则，在这些原则下，人类将生活得更幸福，更安全。这种希望现在几乎完全破灭了。

北大学生是从校长蔡元培那里知道巴黎和会的坏消息的。

5月2日，蔡元培从国民外交协会理事汪大燮那里获悉：北京政府国务院发出密电，命令中国专使在丧权辱国的巴黎和约上签字。蔡元培赶紧回到学校，把这个消息马上告诉了北大学生、老同盟会会员许德珩，以及傅斯年、罗家伦、段锡朋、康白情等人，鼓励他们行动起来。

许德珩回忆："5月2日，我从蔡校长那里听到了这个晴天霹雳的消息，便约集参加国民杂志社的各校学生代表，当天下午在北大西斋饭厅召开了一个紧急会议，讨论办法。高工的一位学生代表夏秀峰当场咬破手指，写血书，大家激动得眼里要冒出火来。于是发出通知，决定5月3日（星期六）晚7时在北河沿北大法科（后来的北大三院）大礼堂召开全体学生大会，并约北京13个中等以上学校学生代表参加，计有：北京大学全体学生，清华、高等师范、中国大学、朝阳法学院、工业专门学校、农业专门学校、法政专门学校、医药专门学校、商业专门学校、汇文学校（燕大前身）、高师附中、铁路管理学校等校学生代表。"

另一位国民杂志社重要成员张国焘回忆说——

一九一九年五月二日下午七时，"国民杂志社"循例举行社务会议；参加者是原有的十多个社员，议程也只是讨论杂志的出版事务。可是到会者不约而同的谈到中国在凡尔赛和会受屈辱的情形，以及曹汝霖等腼颜媚日和山东及其他各地人民团体奋起救国等消息，气氛异常激昂。我首先提议：由"国民杂志社"发起，约集北京各校同学举行一次示威游行。我并且说明：这次示威运动决不可再蹈去年请愿行动的覆辙；必定要做得有声有色，获得圆满的结果，时间愈快愈好。这次示威行动的意义是向日本使馆表示中国人民的抗议；唤醒民众，一致奋起，迫使在外交上准备屈服的政府拒绝在和约上签字，作为收回山东权益和取消二十一条的张本；并打击亲日卖国首领曹汝霖等人，以伸张民族正义。我这提议立即得到全体到会者的热烈赞成，大家提出了许多宝贵的意见。有的说北京学生尚无学生会的组织，发动一次共同行动甚为不易，应当乘势组织各校学生会；有的认为向曹汝霖问罪，应该是这一行动的主要目标，因为这样才能具体的表示国民的公愤。

为了实现这些意见，这次会议以爱国责无旁贷的精神立即决定：由"国民杂志社"通告北大全体同学，于次日晚上七时在北大第三院大礼堂举行学生大会；并邀请高师、工专、农专、法专等学校派代表或热心分子参加；讨论目前救国应采的步骤。推定易克嶷同学任大会主席；其他"国民杂志社"的同人在大会中发表演说。我们商定了具

许德珩（1890—1990年）

江西德化人，五四运动时期
著名学生领袖，起草《北京
学生界宣言》。

傅斯年（1896—1950年）

山东聊城人，著名历史学家，
教育家，五四运动学生领袖
之一。

罗家伦（1897—1969年）

浙江绍兴人，著名教育家、
思想家和社会活动家，五四
运动学生领袖之一。

体进行办法，决定向各学校同学展开沟通意见的活动。根据这个决
定，措词激昂慷慨的布告于第二天清晨在北大各公告牌上出现了；同
学们群起响应，爱国的热情沸腾起来了。[1]

　　后来一位北大学生回忆说："巴黎和会的声明最后传到这里时，我们都感
到非常震惊，面对事实的真相我们觉醒了，外国仍然是自私和军国主义的，
并且是大骗子。记得5月2日晚上，我们很少有人睡觉，我跟一群朋友谈了几
乎一整夜。结论是更大的一次世界大战早晚会发生，并且会在东方爆发。我
们知道得很清楚，我们跟政府毫无关系，也不存在任何希望，而且也不能依
赖像威尔逊这样的所谓伟大领袖。看看我们的同胞，看看那些可怜无知的大
众，不能不觉得我们必须奋斗！"

　　那时，像北大这些中高等学校都还没有学生会这样的组织，但各类学生活
动社会团体很多，比如像国民杂志社、新潮社、少年中国学会、工学会，等
等。由于这些社团是公开的学会性质的社会或民间团体，会员打破了学校界
限，甚至还有京外学校会员，而且多数社团组织都有学校教授参加，影响很大。

[1] 张国焘：《我的回忆》，东方出版社1991年版，第49—50页。

段锡朋（1896—1948 年）

江西永新人，1916 年入北京
大学政法科学习，后发起创
办《国民》杂志。五四运动
时，参与组织学生集会游行，
被选为中国学生联合会第一
任主席。

张国焘（1897—1979 年）

江西萍乡人，中国共产党创
始人之一、中共早期领导人
之一。1916 年，进入北京大
学读书，在五四运动中表现
积极。

到了 1919 年 5 月，北京中高等学校尤其是北京大学，在组织集会和游行等政治活动中已经积累了一定的经验。尤其是 1918 年 5 月 21 日反对"中日共同防敌军事协定"的游行请愿失败，就是由于缺乏政治斗争经验，被老奸巨滑的冯国璋花言巧语所欺骗，请愿活动没有得到直接成果。为汲取失败教训，北大学生许德珩等人在蔡元培的支持下，发起组织了学生爱国会（后改名学生救国会），像北大的许德珩、易克嶷，北高师的熊梦飞、匡互生，高等工专的夏秀峰、张传琦等，均是爱国会的骨干。他们在 1918 年 7 月暑假期间还南下天津、济南、上海、南京、武汉、九江等地联络，扩大组织，联合组织了"大中华民国学生爱国会"。特别是五四运动中各地的学生领袖，如天津的张太雷、马千里、郭隆真、马骏、谌志笃，武汉的恽代英，九江的方志敏，南京的林祖烈等，都是这个时候加入爱国会的。实际上，这个时候爱国会已经成为全国的学生团体，校际界限被打破，学生有了全国的统一爱国组织。

高师学生匡互生是五四运动中的一个重要角色，这个在辛亥革命中扛过枪打过仗的湖南人，1918年4月就与同学杨明轩等共同组织了同言社，从事爱国民主活动。1919年2月9日，他将同言社扩大改组为健社，5月3日又再次扩大改组为工学会。罗章龙回忆说——

我当时是北大预科二年级的学生。五四运动的大学生中心力量不在高年级，他们是应届毕业生，多忙于论文考试和就业问题。所以学生会中坚力量都在一二年级。五四运动以前，北京大学还没有正式的全校学生会，但各班、各系、各院都有学生会组织存在，班有班会，系有系学生会，院有院学生会。这些组织虽然不十分严密，但其中文学院、理学院的组织情况比较整齐、坚强一些。除此之外，国立八校如高师、工专、医专、法政、俄文专修科、法文专修科、农科等都有一系列的学生组织。有的带有浓厚的政治性，例如当时的工读互助团、曦园，还有同乡会、辅社等。有些同乡会在政治活动中是很有力量的。这些组织以北大为中心，在议论当时的一些重大政治问题和各种活动中，渐渐形成了一个核心。起初虽然人数并不很多，但具有代表性，他们具有组织力量，可以发动各校的运动。他们中间各省的人都有，也有少数民族和女同学，分属于国立八校，起初十余人，后增加到二三十人。他们形成一个小组。小组主要成员为：纵宇（罗章龙）、弥耕（李梅羹）、无坚、赓甫（易克嶷）、海潮（罗汉）、互孙（匡互生）、隐沧（张隐沧）、树荣（张树荣）、德荣（陈德荣）、天放（宋天放）、雨淙（吴汝铭）、澄宇（刘澄宇）、百英（缪伯英，女）等。但没有正式的委员会或书记，对外也没有名称。小组的人常常碰头议论些当前的重大政治问题，平时则分散到各校学生会各团体中活动，有事就集中，推定临时负责人纵宇、赓甫、海潮等研究方略。

青岛事件发生，巴黎噩耗传来，广大学生群众非常愤慨。小组成员曾集中在高师讨论这个问题。议论一番后，大家认为静等政府制裁卖国贼是没有希望的。必须发挥国民外交作用，采用民众的力量来制裁。于是，当场就提出了"外争国权，内惩国贼"、"打倒卖国贼"等口号，并一致认为，一般的搞搞游行，想达到政府罢免曹、章、陆是根本不可能的。要采取暴力的行动，制裁卖国贼，才能达到收回胶济铁路的目的。为了有效地推动运动，我们成立了秘密行动小组，推定了负责人互孙、海潮、纵宇等具体部署工作。这个小组成员以国立八校为主。小组行动方案决定后，个个奋勇当先，斗志昂扬。

　　经小组研究，确定天放、雨滨等人去探查卖国贼的住宅，查明行动的门路、进出的路线。赓甫、澄宇等人则想办法认识曹汝霖、陆宗舆、章宗祥等人的面貌。为了认识曹、陆、章等人，大家想了一个办法。北京有个廊房头条胡同，是几家照相馆的集中地，当时政府的一些官员为了显耀自己，将各人的照片都陈列出来，我们就到照相馆去对认。这些准备工作都是事先完成的。

　　到了5月1、2日，最先是北京大学内部从下而上地进行了动员，学生组织主要掌握在中年级学生手里。我们就从班到系，从系到院一层层地推上去。决定在天安门召开大会，联络八校共同行动。行动小组在大会举行前一天安排了几个工作：第一，控制主席台，掌握大会方向，派一个组员去掌握喇叭筒。第二，控制几个大学前排带队掌旗的，我们派人到队列的前排打旗（过去游行是由校警掌旗的，这次由我们自行掌旗）。第三，组织交通队和口号队，口号队分为国语和英语的，标语、传单也分中西两种文字，目的是让外国人也懂得大会的意义。第四，预防可能发生冲突时的救护准备。

5月3日，北京市民的各个阶层，包括学界、商界、政界、军界等，都举行了各种各样的集会，讨论怎样抵制巴黎和会关于山东问题的强盗决定。下午，国民外交协会还召开了全体职员会，并作出决议："（一）五月七日在中央公园开国民大会，并分电各省各团体同日举行。（二）声明不承认二十一条款，及英法意等与日本关于处分山东问题之密约。（三）如和会中不得伸我国之主张，即请政府撤回专使。（四）向英美法意各使馆声述国民之意见。"同时，该协会还

邵飘萍（1886—1926年）

浙江东阳人，革命志士，民国时期著名报人。中国传播马列主义、介绍俄国十月革命先驱者之一，是中国新闻理论的开拓者、奠基人，1926年因发表文章揭露张作霖统治的种种黑暗而被杀害。

发出通知："本会因山东问题，消息万分险急，特定于本月七日，即国耻纪念日，午后二时在中央公园开国民大会，讨论对付办法，届时到会，入场券由本会临时门口分赠。"

中国不再沉默，中国不能沉默，中国必须说"不"！

北京沸腾起来了！而爱国学生更是走在了前列，热血青年们的心在激荡，他们已经等不及了。

5月3日是星期六，这实在是一个难忘的周末。学生们没有心思去休息娱乐，也无心去读书，他们怀着满腔的热忱和怒火，奔向北河沿北大三院的法科礼堂，来集体讨论如何拯救自己的祖国。他们个个大骂卖国贼曹汝霖、章宗祥、陆宗舆，也埋怨中国人上了美国总统威尔逊的当，甚至讽刺说"威尔逊发明了一个数学公式，十四等于零"。

晚上7点钟，大会正式开始。法科礼堂里挤满了北京13所学校的1000多名代表。会议由大会主席易克嶷主持。

会议一开始，著名记者、《京报》社长邵飘萍向大家介绍了巴黎和会上中国外交失败的经过和原因。最后，他激动地说："现在民族命运系于一发，如果我们再缄默等待，民族就无从挽救，而只有沦亡了。北大是全国最高学府，应当挺身而出，把各校同学发动起来，救亡图存，奋起抗争。"[1]

当事人张国焘回忆——

[1]《北京大学学生运动史（1919—1949）》，北京出版社1979年版，第20页。但像许德珩、张国焘等多位当事人都没有提到邵飘萍来大会讲话的事情。

　　五月三日下午七时，第三院大礼堂中挤满了人群。北大同学一千多人几乎是全体出席，其他各校热心同学赶来参加的也有几十人。在易克嶷主席宣告开会，说明宗旨之后，我即登台发言，提出我上述的主张。这是我第一次在重要的群众大会中发表演说，情绪不免有些紧张。我的萍乡土音又很重，例如"群众运动"这个重要名词的发音，就与普通话有很大的区别，不容易为人所听懂；但还是博得了同学们热烈的鼓掌。后来一些同学由于这次演说，常亲切的笑我"群众运动"这四个字的发音，"群众运动"四字，几乎成为我的浑名。继我上台演说的是有名的"大炮"许德珩，他的讲话具有甚大的鼓动力量。还有同学谢绍敏的当场啮破中指，在一块白手巾上血书"还我青岛"四个大字，更激起全场的愤慨。大会于是一致决定联络各校同学，于次日正午在天安门集合，举行示威游行；各校到会的同学们也当场表示热烈赞成。[1]

　　另一位当事人许德珩回忆："到会的人极为踊跃。推定北大法科四年级学生廖书仓为临时主席，推定北大文科学生黄日葵、孟寿椿二人做记录，推许德珩起草宣言。发言的有丁肇青、谢绍敏、张国焘、许德珩以及各校学生代表夏秀峰等很多人。大会共议决办法四条：（一）联合各界一致力争；（二）通电巴黎专使，坚持不在和约上签字；（三）通电全国各省市于5月7日国耻纪念日举行群众游行示威运动；（四）定于5月4日（星期日）齐集天安门举行学界大示威。会开得很紧张的时候，有一位十八九岁的同学刘仁静，拿出一把菜刀来要当场自杀，以激励国人。[2]法科学生谢绍敏悲愤填膺，当场将中指啮破，裂断衣襟，血书'还我青岛'四字，揭之于众，这就更激励了全体学生的情绪，

[1] 张国焘：《我的回忆》，东方出版社1991年版，第50页。

[2] 刘仁静本人否认此事。

1919 年 5 月 4 日，北京学生拉开了五四运动的序幕

于是决定第二天即 5 月 4 日早上全体游行示威。大家掌声如雷一致同意，准备
行动。"

　　会场的气氛相当热烈紧张，大家情绪激昂，悲愤交加，甚至捶胸顿足、
痛哭失声，高呼万岁，有一种凄凉悲壮之气象。同学们纷纷向大会主席提出
各种建议，有的要求通电全国各界一致行动，有的要求联合北京学生举行游
行示威，有的主张向英美使馆递交意见书，有的主张模仿中国留学生在日本
向章宗祥投掷白旗，到三个卖国贼家中去送白旗，有的站起来大声疾呼："严
惩曹、陆、章三大卖国贼！"会议通过上述四条决议后，大会临时主席廖书
仓提议：为了准备游行示威和发通电，希望大家捐款。学生们非常踊跃，把
身上的银元、钞票、铜子都捐了出来，身上没带钱的就把自己的手表、戒指、
帽子、围巾和外衣等也捐了。

　　会议从晚上 7 点一直开到深夜 11 点（一说第二天 1 点），在慷慨激昂中结束
了。因为还要准备第二天游行示威的标语、口号等工具，大家回去后其实都没
有睡觉，而是忙着做各种准备工作。这一夜，北大第一院的红楼和第三院灯火
通明，写标语的写标语，起草宣言的写宣言，熟悉各校情况的也连夜到各校联

1919 年 5 月 4 日，北京大学学生通过罢
课决议，把宣言贴在北京大学三院门口。

络。有史料说：会后，蔡元培又召集学生代表谈话，继续给予鼓励并指导，还
立即批条子，叫庶务课给许德珩一刀纸，以便印发许德珩起草的宣言。

　　许德珩回忆——

　　　　当晚，西斋的同学一夜没睡，用竹竿做旗子，长的做上大旗子，
　　短的做上小旗。我于宣言写好后把自己的白布床单撕成条幅，书写标
　　语，一直搞到天亮。有的同学咬破手指，血书标语。那时还没有"打
　　倒帝国主义"的口号，集会的主要目的在收回山东主权，收回青岛，
　　反抗日本，反对列强以及惩办卖国贼和军阀官僚，所有标语大都是写
　　着"收回山东权利"、"惩办卖国贼"、"拒绝在巴黎和会上签字"、"内
　　除国贼，外抗强权"、"中国是中国人的中国"、"废除二十一条"、"抵
　　制日货"等等句子，各校写法大同小异。

　　北大的学生集会充满着激情，甚至有一点凄凉悲壮。而学生们集会的决
议是非暴力的，爱国情绪也是清醒和务实的。和北大一样，5 月 3 日夜里，还
有许多较小的学生团体、学会或秘密或公开地召开了集会，商讨即将开始的
游行示威活动的方法和步骤，像北京高等师范的工学会等，但行动的方法却

有所不同，准备暴力对付卖国贼的计划似乎也正在酝酿之中。

愤怒的火焰在爱国学生的心中燃烧着，伟大的五四运动像火山一样爆发了。

2. 天安门前

1919年5月4日。星期天。天气晴朗。春暖花开。

这一天，"天安门前，正阳门里大道旁的槐柳，被一阵阵和风吹过摇曳动荡，而从西面中山公园（那时叫中央公园）的红墙里飘散出来各种花卉的芬芳，如在人稀风小的时候，也还可以闻到。"[1]这确实是一个姹紫嫣红的春天。但1919年北京的春天，却有些与众不同。

尽管3日晚上在北大法科礼堂召开了筹备会议，但因为时间紧促还有一些学校并不知道今天游行示威的计划。因此，在北大学生的积极联络下，5月4日上午9时后，又召集各校学生代表在北京法政专门学校召开了一个紧急筹备会议。

"北京大学、高等师范、中国大学、朝阳大学、工业专门、警官学校、医学专门、农业专门、汇文大学、铁路管理、法政专门、税务学校、民国大学等代表假法政专门开会商议如何演说、如何散布传单、如何经过各使馆表示请求之意，如何到曹汝霖、章宗祥、陆宗舆等住宅数其卖国之罪。"[2]这次会议开得又短又快，"大家议论行事很迅速，面上都带着很愁很怒的颜色"，经过短短一个半小时就集体作出了五条决议：一，拍电国内外；二，唤醒各地国人；三，预备七日的国民大会；四，组织北京学生对外的永久机关；五，本日下午大家游行示威。路线由天安门经东交民巷美、英、法、意四国使馆，转入崇文门大街。

会后，各校代表迅速回到自己的学校，准备组织下午的游行示威活动。与会者周予同回忆说："五月四日上午，各校派出的代表，在法政专门学校举

---

[1] 王统照：《三十五年前的五月四日》，《人民文学》1954年第5期。

[2] 蔡晓舟、杨景工编：《五四》，《五四爱国运动》上册，中国社会科学出版社1979年版，第453页。

行了联合会议。到会的有数十人，我是高师的代表之一。大家讨论了游行示威的进行办法，决定散布'北京学界全体宣言'，提出'外争主权，内除国贼'的政治斗争口号。"[1]

正午时分，烈日当空。从下午1时左右开始，陆续有学生以学校为单位来到天安门前集会。只见"大队学生，个个手持白旗，颁布传单，群众环集如堵，天安门至中华门沿路，几为学生团体占满"。这是《晨报》记者在该报5月5日题为《山东问题中之学术界行动》的现场报道。当这位记者来到天安门前时，"学生不过六七百人。少顷，各大队学生手持白旗，纷纷由东西南各方云集而来"。

天安门在中国是一个强大的政治符号，原名承天门，始建于1417年的明朝永乐十五年，是皇城的正门。1919年的时候远远没有今天这么宽阔的广场，但因为这里是原清朝的宗人府、吏部、户部、礼部等衙门所在地，而天安门前左右还各有三座门挡着东西路口，至正阳门的南北路上东西各对称着两排厚厚的红墙，所以这里成了封建王朝的禁地，一般平民百姓是无法来到这里的。到了民国时才对外开放，东西长街也才开始打通。其两侧的公园也因此成了民国初期京城的文人骚客聚会和大型集会的地方。昔日以皇权政治为中心的中央政府机关，成了新知识分子们表达意愿和意志的场所。在这里发生的一切，其象征和意义往往都成为一种重要的现实和历史的指标。

学生们集会在金水桥和华表下，或荷或擎着标语，旗帜"或大或小或长或短无一定之式，有画青岛之地图者，有写'取消二十一条'，'还我青岛'，'誓死力争'，'保我主权'，'勿作五分钟爱国心'，'争回青岛方罢休'，'宁为玉碎不为瓦全'，'头可断青岛不可失'，'中国宣告死刑了'，'卖国贼曹汝霖、章宗祥、陆宗舆'种种字样者……"[2]这些标语或中文或英文或法文，还有大

---

[1] 周予同：《火烧赵家楼》，《人民教师的摇篮——北京师范大学》第74页，内部资料。

[2] 蔡晓舟、杨景工编：《五四》，《五四爱国运动》上册，中国社会科学出版社1979年版，第453—454页。

1919年5月4日，北京13所学校的3000多名学生，集会于天安门前，要求取消"二十一条"、拒绝和约签字，高呼"外争主权，内惩国贼"等口号，会后举行游行示威，五四运动就此爆发。图为北京大学的游行队伍向天安门进发。

五四运动中游行示威的学生　　　　　　天安门前国民大会

幅漫画，五花八门，精彩纷呈。

北大作为这次游行示威的发起者，却是最后一个到达天安门的。据张国焘回忆："五月四日上午十一时左右，当北大同学在马神庙第一院集合，准备向天安门出发时，蔡元培校长出来劝止。他沉痛地向我们说，示威游行并不能扭转时局。北大因提倡学术自由，颇为守旧人物和政府所厌恶，被视为鼓吹异端邪说的洪水猛兽。现在同学们再出校游行，如果闹出事来，予人以口实，这个惨淡经营，植根未固的北大，将要首先受到摧残了。那位文诌诌的易克嶷同学当场向蔡校长痛陈学生们内心积愤，已是忍无可忍，恳求校长不要阻止。其他多数同学则颇感不耐，发出'嘘！''轰！'吵嚷和怒骂的声音。看看时间已到正午，我即挤向前去，高声向校长说：'示威游行势在必行，校长事先本不知道，现在不必再管，请校长回办公室去罢。'我和其他几位同学连请带推的将蔡校长拥走，游行队伍在一片欢呼声中，蜂踊地向天安门出发了。"[1]但张国焘的记忆可能有误。曾阻止1918年5月学生游行请愿的蔡元培自己的回忆是："五月四日，学生又有不签字于巴黎和约与罢免亲日派曹、陆、章的主张，仍以结队游行为表示，我也就不去阻止他们了。"[2]有史料说，学生们5月3日晚作出改变集会游行日期的决定，北大校方领导是预料到的。而且在学生集会前，蔡元培就曾召集教授会议，讨论学生活动问题，由于军阀政

[1] 张国焘：《我的回忆》，东方出版社1991年版，第50—51页。
[2]《我在北京大学的经历》，《蔡元培选集》，中华书局1959年版，第292页。

游行示威中的女学生队伍

权对北大的敌视态度，以及教授们对政府在中日问题上的软弱立场同样感到愤怒，他们决定不阻止学生的行动。蔡元培本人还曾召见了学生领导人之一的狄福鼎，表达了自己对学生们的同情。此时，蔡元培还接到了教育总长傅增湘的电话，要他负责召回学生。蔡当即回答"学生爱国运动，我不忍制止"，并拒绝应邀去教育部商量善后办法。[1]而北大学生迟到的真正原因，是"队伍被北京政府教育部的代表（次长）和几个警察阻拦了，不准他们去参加游行。学生代表邓中夏、黄日葵等和教育部的代表展开了一段时间的辩论，最后突破阻拦，队伍才急速向天安门进发"[2]。

---

[1]《时报》1919年5月6日。

[2] 彭明：《五四运动史》，人民出版社1984年版，第273页。

五四口号可以分为两个部分，一部分是关于"外争主权"（后期改为"外抗强权"），一部分是关于"内惩国贼"。主要如下：

取消二十一条　还我青岛　收回青岛　不复青岛宁死　头可断青岛不可失　誓死力争青岛　争回青岛方罢休　誓死不承认军事协定　保我主权　中国被宣告死刑了　反对巴黎和约签字　拒绝签字巴黎和约　抵制日货　抵制日货，提倡国货　保卫国土　中国是中国人的中国　民族自决　国际公理　反对强权政治　宁为玉碎不为瓦全

以上是关于"外争主权""外抗强权"方面的口号。

罢免曹陆章等卖国贼　打倒卖国贼　卖国贼曹汝霖　卖国贼章宗祥　章宗祥曹汝霖卖国贼　卖国贼曹、陆、章　诛卖国贼曹汝霖、陆宗舆、章宗祥　民贼不容存，诛夷曹陆章　泣告我同胞，患莫留心腹　国民应当判决国贼的命运　日本人之孝子贤孙四大金刚三上将　勿作五分钟爱国心

以上是关于"内惩国贼"方面的口号。

到了下午一点半左右，来自北京13所大专学校的3000多名学生齐聚天安门前，大多穿着长衫长袍，有的身穿黑色短制服，有的穿着夏布大褂戴着毛绒帽子，有的还穿着马褂，真可谓是"二四八月乱穿衣"。"最先至者为高师、汇文两校，北大因整队出发时，有教育部代表及军警长官来劝阻，理论多时，故到天安门最迟。凡先到者辄欢迎后到者以鼓掌，而后到者则应和之以摇旗，步法整齐，仪容严肃，西人见者莫不啧啧称赞。"[1]

这次由学生自发组织的集会，确实令北京政府当局措手不及。这次示威目的非常明确，就是"外争主权，内惩国贼"。集会上，旗帜飘扬，口号震天。而尤其令人注目和激动人心的是两个标语：一是北大法科学生谢绍敏昨日晚上（5月3日）当众撕下衣襟、咬破中指血书的"还我青岛"四个大字，一是由高师学生张润芝撰写的对联——

卖国求荣，早知曹瞒遗种碑无字

倾心媚外，不期章惇余孽死有头

——卖国贼曹汝霖、章宗祥遗臭千古，北京学界同挽

[1] 蔡晓舟、杨景工编：《五四》，《五四爱国运动》上册，中国社会科学出版社1979年版，第453—454页。

北京学生在天安门前集会 　　　　　　　　　　　　　天安门前的示威演讲活动

写着这副对联的大白旗就如同一声声愤怒的呐喊，响在每一个爱国学生的心间，呼啦啦地在天安门前的金水桥上高高飘扬。

学生们在天安门前集会两个多小时，一边散发传单宣言、喊口号，一边演说。北大学生显然成了这次示威游行的主持人和领导者，他们始终以学生领袖的姿态冲在最前面。北大学生段锡朋担任大会主席，许德珩被推举宣读了他自己起草的《北京学生界宣言》，充满激情地沉痛号召——

鸣呼国民！我最亲最爱最敬佩最有血性之同胞！我等含冤受辱，忍痛被垢于日本人之密约危条，以及朝夕企祷之山东问题。青岛归还问题，今日已由五国共管，降而为中日直接交涉之提议矣。噩耗传来，天黯无色。夫和议正开，我等之所希冀所庆祝者，岂不曰世界中有正义、有人道、有公理，归还青岛，取消中日密约，军事协定，以及其他不平等之条约，公理也，即正义也。背公理而逞强权，将我之土地由五国共管，侪我于战败国如德奥之列，非公理，非正义也，今又显然背弃山东问题，由我与日本直接交涉。夫日本，虎狼也，既能以一纸空文，窃掠我二十一条之美利，则我与之交涉，简言之，是断送耳，是亡青岛耳，是亡山东耳。夫山东北扼燕晋，南拱鄂宁，当京汉、津浦两路之冲，实南北之咽喉关键。山东亡，是中国亡矣！我国

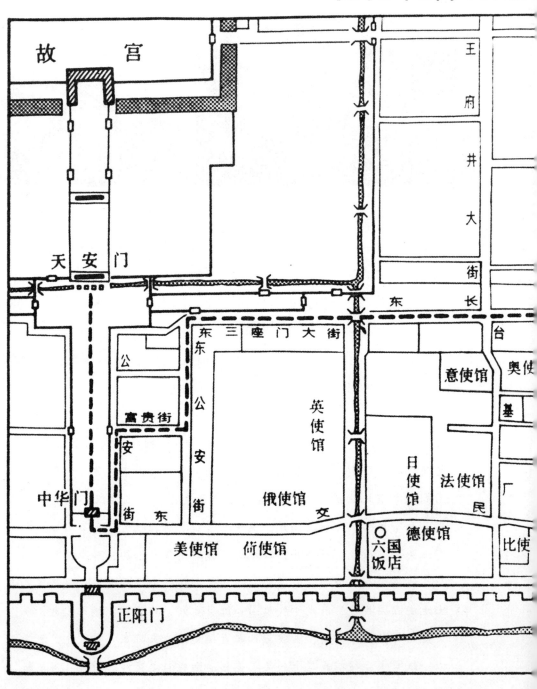

（徐锡祺/绘）

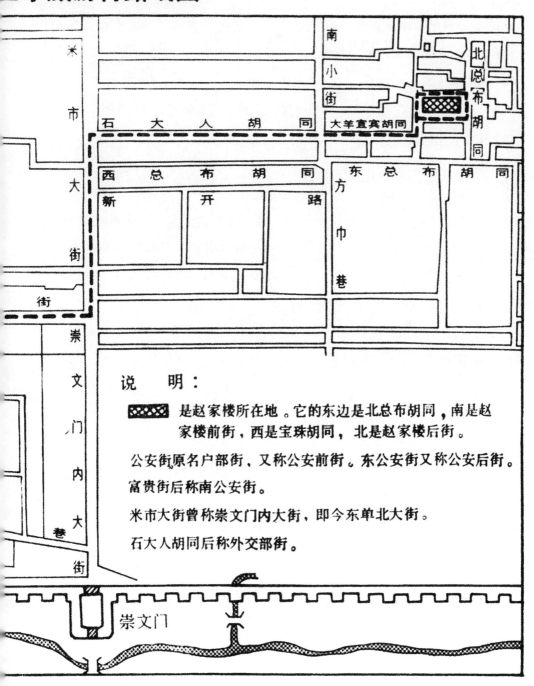

南小街

北总布胡同

石大人胡同

大羊宜宾胡同

西总布胡同

东总布胡同

新开路

方巾巷

米市大街

崇文门内大街

崇文门

说　明：

▨▨▨▨ 是赵家楼所在地。它的东边是北总布胡同，南是赵家楼前街，西是宝珠胡同，北是赵家楼后街。

公安街原名户部街，又称公安前街。东公安街又称公安后街。

富贵街后称南公安街。

米市大街曾称崇文门内大街，即今东单北大街。

石大人胡同后称外交部街。

同胞处其大地，有此山河，岂能目睹此强暴之欺凌我，压迫我，奴隶我，牛马我，而不作万死一生之呼救乎？法之于亚鲁撒、劳连两州也，曰："不得之，毋宁死。"意之于亚得利亚海峡之小地也，曰："不得之，毋宁死。"朝鲜之谋独立也，曰："不得之，毋宁死。"夫至于国家存亡、土地割裂、问题吃紧之时，而其民犹不能下一大决心，作最后之愤救者，则是二十世纪之贱种，无可语于人类者矣。我同胞有不忍于奴隶牛马之痛苦，极欲奔救之者乎？则开国民大会，露天演说，通电坚持，为今日之要着。至有甘心卖国，肆意通奸者，则最后之对付，手枪炸弹是赖矣。危机一发，幸共图之！

这个宣言一宣读，立即得到了全体到会者一致通过。尽管它没有在集会游行中广为散发，但后来却流传全国。而新潮社的骨干成员傅斯年、罗家伦、邓中夏、谭平山、高君宇、成舍我等，均在集会上十分活跃，他们掌握着主席团，拿着传声筒，站在桌子上激情演说。

一些当事人回忆说："在广场上开了一次群众大会，很多人发表了演说，决议举行示威游行"[1]；"在天安门停了好久，向群众说明游行示威的意义，群众因之也就参加的多了，游行示威的人数因之也就增加了"[2]；"大会决议先向各国公使馆游行示威，再向总统府请愿，要求惩办卖国贼曹汝霖、章宗祥、陆宗舆，拒绝对巴黎和约签字"[3]；"到会的对于大会的开法没有争执，主要是要有什么样的行动，要对卖国的军阀、官僚怎样表示，怎样示威，及至先往日本使馆去的提议宣布以后，大家高叫赞同……"[4]

集会结束后，学生们按照预定计划开始游行示威。罗章龙回忆说："我们在大会进行了宣传鼓动以后，群情激奋，接着就宣布出发游行。游行开始时没有公布详细路线，按过去的习惯，游行是在东西长安街、东单、西单、前门一带。这次游行群众跟随校旗浩浩荡荡呼口号前进，出发时有人提议到使

[1] 范云：《五四那天》，《五四运动回忆录》（续），中国社会科学出版社1979年版，第86页。
[2] 许德珩：《五四运动六十周年》，《五四运动回忆录》（续），中国社会科学出版社1979年版，第52页。
[3] 俞劲：《对火烧赵家楼的一点回忆》，《五四运动回忆录》（续），中国社会科学出版社1979年版，第89页。
[4] 王统照：《回忆北京学生五四爱国运动》，《五四运动回忆录》，中华书局1959年版，第247页。

1919 年 5 月 4 日，北京学生群众大会现场

馆界去。"于是，3000 多人一起向东交民巷的使馆区进发。北大学生、《新潮》杂志主任编辑傅斯年担任游行队伍的总指挥。大约下午 1 点钟左右，同学们又收到了一份刚刚印刷好的《北京学界全体宣言》。与许德珩那份用文言文起草的"宣言"不同，这份宣言使用的是简洁的白话文。起草者是新潮社另一位骨干罗家伦。他只花了十几分钟，一气呵成。

现在日本在万国和会要求并吞青岛、管理山东一切权利，就要成功了！他们的外交大胜利了！我们的外交大失败了！山东大势一去，就是破坏中国的领土！中国的领土破坏，中国就亡了！所以我们学界

今天排队到各公使馆去要求各国出来维持公理，务望全国工商各界，
一律起来设法开国民大会，外争主权，内除国贼，中国存亡，就在此
一举了！今与全国同胞立两个信条道：

中国的土地可以征服而不可以断送！

中国的人民可以杀戮而不可以低头！

国亡了！同胞起来呀！

罗家伦回忆说："民国八年五月四日上午十点钟，我方才城外高等师范学
校回到汉花园北京大学新潮社，同学狄福鼎（君武）推门进来，说是今天的
运动不可没有宣言，北京八校同学推北大起稿，北大同学令我执笔。我见时
间紧迫，不容推辞，便站着靠在一张长桌旁边，写成此文，交君武立送李辛
白先生所办的老百姓印刷所印刷五万份；结果到下午一时，只印成两万张分散。
此文虽由我执笔，但是凝结的却是大家的愿望和热情。这是'五四'那天唯
一的印刷品。"的确，这份白话文宣言，更加简洁明了，也最能确切地表达新

反对巴黎和约的学生游行队伍

知识分子们进行文学革命的精神。

就在学生队伍开始转向东交民巷游行的时候，曾经在沙滩阻挠北大学生出发的那位教育部代表（次长）又来了，并询问学生的意图。学生们当即把传单送给他，说："区区苦衷，尽在于此，一览便知，无待赘述。"谁知这位教育部的代表态度极其蛮横，他看完传单后说："事先未通知公使馆，恐不能在使馆内通行。我承教育部命令来此，请大家从速解散，有事可推出代表办理。"如此答复自然难以满足爱国学生高涨的热情和要求。同学们立即拒绝无理干涉，高呼："我们今天的行动，教育部管不了！"面对愤怒的青年学生，他只好灰溜溜地走了。

这时，北京政府又派来步军统领李长泰和警察总监吴炳湘，企图干涉。李长泰恶狠狠地恫吓道："我是承大总统的命令来的，学生队伍必须解散。"学生们没理他那一套，齐声高呼："打倒卖国贼！"吴炳湘见势不妙，便软硬兼施，假惺惺地说："今天天气很热，请诸位赶快回去休息吧！"

1919年5月4日，北京中午的天气确实很热。但"此一心一德三千学生同暴于烈日之下，虽无厌倦之容，难免忿恨之态"，学生们的爱国心情、救国心肠更热更赤诚。吴炳湘等人的劝说不仅没有发挥任何作用，反而被学生们申斥了几句。于是，在下午两点半左右，同学们依然高呼着口号、高举着标语，向天安门东南边的东交民巷奔去……

3. 冷遇东交民巷

东交民巷原名东江米巷，原是北京城内的行政区，多为行政机构、庙宇、会馆，在明清时期属于"五部六府"。第二次鸦片战争后，各国驻北京的使节相继来华，就在此附近设立公使馆。1900年（庚子）义和团运动被镇压后，清朝政府被迫与帝国主义国家于1901年签订了丧权辱国的《辛丑条约》，规定："各国应分自主，当驻兵队护卫使馆，并各将使馆所在境界自行防守，中国人

东交民巷鸟瞰图

东交民巷从清末开始成
为使馆区。旧时因这里
是漕运地,所以原称东
江米巷。

义和团运动时期的东交
民巷

美国驻中国大使馆

日本驻中国大使馆

民概不准在界内居住。"从此东交民巷成了北京城的"国中之国"。

5月4日，下午两点半，学生游行队伍陆续离开天安门，出中华门向东来到东交民巷的西口。在这里，队伍被使馆区的警察阻止于铁栅栏之外，不准进入这块治外法权地区，"使馆界之巡捕谓须得大总统之同意始准入内游行"[1]。

在游行学生的一再坚持和要求之下，巡捕同意向总统府报告，但在经过近两小时的通话和交涉之后，依然没有结果。从地理位置上看，学生游行队伍受阻的地方是东交民巷的西口，而使馆区第一家使馆正好是美国使馆和美国兵营。当时，学生们实际上对美国依然抱有幻想，而因美日之间在中国利益上的矛盾也确实使得它们对中国的态度有所不同。陈独秀主编的《每周评论》当时报道说："到了东交民巷西口，使馆界巡警不放行。先是打电话给美、英、法三国使署，他们都说很欢迎的。到西口的时节，美国兵营的军官也放行了，并且还要让我们从美兵营和美使馆里经过。只有巡捕房坚不让走，大家只好在美使署前连呼'大美国万岁！威大总统万岁！大中华民国万岁！世

[1] 蔡晓舟、杨景工编：《五四》，《五四爱国运动》上册，中国社会科学出版社1979年版，第454页。

界永久和平万岁！'四声，递上说帖。"实际上，因为5月4日是星期天，美国公使芮恩施不在使馆内，而是去门头沟郊游去了。与学生们交涉的肯定只是一般的馆员而已，再说那时也没有移动通讯设备，肯定无法联系上芮恩施本人。因此，《每周评论》说"美国兵营的军官也放行了，并且还要让我们从美兵营和美使馆里经过"是否准确，是值得怀疑的。

北京《晨报》1919年5月5日的报道说："学生之赴东交民巷也，意在面晤英美法意公使，面递山东问题之意见书，请望转达各该国在巴黎之代表，冀能为吾国主张公道。乃到美使署时，美使芮恩施氏已赴西山；到法使署时，法使已往三贝子花园；意英两使亦复以星期日故，皆已出游。惟美使馆有馆员延见，将意见书接受，允俟美使回署转达。其余英法意署人员皆以公使不在署，不敢接受意见书。"亲历者匡互生在回忆录《五四运动纪实》中说："虽由代表再三向英、美、法、意各国公使署交涉，因庚子条约（辛丑条约）的束缚，终没有允许通过的可能！"既然学生游行队伍已不可能按原定计划通过使馆区，"不得已乃举罗家伦等四人为代表谒美公使，适美公使未在，馆员某君接见谓：今日星期，恐他公使亦难晤面，诸君爱国热忱当尽情转陈于美公使，此意即能转达外交团云，遂将所递陈词收下"。

综上所述，我们可以分析得出结论：在当时，学生们对美国（也部分地包括英、法、意三国）是依然抱有幻想的，他们剀切"陈词"甚至高呼"美国万岁！""威大总统万岁！"目的是希望通过美国公使把中国人民的真实意见转达给巴黎和会的美国总统威尔逊，以争取支持。但事实上，这只是一种一厢情愿的意愿而已。

在与使馆的官员通过电话沟通之后，学生们选出了四名代表去美国使馆拜见公使，这四个代表中就有罗家伦，张国焘可能也是其中之一。学生们在无法见到美国公使芮恩施的情况下，只好留下一份说帖。曰——

大美国驻华公使阁下：

吾人闻和平会议传来消息，关于吾中国与日本国际间之处置，有甚悖和平正义者，谨以最真挚最诚恳之意，陈辞于阁下：一九一五年五月七日二十一条中日协约，乃日本乘大战之际，以武力胁迫我政府

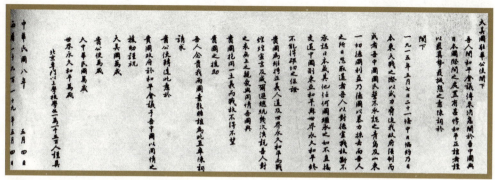
1919 年 5 月 4 日，北京学生致美国公使的说帖

强制而成者，吾中国国民誓不承认之。青岛及山东一切德国利益，乃德国以暴力掠去，而吾人之所日思取还者。吾人以对德宣战故，断不承认日本或其他任何国继承之。如不直接交还中国，则东亚和平与世界永久和平，终不能得确切之保证。贵国为维持正义人道及世界永久和平而战，煌煌宣言及威尔逊总统几次演说，吾人对之表无上之亲爱与同情。吾国与贵国同胞抱同一主义而战，故不得不望贵国之援助。吾人念贵我两国素敦睦谊，为此直率陈词，请求贵公使转达此意于贵国政府，于和平会议予吾中国以同情之援助。

尽管对美国在巴黎和会上与日本妥协表示不满，但中国学生此时此刻依然被威尔逊动听的和平十四条所蒙蔽，依然觉得美国大总统是正义、人道的化身，所以他们对美国支持中国依然抱有希望。天真单纯的中国人，在欺骗中幻想着帝国主义的同情。就连芮恩施本人也深受感动，他在多年后回忆这一天北京发生的事件，说："一群学生在使馆门口出现，宣称要见我，那天我不在，正好去门头沟（在北京城西四十七里宛平县内）处的寺庙旅行，所以没有见到他们。后来事实证明，他们的游行示威是创造历史的广泛的学生运动的第一步。那天下午，因为事先得到对山东问题决定的暗示，使他们爱国

芮恩施（1869—1923 年）

美国第一任驻华公使。出使中国期间，经历了日本向袁世凯提出二十一条要求、中国北洋政府在"一战"中与德国断交以致对德宣战、五四运动等重大事件。

的热忱达到了沸点……在北京的沮丧的中国人把希望都集中在巴黎，当北京得到巴黎可能接受日本要求的暗示时，学生第一个冲动是去见美国公使，问他这消息是否真实，并且要看他有什么可谈，我逃掉了这一次严重的考验。"[1]

这确实是一次严重的考验。如果芮恩施当时和游行学生见面，他该如何与中国学生们交流和沟通呢？如果他的答复得到了学生的认可，学生们是否还会继续游行到赵家楼呢？如果按这个逻辑推演下去，火烧赵家楼的暴力行动或许将会改写，而1919年5月4日的历史乃至整个五四运动的历史或许将呈另外一番景象。

随后，学生们又选派六名代表到英、法、意三国使馆，同样也是碰壁，没有见到公使。许德珩回忆他们也到过日本使馆，"军警围了三四层，其中还有许多日本军警，真是如临大敌。我们在这里待了很久，大家不想同日方正面冲突，高呼口号"。从下午两点半开始交涉，至此已经是下午四点钟了，学生们还是没有得到东交民巷使馆巡捕的通行许可。军队和警察始终处于一种焦灼和紧张的对峙中，企图使学生们返回。被阻于东交民巷西口的3000多名青年，在烈日下整整晒了两个小时，"虽无厌倦之容，难免忿恨之态"的爱国青年们深深感到："国犹未亡，自家土地已不许我通行，果至亡后，屈辱痛苦，又将何如？"他们觉得"使馆界之不许通过，各使之不亲见，乃事前警厅有电话知照"。满腔爱国热血遭

---

[1] [美]周策纵：《五四运动：现代中国的思想革命》，周子平等译，江苏人民出版社1999年版，第115—116页。

北京女高师学生参加五四游行

如此冷遇和失望，新青年们怎能不义愤填膺、怒发冲冠呢！

　　时为北大文学院哲学系学生杨晦回忆："这时候，队伍排在路的西边，眼睁睁看着东交民巷的口上，有一个手持木棒的巡捕，来回走着，就是不准我们的队伍通过。青年们的热血沸腾，但是摆在眼前的，却是一个铁一般的冷酷事实：使馆界，不准队伍通过！气炸了肺，也是无济于事的呀！为什么我们自己的国土，不准我们的队伍通过？使馆界！什么是使馆界？是我们的耻辱！"

　　于是，激愤的人群中忽然有人高喊："到外交部去！""到曹汝霖家去！"

　　"素不感觉外力欺压的痛苦的人们，这时也觉得愤激起来了！'大家往外交部去，大家往曹汝霖家里去！'的呼声真个响彻云霄。这时候，无论怎样怯懦的人也都变成了一些有勇气的人了！"而当大家决定改道向曹汝霖家走去时，"负总指挥的责任的傅斯年，虽恐发生意外，极力阻止勿去，却亦毫无效力了。"匡互生回忆说。周予同有着同样的记忆："那时担任总指挥的北大学生傅斯年，虽然极力阻止，说是怕出意外，但他哪里挡得住群众运动的洪流呢？"

而这洪流，何尝不是一次新思想的潮流在古老的中国大地上的奔涌，奔突，奔腾……

4. 火烧赵家楼

其实，历史永远没有假设。1919年5月4日火烧赵家楼的暴力行动，既是原因也是结果，它标志性地影响并推动着五四爱国运动的历史，继续向前发展。

以北大学生为主体的这次游行示威活动，尽管和平是他们最初的愿景，包括傅斯年、罗家伦和段锡朋等北大学生领袖，他们是不愿意也不会故意指挥一场暴力的行动，但活动从一开始就有一个20人左右的"秘密小组"，他们下定决心要直接行动，进行一次暴力的战斗。

周予同回忆说，在5月4日上午召开的各校学生代表会议上，"由高师工学会代表联络到的各校激烈分子，有二十人左右，大多属于高师的工学会、高工、北大的共学会等组织。大家相约暴动，准备牺牲，有的还向亲密朋友托付后事，我和匡互生等都写了遗书。"又说："被推担任天安门大会主席和游行总指挥的段锡朋、傅斯年，都是北大新潮社等组织的。他们一点也不知道我们准备用暴动手段惩罚卖国贼的秘密决议和准备。""四月末旬，上述的秘密团体的学生们已略有活动，打算做一次示威运动。五月三日的晚上，曾开一次会议，议决用猛烈的方法惩警以前签字二十一条的当事者曹、陆、章。当时有一位同盟会的老同志秘密的将章宗祥的照片交给他们……并且设法去弄手枪，但结果没有成功。他们议决带铁器、小罐火油及火柴等去，预备毁物放火。"[1]周在另一篇悼念匡互生的文章中也说："我们在五月三日夜里秘密召集社员在操场角落的小室中开会。我们觉得同时在开会讨论这件事的，只有北京大学一个和我们同性质的小团体。当开会时，大家颇有点争辩。有些人只主张一种普遍的示威游行，有些人则主张非参加暴动不可。"另一位亲历

---

[1] 周予同：《火烧赵家楼》，《人民教师的摇篮——北京师范大学》第74页，内部资料。

学生游行示威队伍行至东交
民巷西口受阻，改道向赵家
楼前进。

者于力（董鲁安）回忆说："五四运动最初是由北大和高师等校学生发动起来的。还记得在五四前一天的整日间，有些人是在为着翌日天安门开大会的准备事项而忙碌着：印传单、糊小旗、编口号和计划游行路线等等工作。晚间，高师操场北端的西花厅里，会集着以工学会为基干的十几个青年，秘密地宣布明日游行后，还要前往东城赵家楼胡同安福系巨子曹汝霖的住宅去示威的计划，并布置届时分给每个人应担负的任务。"

对此，火烧赵家楼的主角、北京高师数学系四年级学生匡互生1925年写的《五四运动纪实》中，讲述得十分详尽。他说："在提前举行示威运动的议案议决的前后，各学校的各小团体都有一度的会议。北京高工、高师各校的全体会议，那自然是应有的文章。现在我要特别告诉读者的，就是前面所说过的那些小团体在这个时候活动的真相。五月三日那一夜，某校的工学会开全体会议，由会员提议讨论'对于中日的示威运动，本会应取何种态度？'大多数主张采用激烈的手段去对付那几个仰日本军阀的鼻息，作国内军阀的走狗，并且惯以构成南北战争以快私意的曹、陆、章，就决定次日联络各学校的激烈分子，伴大队游行至曹、章、陆等的住宅时候，实行大暴动，并一

学生当日冲向赵家楼的情景

面派会员先将曹、章、陆等住宅的门牌号数调查明白，以便直接行动。于是五月四日早晨凡在各校主张激烈的分子就由这个工学会的代表实地联络的结果，暗中已心心相印了……各校的热烈分子——二十人以内——都有相当的准备，甚至于有连身后的事都向亲密的朋友商托好了的！"

而许德珩撰写的《北京学生界宣言》的结尾，也号召进行暴力行动："至有甘心卖国，肆意通奸者，则最后之对付，手枪炸弹是赖矣。危机一发，幸共图之！"罗章龙也回忆说："这次游行群众跟随校旗浩浩荡荡呼口号前进，出发时有人提议到使馆界去。除了小组外，谁也不知道这次游行主要去打赵家楼。"

可见，火烧赵家楼的确是一次有组织的行动，发生的一切都是酝酿之中的必然，尽管这个组织是秘密的，而且是小范围的。

总指挥傅斯年没有办法控制游行的冲动局面。学生们在遭到冷遇和阻挠之后，不得不退出东交民巷，折行向北，走户部街，再东行，经富贵街、东户部街、东三座门，跨御河桥，沿东长安街经东单牌楼，往北走米市大街进石大人胡同，穿过南小街进大羊宜宾胡同，出东口沿宝珠子胡同北行到前赵家楼胡同西口，再向东，直奔曹汝霖家（参见本书的游行示威路线图）。

杨晦回忆说："一进东交民巷就往北拐，从利通饭店的后面，悄悄地穿行过去，到了东长安街，停了一下。大家都十分气愤，也十分泄气，说：难道就这样回学校吗？警察宪兵来回跟着我们跑，但不敢动手。停了一会儿之后，又走动了。大家知道还去赵家楼，情绪就又振奋了一下，不过也还是默默地穿过了东单、东四，到了赵家楼。"

3000多名学生整齐列队向曹宅进发，可谓浩浩荡荡。学生们沿途散发事先准备好的传单，高呼口号，大叫："卖国贼曹汝霖！""卖国贼陆宗舆！""卖国贼章宗祥！"军阀段祺瑞及其爪牙徐树铮也被列入卖国贼之列。他们一路慷慨激昂，热潮涌动，爱国热情如火如荼，"许多人民看见掉泪，许多西洋人看见脱帽喝彩，又有好些巡警也掉泪"[1]。

这天中午，曹汝霖应总统徐世昌之邀，在总统府为驻日公使章宗祥接风洗尘，钱能训、陆宗舆等也出席了宴会。当学生游行示威要求惩办卖国贼的消息传来时，有人劝告曹等"暂留公府，不要出府回家"，但曹、章二人没有在意，觉得赤手空拳的学生是完全可以对付的。席间，徐世昌还曾对国务总理钱能训说："打电话令吴总监妥速解散，不许游行。"下午三时许，章应邀和曹一起来到赵家楼二号曹宅。随后，丁士源[2]和著名日本新闻记者中江丑吉也赶到曹家。他们一致认为集会游行的学生不会有什么暴力行动，并且他们有武力保护，更不会出什么乱子。

应该说，他们对学生游行示威的评估是一种经验之谈。直到此时，3000多名学生加上同情的群众，整个队伍的情势依然是有组织的，没有失去控制。《字林西报》的英国记者报道说，学生们"排着整齐的队伍来到曹汝霖的住宅，很配称作文明国家的学生。但是警察使用的高压手段激起了示威者的愤怒，

---

[1] 《山东问题》，《每周评论》第二十一号，1919年5月11日。

[2] 亲日派，时任交通部航政司长，兼京绥、京汉两铁路局局长。

只是此时他们才爆发为无法控制的暴力行动"。

对于曹宅的警察人数，当事人的回忆和新闻报道并不一致。周予同说："赵家楼街道不宽，仅容四人并排走，在曹宅的门前只有一个警察。"一位名叫吉尔伯特的外国记者1919年5月4日从北京报道说"有50名警察聚集"在曹汝霖家的门口。但当时的中文报道却说，事件发生后，警察总监吴炳湘加派的200名警察已经包围了曹宅。这些不同的数字，都是亲历者或目击者在不同的时间和地点所看见的，所以都有其合理性。但整个事件从开始到最后，警察的数字肯定是从1增至200的。

赵家楼二号分为东西两院，西院为中式房屋，东院为西式平房，曹住东院。

大约下午四点至四点半，游行的学生们抵达赵家楼。3000多人呼声震天响，确有排山倒海之势。学生们发现曹宅内外门窗紧闭，警察林立，便高呼："卖国贼曹汝霖快出来见我们！"要求曹汝霖出面解释与日本签订秘密协定的原因。曹没有理会。冲在前面的学生便上前叩击大门，警察和宪兵立即上前阻拦，并试图强迫学生退走，双方因此发生争执，学生们的怒火开始燃烧。

毕竟学生人多势众，他们一边和警察理论，对其宣传爱国思想，一边绕屋而行，寻找破门之路。更多的学生则在门口高声呼喊："卖国贼！卖国贼！"一些学生则开始向院子中扔白旗和小石块。正当学生们无法进门准备退走的时候，忽然大门被响亮地打开了。原来已经有学生爬上墙头，打破窗户，跳入曹宅，从里面把门打开了。第一批冲进曹宅的匡互生回忆——

当走到曹宅前面的时候，大多数的学生都从墙外把所持的旗帜抛入墙内，正预备着散队回校时，而那些预备牺牲的几个热烈同学，却乘着大家狂呼着的时候，早已猛力地跳上围墙上的窗洞上，把铁窗冲毁，滚入曹汝霖的住宅里去。这时曹汝霖宅内的十几个全身武装的卫兵，已被外面的呼声鼓掌声所震骇，并且受了跳进去的同学的勇猛的感动，已丧失了用武的胆量和能力，只得取下上好的利刀，退出装好的子弹，让继续跳进去的五个同学从内面把那紧闭重锁的后门（一说打开的是前门）打开！后门打开之后，如鲫如鳞的群众就一拥而入。

第一批首先翻墙入窗进入曹宅的五名学生分别是：傅斯年的弟弟傅斯严、北大理学院学生蔡镇瀛、高师数学系学生匡互生，以及易克嶷和江绍源。至于谁是第一个进入的，目前没有定论，匡互生、傅斯严、蔡镇瀛三个人最有可能。

有报道说北大文学院哲学系学生杨晦也是其中之一，但杨在回忆文章《五四运动与北京大学》中并没有说自己这么做。他还说："曹汝霖的住宅在路北，临街的窗口都是铁丝网。门是紧紧地关上了，怎么交涉曹汝霖也不肯出来。其实，他当时出来了，也许大家就骂他一顿卖国贼之类，丢下旗子走开，也难说。门却始终紧紧地关着。大家有气无处发泄，就用旗竿把沿街一排房屋上前坡的瓦，都给揭了下来，摔了一地，却没留下一片碎瓦，全被我们隔着临街房屋抛进院里去了。后来，有人从窗口爬进去了，从里面打开大门，大家一哄而入。找不到人，就砸东西，抡起一支椅子腿到处砸，有的砸破了自己的手指，流着血。有的人在撕床上的绸被子，大家的情绪是十分激愤的。"

罗章龙回忆说："队伍最终带到东城猪市北边的一个较大的胡同（赵家楼就在这里）。领队的人见胡同里外已有了军警的队伍，铁门紧闭，没法打开。我们临时决定走后门进去，但经研究又觉不行，怕调动中让队伍走散了，最后决定派几个人搭人梯从事先探明的窗子里爬进去。我们陆续爬进去一二十人。其中有互孙、纵宇、海潮、无坚等，进去时见院子里有一排军警，都上了刺刀。此时门外一片喊口号声，有的用砖头砸门，其势甚为汹涌。警察没有得到上面的命令不敢擅自开枪。我们进去的人有的给警察作解释，宣传爱国反日，尽量地把我们的行动说得温和些，乘其不备，其余的人将大铁门打开了，人像潮水一样涌了进来。"

大门打开，学生们一拥而入，贪生怕死的曹汝霖、章宗祥等人迅速躲藏起来。学生们只是碰上了曹的父亲和曹的小妾苏佩秋，就让警察把他们安全地带出去了，并没有伤害他们。

曹汝霖、章宗祥他们到底躲到什么地方去了呢？章宗祥、丁士源和中江丑吉三人都躲在地下锅炉房中，这个问题没有异议。但曹汝霖本人躲在什么地方一直是一个谜，当时有报道认为曹汝霖装成佣人的样子，从窗子跳出，通过小胡同逃走，并被一辆汽车送到了东交民巷的六国饭店。其实，曹一直都躲在妻子卧室与两个女儿卧室相通的"箱子间"。直到20世纪60年代，耄耋之年的曹汝霖才终于道出了实情，揭开了尘封40年的谜底——

> 我于仓猝间，避入一小房（箱子间），仲和（即章宗祥）由仆引到地下锅炉房（此屋小而黑）。这箱子间，一面通我妇卧室，一面通两女卧室，都有门可通。我在里面，听了砰然一大声，知道大门已撞倒了，学生蜂涌而入，只听得找曹某打他，他到那里去了。后又听得砰砰蹦蹦玻璃碎声，知道门窗玻璃都打碎了。继又听得瓷器掷地声，知道客厅书房陈饰的花瓶等物件都摔地而破了。
>
> 后又打到两女卧室，两女不在室中，即将铁床的杆柱零件，拆作武器，走出了女儿卧房，转到我妇卧房。我妇正锁了房门，独在房中，学生即将铁杆撞开房门，问我在那里。妇答，他到总统府去吃饭，不知回来没有？……我在小室，听得逼真……我想即将破门到小屋来，岂知他们一齐乱嚷，都从窗口跳出去了，这真是奇迹。

这确实真是一个"奇迹"！曹汝霖后半生都在为自己这一天免遭肉身之痛而暗自庆幸。亦可见学生们当时进入曹宅的混乱场面。我们也无法想象，如果有学生当场抓住曹汝霖，那将是一个什么样的后果。

学生们都以为三个卖国贼正在曹宅中开会，但卖国贼躲藏起来，他们又不知道房子里的机关，一时气愤至极，便把屋子里的物品，包括燕窝、银耳等摔了满地、踩得粉碎，并捣毁了一些家具。随后在找不到卖国贼的情况下，愤激之下点火烧了房子。

起火时间大约在四点半至五点钟。起火的原因当时有四种说法：一是学生放火，二是曹的家属放火，三是电灯电线意外破裂走火，四是曹的仆人放火。

在当时，曹汝霖指控是学生放火烧毁了他家房屋。学生则否认，指控是曹的家属企图惊散学生、销毁卖国的秘密文件而放火，就像杨晦所说："火怎么起的，始终没有弄清楚。有人说是北大学生黄坚点的火。据匡互生的《五四运动纪实》说是他放的火。也还有人认为是曹家自己放的，这些无耻政客，国都可以卖，还有什么事做不出来？一放火，造成学生的刑事犯罪，岂不就可以逮捕法办了吗？"当时也有报道说是曹家的仆人放火，以便乘乱盗窃财物。而政府后来在强大舆论压力下为了息事宁人，则含含糊糊地采用了电线走火的说法，以便释放被捕的学生。

匡互生（1891—1933 年）

湖南邵阳人，北京高等师范学校学生，五四运动天安门大会和会后游行的主要组织者之一。

　　而真实情况是——火，就是学生放的。正如匡互生所言："因为他们到处搜不出那确实被大家证明在内开会未曾逃出的曹汝霖、陆宗舆（陆当时不在）、章宗祥，只得烧了他们借以从容商量作恶的巢穴，以泄一时的忿怒。"

　　但放火的学生到底是谁呢？多数人认为是北京高师的匡互生，其本人也承认。

　　一位和匡互生一起参加当时暴力行动的目击者认为，点火者正是匡互生本人，他说："学生群众走进曹宅，先要找卖国贼论理，遍找不到，匡互生遂取出预先携带的火柴，决定放火。事为段锡朋所发觉，阻止匡互生说：'我负不了责任！'匡互生毅然回答：'谁要你负责任！你也确实负不了责任。'结果仍旧放了火。"俞劲撰文《对火烧赵家楼的一点记忆》说："放火的人也就是那位跳窗户开大门的某君（即指匡互生）。"范云则在《五四那天》中说："群众找不着曹汝霖更加气愤，有人在汽车房里找到一桶汽油，大家喊着'烧掉这个贼窝'。汽油泼在小火炉上，当时火就烧起来了。"曹汝霖本人的回忆接近这个说法，学生们"到汽车房，将乘用车捣毁，取了几筒汽油，到客厅书房浇上汽油，放火燃烧"。另一位叫肖劳的目击者回忆说："我行至曹家门外，看见穿着长衫的两个学生，在身边取出一只洋铁扁壶，内装煤油，低声说'放火'。然后进入四合院内北房，将地毯揭起，折叠在方桌上面，泼上煤油，使用火柴燃着，霎时浓烟冒起。我跟在他们后面，亲眼看见。大家认得他俩是北京高等师范的学生。"

就在卖国贼曹汝霖为自己躲过学生的痛打而偷着乐的时候，另一个卖国贼章宗祥却没有那么幸运。

杨晦回忆说，学生们在曹宅"打了一会，有许多人都从一个月洞门，拥到东边的院子，是一个花园的样子，正面有一座厅房，前面是个花池。这边的临街墙很低，要早发现，早都进来了。章宗祥从里面出来，大家以为是曹汝霖，都上去打。没有别的东西，就捡砖头瓦片砸，把他砸的头脸出血，倒在地上。有的记载，说他装死，不过那一顿乱砸也够他半死了。有细心的同学，先切断了曹家的电话线。这时也有人取下客厅里挂的曹汝霖的放大像一对：原来不是曹汝霖！人就散开了。"

罗章龙回忆说："当时曹汝霖不在，有同学首先发现了章宗祥，一拥而上，痛打了一顿。我们事先已约定，不要打死人，因为打死了人就不好办了；不准侵犯妇女；不准乘机抢掠财物，这些群众都自觉做到了。章宗祥被打时，有一个日本人扑在章的身上连声喊叫：'不要打了。'还有一个时髦年轻的女子吓得了不得，大家叫她离开，护送她到另外一个地方暂避。后来有的同学首先将屋子里一些易燃物和挂画都扯下，集中起来点火烧了。火一起，外面的军警就包围进来了。小组决定开始撤退，有些负责掩护的同学被捕了，大部分是核心小组的人（赓甫、雨滨等）。"

匡互生在《五四运动纪实》中是这样记叙的："在曹宅西院火光初现的时候以前，在曹汝霖的小老婆和父亲被大家交给在内的警察带出的时候以后，忽然在东院房间的木桶里走出一个身着西装面像日人的人，被一个同学赶上前去用一根旗杆劈头一击，那人就倒身在地佯作身死，于是动手打他的人就往后走出，而一时'曹汝霖已经被大家打死了'的喊声就传遍了内外，胆怯的学生就乘机回校避祸去了。但是一些热烈的学生们却争先恐后的去看那被打死的人，以证实当时的传言是假是真；哪里知道那佯作身死的人已乘机逃到外面一间皮蛋店里去躲藏好了，后来却被另一批搜寻曹、章的人在一间皮蛋店里面的一间黑屋的床上又把曾经被打装死的人搜寻出来，大家就拉住他两只脚从那间黑暗屋里倒着拖到皮蛋店的门口，同声地问他是什么人，他总是绝对地不作声，大家耐不过，就各用那手中所持长不满尺的小旗杆向着他的面孔上乱打横敲，而那些手中没有武器的学生就只得权借皮蛋作武器向被打的人的头上打中了几十百把个皮蛋，于是死不作声的被打的头上只见满面的鲜血和那塞满了耳目口鼻的皮蛋汁了。不过同时却有一个真正的日本人负重伤出死力替他保护，大家因此颇怀疑那被打的人是日本人，所以不曾把他打死，因为那天到场参观的西洋人日本人实在不少，很有令人怀疑的原因哩。哪里知道他正是那一个向日本政府亲递那封有'欣然承诺'四字的换文的驻日公使，新回中国运动承认直接交涉的章宗祥！"

　　以上三个人的回忆，都说明章宗祥被学生殴打是在曹宅起火之前。但下面三个人的回忆却说章宗祥是在起火之后遭到学生殴打的。

被爱国学生焚烧的赵家楼曹汝霖宅

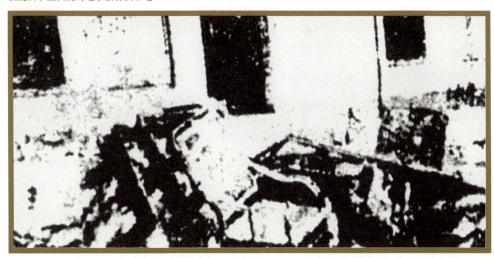

赵家楼曹宅大门

　　曹汝霖说："仲和（章宗祥）在锅炉房，听到上面放火，即跑出来，向后门奔走，被学生包围攒打。他们见仲和穿了晨礼服，认为是我，西装撕破。有一学生，将铁杆向他后脑打了一下，仲和即倒地……适日友中江丑吉闻讯赶到，见仲和倒在地上，他亦认识，即推开学生，将仲和连抱带拖，出了后门，藏在对面油盐店，把门而立，说日本腔的中国话，这是我的朋友，你们要打即打我，我不怕！他虽知自卫之法，亦已受铁杆打伤多处，臂背红肿，经月余才愈。"

　　陆军部驻署宪兵排长白歧昌在其当日的工作报告中也说："至四时三十分忽见该宅火起，驻日公使章宗祥偕同日本人中江丑吉，在曹宅门前被学生殴打，负伤，由宪兵及警察极力保护，未致生有他虞。"

　　和匡互生一起参与当日行动的同学回忆说："当学生正在宅内肆意捣毁，房屋也已燃烧起来的时候，我们看见有几个警察和许多佣人围护着一个老太婆和一个年轻女子慌张出来夺门而去，因为她们不是曹章陆，我们就放走了，据说这个老太婆是曹母，年轻女子是曹妾李佩秋[1]。我们又见几个警察和许多佣人围护着两个穿西装的中年男子逃出去，许多学生跟着追赶，见他们逃进一个小杂货店内，就把这二人拖出来推倒在地，用手执的小旗杆子对着当头乱打，打得一个人头破血淋，另一个人宁愿自己挨打，拼命保护他。不久大队警察赶到，一齐舞起木棍和指挥刀来驱散群众；我们也恐怕打错了人，不是卖国贼而是日本人，因而松了手。到明天报上一看知道被打得头破血淋的正是卖国贼章宗祥，而拼命保护他的是一个日本人，大家懊悔不止。"

曹汝霖在第二天即1919年5月5日呈送总统的辞呈中，也叙述了他的住宅被捣毁和章宗祥被殴打的经过——

> 呈为信望未孚，责难交集，恳请罢斥以谢天下事：窃汝霖本月四日上午，奉派入府公宴。午后二时半回抵东城赵家楼私宅。适与驻日公使章宗祥晤谈，忽闻喊声甚厉，由远而近，势如潮涌，渐逼巷口，巡警相顾束手。约十余分钟，突见学生千余人，破门逾墙而进，蜂拥入内，遇物即毁，逢人肆殴。汝霖生父就养京寓，半身不遂，亦被殴击。旋即纵火焚屋，东院房屋，至汝霖起居所在，立成灰烬，其余亦系遭毁损。章公使当火发之际，仓促走避邻舍，为群众见执，摔地狂殴，木石交加，头部受伤九处，伤及脑骨，流血不止，立即晕倒，不省人事。幸警察总监吴炳湘及步军统领李长泰，闻信先后到场，强迫解散凶徒，饬警护送章公使入院调治，据之脑筋震动，遍体鳞伤，性命尚无把握。而汝霖宅内暴徒，闻军警捕拿，纷纷窜散。此汝霖因公被祸，家室焚毁，及章公使同时殴辱，重伤濒危之实在情形也……

曹汝霖的这封辞职信说"生父就养京寓，半身不遂，亦被殴击"，显然

---

[1] 应为苏佩秋。

是有意诬陷，几十年后他在回忆录中承认说："对我双亲，承他们没有惊动。"

其实，在火烧赵家楼这场混乱的暴力行动中，尽管学生与警察之间发生了一些冲突，但实际上大多数出身低微的警察在行动中态度是极其温和的，甚至保持着一种"宽容中立"的姿态。对此，许德珩回忆说，学生在赵家楼曾"向军警和和气气地讲明来意说：'我们是爱国学生，来这里是找曹总长谈谈国事，交换意见，要他爱中国。我们学生手无寸铁，你们也是中国人，难道你们不爱中国吗？'我们做了很多说服教育工作，果然有效，军警让我们进了胡同。可是曹汝霖的住宅朱门紧闭，怎么办呢？我们还是用说服军警的办法，包围他们。我们进一步用三四个人包围一个军警的方式，向他们说服，几乎等于缴械。"警察只是在接到上司多次紧急命令后才被迫进行了干涉，由此和学生之间才开始有了一些摩擦。结果，在冲突中北大的一名叫郭钦光的学生三天之后在一家法国医院死亡，[1]这更激起学生们的愤怒。学生们认为，郭死亡的原因就是与警察冲突受伤和高度紧张所致。而这也使得5月4日以后学生的斗争又有了一个新的契机。

5.3 2名学生被捕

1919年5月4日，下午，5时45分。

也就是在火烧赵家楼半小时左右，警察总监吴炳湘、步军统领李长泰即率大批军警赶到。其时，3000多名学生中的大多数已经离开赵家楼，纷纷回校。一直比较温和的警察与宪兵，因为最高上司的到来，态度不得不变得强硬起来，有人甚至向天放了两枪，作为警告。对放火这种暴力行动，大多数学生是完全没有心理准备的，他们甚至根本没有想到今天下午的事情会闹到现在这样难以收拾的局面。此时，"尚在看热闹的学生委实只有几十百把个人了，而那些攻打曹宅用力过多的人，这时多半也已经精疲力竭地跑回学校休

[1] 郭钦光（1895—1919），广东（今海南）人，1917年秋季入北京大学文学院预科。据当时有关史料称，郭是一个非常爱国的学生，在示威中奋不顾身与卖国贼作斗争，在事件中曾因用力过度而吐血，三日后在医院里听到同学们遭逮捕镇压的消息后，呕血过多，悲愤而死。

息去了。""团体既散，军警乃敢逮捕学生中之徒步散归者，往往缚之去，被逮者三十二人。"[1]

32 名被捕学生名单及所属学校

学校名称	被捕学生姓名		人数	备注
北京大学	易克嶷 许德珩 江绍源 李良骏 曹 永 杨振声 熊天祉 梁彬文 胡振飞 梁颖文 陈树声 郝祖宁 萧济时 邱 彬 孙德中 何作霖 鲁其昌 潘 淑 林君损 易敬泉		20	李良骏也叫李良骥 潘淑也叫潘叔
北京高师	向大光 陈宏勋 薛荣周 赵允刚 杨荃峻 唐英国 王德润 初铭音		8	陈宏勋也叫陈荩民 杨荃峻也叫杨明轩 初铭音后改名初大告
工业专门学校	李更新 董绍舒		2	
中国大学	刘国干		1	
汇文大学	张 德		1	

　　在这个名单中，我们可以看到，只有少数是学生领袖，并参与了暴力行动。因为32名学生并不是集体被捕的，有的是在曹宅被捕，有的是在返回的路上。但所有被捕学生个个表现出了少有的英雄气概，有学生回忆说："学生（开始只有10个人）遭石翼侦缉队及便衣拘捕，用粗绳反缚两手、两人一连地被押解着，路上略有不服，军警就用枪柄、短棍或手打他们。被捕后先带至一小官厅，随即派兵送至六条胡同侦缉队本部，被囚禁在木栅里。有五个学生和五六个盗匪监禁在一起。不许说话。三小时以后，有更多的学生被押到木栅里来，即用武装士兵及便衣每三人牵一人，押解到警察总厅。在路上，他们

[1] 表中人员名单、数字和所属学校来源于《青岛潮》。蔡晓舟、杨景工编《五四》所载学生被捕总人数亦为32人，但所属学校分别是北大20人、高师8人、法政专门学校2人、中国大学2人。陈端志的记载是：北大19人、高师8人、工业专门学校和汇文大学及留学预备学校共5人。许德珩回忆说32人中有一人为市民。

遇见一辆汽车经过，里面有几个西洋人向被捕学生致意，学生欢呼回答。到达警厅以后，都囚在一间屋子里，不准交谈。"[1]

32名被捕学生之一的许德珩回忆说："由于丁士源逃出求救，半小时后，军阀政府警察总监吴炳湘和步军统领李长泰率领大队军警赶到，用武力把群众驱散。我们这时正在要整队出去，军警说我们杀人放火，随即开始捕人。大批的人都早已撤离，剩下我们少数想维持秩序整队而行的同学，被他们逮捕了。我和易克嶷被捕后，他们故意侮辱我们，把我们两人捆在拉猪的手推板车上，拉进步军统领衙门（在前门内公安街，当年叫户部街）。记得在板车上，易克嶷还在说：'20年后又是一条英雄好汉。'……我们32人被囚禁在步军统领衙门的一间监房里，极其拥挤肮脏，只有一个大炕，东西两边各摆着一个大尿桶，臭气满屋。每半小时还要听他们的命令抬一下头，翻一个身，以证明'犯人'还活着。到中午'放风'才能大便，呼吸一点新鲜空气。看守的人每天提一桶开水，每人发一个大窝头……这天因劳累顾不得吃喝也就睡了。对看守牢房的，我们进行了说服教育工作。他对我们的态度较好。最令人气恼的是那个狱吏。我们当时编了顺口溜：'天不怕，地不怕，最怕牢头来训话。'这个军阀官僚卖国贼的忠实走狗，每天在我们放风之后，要来训一次话，讲些服从长官、不许扰乱社会秩序等等的话。我们听了既好气又好笑，气的是他浅薄无知，笑的是他那一副奴才相。而看守牢房的狱卒则不然，他接受我们的说服教育，很同情我们，有时还把外边的情况偷偷告诉我们。"当晚，许德珩极为愤怒，还口占了两首诗以表心意：

> 为雪心头恨，而今作楚囚。被拘三十二，无一怕杀头。
> 痛殴卖国贼，火烧赵家楼。锄奸不惜死，来把中国救。
>
> 山东我国土，寸草何能让？工农兵学商，人民四万万。
> 为何寡欺众，散沙无力量；团结今日始，一往无前干。

---

[1] [美] 周策纵：《五四运动：现代中国的思想革命》，周子平等译，江苏人民出版社1999年版，第121页。

北洋军阀政府对学生进行镇压。1919年5月4日当天捕去学生32人，旋由蔡元培以身家作保，营救获释回校，但当局下令要查办北大，要各校将被释学生送交法庭讯解，并放流言中伤蔡元培。蔡元培乃于5月10日悄悄离京出走。图为当时学生被捕情况。

在1919年5月4日事件发生后，北洋军阀把北大三院用来作为拘留学生的临时监狱，把大批学生软禁起来。图为当时警察在北大三院周围巡逻戒备。

北京政府出动军警逮捕在街头演讲的北京学生

32 名被捕学生在监禁中十分团结顽强。在警察厅一个一个传讯时，每个人都回答说"自己就是自己的指使人"。

学生被捕后，东交民巷一带立即宣布戒严。警察总监吴炳湘立即当面向曹汝霖道歉，并派车将曹及其全家送往东交民巷的六国饭店。章宗祥也被护送到日华同仁医院。救火队赶到曹宅时，东院一排西式房屋即将烧为灰烬，只剩了门房及西院中国式房屋的一小部分。救火队一寸半宽的水龙头向熊熊大火喷射，直到晚上八点左右，大火才被扑灭。赵家楼一带遍地流水，随之大学生火烧赵家楼的新闻也流传出去，第一时间就传遍了北京城。

当晚，曹汝霖为自己的卖国罪行辩护，要求徐世昌对其负责；他还指使北京政府交通部下令各电报局禁止拍发学生的电报，但这个阴谋未能得逞，因为学生的电报已由外国电报局发出了。而日本驻华公使馆人员、新闻记者以及曹的党羽、新旧交通系要人等纷纷出入六国饭店。

同日晚，国务总理钱能训在家中召开紧急内阁会议，商讨对付学生的办法。有的主张将参加此次游行的学校一律解散，有的主张将各校校长免职，有的还主张对学生大逮捕。对于被捕的 32 名学生到底该如何处置，北京军阀政府的司法、宪警当局意见没有达成一致。1919 年 5 月 9 日的北京《晨报》在第三版以《学生被捕与释放经过详情》为题报道说："四日当学生被捕至警厅后，诸要人即在警厅中开一紧急会议。列席者有司法总长朱深、交通次长曾毓隽、大理院院长姚震、警备司令段芝贵、李统领、吴总监、宪兵陈总司令（陈兴亚）等，会商处置学生方法，众议不一：有主张最激烈者，立送交大理院审究主使，以为必受有何种运动，非从严惩办不可；其时有人以两种例证告吴总监，日本国务总理桂太郎被殴及民国五年公民团扰乱议院事，皆未移交法庭，今兹事同一律办法未便歧异。吴纳其说，始拘置厅内。"

火烧赵家楼事件，给中国政府和社会带来的震荡是罕见的。但奇怪的是，当时外界评论最多的并不是这一事件的本身，而是警察、宪兵在这个事件中为什么没有采取武力。一家外国媒体报道说："对当地的中国在场观众来说，这似乎是一个非常尖锐的讽刺。这个人曾为北洋军队筹措到所有军费和军火，他通过他的同伙可以指挥数十万大军，但自己的房子受到青年学生聚众袭击，

工学商打倒曹、章、陆

军警逮捕学生

竟没有一个人为他开一枪或尽一臂之力。"[1]

其实答案只有一个：学生的行为是真诚的爱国主义。

显然，导致大多数示威者当初没有预料、之后又无法控制的暴力行动，是建立在一种纯粹的、公开的、全民的反对帝国主义侵略的同仇敌忾之上。因此，它是一个民族爱国情感的集体爆发。五四运动以此为标志，爱国学生尤其是新知识分子们的行动，得到了更广大的普通人民大众的同情，尤其是城市工商业者和工人的强力支持，新文化运动的新思想便在一场政治运动中，广泛地在底层百姓中得到推广和普及，古老的文明结构开始离析龟裂，破旧的社会政治版图开始更新……

6. 较量：总罢课与大逮捕

1919年5月4日，中国的历史翻开了新的一页。

从这一天到6月4日，在整整一个月的时间内，中国现代史上出现了爱国青年学生团结和组织新知识分子，并通过和平的方式实现了文化、政治和经济各界力量的大联合，把新思想和新文化以最直接最快速最大众最有效的方式进行了传播，并对中国社会产生了历史性的影响。

---

[1] [美]周策纵：《五四运动：现代中国的思想革命》，周子平等译，江苏人民出版社1999年版，第121页。

警察包围北京大学

　　这年，这月，这一天，从天安门集会到火烧赵家楼，走马灯似的北京政府第一反应也是矛盾重重，犹豫中有惶惑，显然，政治主张的不同在派系斗争中得到了具体的体现。

　　总统徐世昌、教育总长傅增湘等这些并无实权的政治角色，起初坚持怀柔、软化政策，主张对学生运动不予惩处。1919 年 5 月 10 日的《字林西报》报道说：5 月 4 日晚 10 时，"学生被劝说解散，教育部命各校校长严格控制学生，答应曹家着火乃电线走火的说法以争取释放被捕学生，曹本人也已得暗示，表示无意严惩捣乱分子，果真如此，则骚乱可渐渐平息"。为此，徐世昌还把曹汝霖安顿在北海团城、把章宗祥安置在北海静心斋，并派人送曹、章各五万元，"一为盖房，一为养伤"，真可谓"斟酌周到，煞费苦心"。

　　但以皖系军阀段祺瑞为代表的掌控实权的安福系亲日分子和保守官僚，如徐树铮、段芝贵及曹汝霖、陆宗舆等人，主张对学生运动要严厉镇压，并以此向总统和总理施压。段芝贵甚至叫嚣："宁可十年不要学校，不可一日容此学风"。《青岛潮》载："被捕学生，在徐总统意，尚无成见。而段祺瑞、徐树铮及曹陆诸人，从旁耸动，不曰党派阴谋，即曰过激举动，拟兴大狱，处以非刑。""有人往访曹汝霖，曹曰：'此无他，党派问题耳。'其机关报纸又大言以鼓吹之，谓为过激派之输入，固已预备一网打尽之计矣。"而且曹汝霖等人也是完全听命于段祺瑞的。段慰问曹说："这次的事，他们本是对我，竟连累了你们，我很不安"；并说，"你们不必辞职，看东海（徐世昌）如何处置？"曹本来是预备辞呈的，因段"嘱不必辞，只好暂搁"。徐世昌送来五万元安抚费用，曹也立即向段报告，但段回答"还了他，我们不是可以用金钱收买的"，曹遵命立即将款退回。

　　保守派之所以对学生运动恨之入骨，是因为新文化运动中以陈独秀为首的教授和新青年们，不仅不断攻击旧伦理旧礼教，还攻击旧军阀，尤其 1918 年 5 月 21 日的请愿事件发生之后，保守派旧军阀旧官僚与新文化运动的大本营北京大学的矛盾更是针尖对麦芒，并迫使陈独秀在 1919 年 4 月失去北大文

参加 1919 年 5 月 4 日天安门集会游行的北京 13 所学校位置示意图

1. 国立北京大学
   （北沙滩，景山东街，北河沿）
2. 国立北京高等师范学校
   （和平门外厂甸）
3. 国立北京法政专门学校
   （西城太仆寺街）
4. 国立北京工业专门学校
   （西四牌北祖家街）
5. 国立北京农业专门学校
   （阜成门外罗道庄）
6. 国立北京医学专门学校
   （前门外后孙公园）
7. 交通部铁路管理学校
   （西单李阁老胡同）
8. 内务部高等警官学校
   （北新桥以西）
9. 税务局北京税务学校
   （朝阳门内大雅宝胡同）
10. 私立中国大学
    （前门内西城根）
11. 私立汇文大学
    （崇文门内盔甲厂）
12. 私立民国大学
    （宣武门外储库营）
13. 私立朝阳大学
    （东四海运仓）

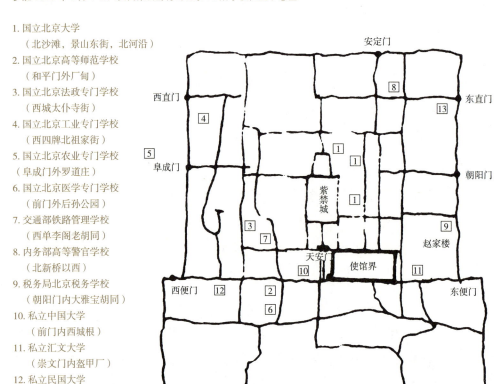

（侯仁之 / 绘）

科学长职务。因此 5 月 4 日晚上，在总理钱能训家中举行的会议上，尽管司法和警方对火烧赵家楼事件与如何处置被捕学生没有达成最后一致，但严惩学生的决定无疑是统一的。但事件的后续发展证明，北京政府这个带有明显政治色彩的决定是搬起石头砸了自己的脚。

急不可待地严惩和报复学生的政策，暴露了北京政府当局对形势的估计是错误的。他们简单地把 5 月 4 日的事件归结为新文学和新思潮的犯上作乱，甚至进而将事件上纲上线为政党的政治斗争，而没有看到反日反侵略的爱国情感是正义的主流民意，不仅得到了新知识分子的巨大支持，也得到了像林纾这样的旧知识分子的同情。他们忽略了这一天北京学生运动的情感根源——反对日本侵略，把新文化运动的领导者及整个新文化阵营的教授和学生们，当成了游行示威甚至暴力事件的策划者和当事人。

因此，当北京政府当局不加控告地逮捕32名学生时，全体学生和教师们义愤填膺，觉得有必要对政府采取联合行动。5月4日晚，当反动派在筹划如何镇压学生的时候，各校的学生也在召开大会，讨论的中心是如何营救被捕同学，如何继续斗争。在北大学生大会上，校长蔡元培表示负责营救被捕同学，同时也劝告学生不要再继续开会，而应照常上课。但满腔热血、怒不可遏的学生们并没有听从校长的劝告，对警察粗暴逮捕并可能杀害学生表示担忧，认为应该全体同学对事件负责，而不是32名同学，主张用集体去警察厅自首的办法来营救被捕同学，并决定进一步组织起来。当晚，北大学生干事会便成立了，国民社、新潮社、平民教育讲演团、少年中国学会的成员，大多成为干事会的中坚。

5月5日上午9点，北京各大专学校学生代表召开会议，决议自即日起一律罢课，其两大理由是："各校学生既痛外交之失败，复愤同学之被拘，更有何心研究学问？此罢课之第一理由也。青岛问题当以死力争，被拘同学亟宜营救，全体奔走，日无暇晷，学虽至宝，势难兼顾，此罢课之理由二也。"并通电各方面，请求支援。

北京各大高校学生集会

同时，学生上书总统徐世昌："学生等不幸生逢斯世。爱国之心，不能自已……学生等均系赤手，为万目所共见，乃警厅竟下令逮捕三十余人之多。学生诚无状，但此次之事，乃为万余学生与市民之爱国热忱所激发。抚心自问，实可告无罪于国人。如有谴责，万余人愿分担之。断不能以全体所为之事，使三十余人独受羁押之累。"[1]

参加会议的张国焘回忆说："五日清晨，京畿警备总司令段芝贵（这个老军阀是段祺瑞的亲信，是严厉镇压学生的实际执行者）为了探听学生的虚实，派遣他的军法处长虞维锋来到北大。虞是一个旧官僚，虽然头脑顽固，但也不愿事态扩大。他来到北大，开始声势汹汹，指责学生闯了大祸，声称如再不悬崖勒马，将明令解散学校，闹事者将被处严刑。同学段锡朋挺身与之抗辩，表示学生不怕恐吓和压迫，决再接再厉地干下去；如政府不接纳学生要求，改弦更张，全国将大乱不已。这个官僚竟为学生们理直气壮的声势所屈，改以较温和的口吻说了些希望学生不再出街闹事，安心上课，听候政府解决等语，就离校而去。五日上午十时左右，北大学生大会在十分热烈的情绪中决定：立即成立北大学生干事会，并发起组织北京中等以上学校学生的共同组织，要求各校一致参加；推举段锡朋、方豪为北大学生会参加这个共同组织的代表；并推举狄君武、罗家伦、康白情、周炳琳、陈剑修、鲁士毅、钟巍和我等分别担任北大学生干事会的文书、总务、讲演等各部门的工作。"

当天下午三点，在北大三院法科礼堂举行的北京中等以上学校全体联合大会上，罢课的决议得到了与会的20多所学校3000名代表的通过。这确实是一次意义深远的会议。学生开始懂得他们的斗争不是孤立的，需要社会各界爱国人士的同情和支持。罗家伦报告说，他已经成功地完成了争取商界和新闻界支持的任务。会议最为重要的决定是，学生们决定成立永久性的北京中等以上学校学生联合会。大会还表明，学生们的行动不仅仅限于营救被捕同学，还必须达到游行示威的最初和最终的目标，即：一是上书总统，要求惩办卖国贼，归还青岛；二是上书教育部，说明学生被捕的事由，并释放学生；三是通电国内外关注这一事件的各组织和团体，请求一致行动。同时还讨论了

---

[1]《近代史料》之《五四爱国运动资料》，科学出版社1959年版，第194页。

爱国学生在街头发表演说，并散发传单。

抵制日货的可能性。许多学生发表了激昂慷慨的演说，踊跃捐献，一个学校的代表还血书"杀卖国贼"几个大字悬挂在会场上。北京十几个学校的校长也出席了这次大会，并且组成了以蔡元培为首的校长团，准备营救被捕学生。

会上，北大和高师的代表共同起草了北京中等以上学校学生联合会的组织章程，"本会以尽学生天职谋国家之福利为宗旨"，主要行动纲领为：对外坚持要求归还山东，掀起一场抵制日货运动；对内，严惩卖国贼（曹、陆、章），打倒军阀势力。为了达到会议目的，联合会由两部分组成，一是评议部，一是干事部。评议部负责议决事项，干事部负责执行议案。评议部的评议员，由每校出二人担任；干事部则委托北大学生干事会代理。联合会的会址设在马神庙北大的理科校舍。张国焘回忆说——

当天下午又在北大举行各校学生第一次代表会议，约有二十个学校的代表参加，通过决议：成立北京中等以上学校学生联合会（简称北京学生联合会）。后来清华学校和其他教会学校以及女高师等女子学校也纷纷组织学生会，并先后加入学生联合会。这样，这个共同组织就名符其实地包括了北京全部中等以上学校的学生会。

这次会议还决定：学生联合会以"内除国贼，外争国权"为主旨，提出"收回青岛","惩办卖国贼"等具体要求；并发表宣言，号召全国各界一致响应。这个代表会议后来根据学生联合会章程改名为评议会，负责决定政策方针。评议会由每校推派两位代表组成，其议事程序的符合民主旨趣，以及处事的敏捷果断，确表现出它是指导爱国运动的重心；所以当时舆论誉之为中国历史上空前最优良的"雏型国会"。

这次会议为了迅赴事机起见又决定：以北大学生干事会代行学生联合会执行部的职权；因此，北大就成了这次运动的总枢纽。我这个素来重视平民教育提倡讲演的人，也就成为学生联合会第一任的讲演部长；所有学生联合会的讲演团、提倡国货、抵制日货、组织民众团体、发行传单报刊等实际工作，都由我所领导的这个单位来执行，事实上此后学生会许多轰轰烈烈的活动也以这一单位为骨干。

就是在这次会议上，中国历史上第一个全市范围内的中等以上学校的永久性学生组织——北京中等以上学校学生联合会（简称北京学联）正式宣告成立，成为五四运动中中国所有类似组织的光辉典范，直接影响和催生了全国学生运动的"总司令部"——中华民国学生联合会的成立。同时，更具有历史性意义的是，北京学联的成立还开创了中国男女学生第一次在一个共同的组织中行动，直接推动了中国男女合校和妇女解放运动的发展。

北京学联的成功组织和明确章程，得到了新旧不同阵营的大多数知识分子领导人（特别是学校的教师和新文化运动的领导人）和全国大多数社会、政治和经济团体的支持，纷纷电请释放被捕学生。就在学生们紧张集会的同时，5月5日下午，14所中等学校校长在北大召开校长会议，讨论当日上午教育部向各校校长下达的将为首"闹事"的学生一律开除的命令。会议意见高度统一，一致反对政府主张，认为应释放被捕学生，如果政府不接纳此意见，全体教职员即一律罢职，也在所不惜。5月6日，北京和上海的工商业团体也致电北京政府和蔡元培，对学生运动表示钦佩和支持。同日，南方广州军政府出席上海和会的首席代表唐绍仪也致电总统徐世昌，支持北京学生。而北京政府出席和会的首席代表朱启钤也致电北京政府，报告上海公众的情绪，敦促

宽大处理参加示威的被捕学生。两人还同时致
电巴黎和会中国代表团要求坚持归还青岛。不
可否认，公众对学生运动的支持也为政党利用
而成为攻击对方的工具。当时在上海的孙中山
当即对学生运动表示支持，他还与其他六位广
州军政府总裁致电北京政府，"以此防民，民不
畏死也"，"宜为平情处置，庶服天下之人心"。
而北洋军阀吴佩孚、湖南督军张敬尧、江西督
军陈光远等也要求北京政府解除曹、陆、章的
职务，并坚持归还青岛。就连参与1917年复辟
帝制的康有为也公开赞扬五四运动"诚自宋大
学生陈东、欧阳澈以来，稀有之盛举也。试问
四万万人对于学生此举，有不称快乎"，还说"自
有民国，八年以来，未见真民意、真民权，有
之自学生此举始耳"。不难想象，巴黎和会山东
问题的失败和北京政府亲日派的卖国行径，是
全国各类组织团体支持学生运动的政治和道义
基础。尽管他们的长远目标不尽相同，但在共
同抵抗侵略和打压政府亲日派卖国的行动上取
得了暂时的高度的一致，并以最快的速度结成
了强力联盟。

　　在强大的舆论压力之下，又面临国耻
"五七"纪念日，一些国会议员也担心"若必
将逮捕少数学生，按寻常违法治罪，则恐惹起
绝大风潮而后患将不堪设想"；"原情宽宥以息
乱端"，"为息事宁人计，必有适当措置，然后

孙中山对五四运动深表支持。这是
1919年7月孙中山致电广东政府，
要求立即释放因参加爱国反帝运动
被捕的工、学界代表。

孙中山（1866—1925年）

广东香山县（今中山市）人，中
国近代民族民主主义革命的开
拓者，中国民主革命伟大先行
者，中华民国和中国国民党的
缔造者，创立《五权宪法》。
他首举彻底反帝反封建的旗帜，
"起共和而终两千年封建帝制"，
推动了中国社会的发展。

可以弥患于无形"。有报道说，警察总监吴炳湘还曾面告徐世昌，要求"必须将学生释放。若是总统一定不放，北京的秩序如果紊乱，我可不负责任，并且我即刻辞职，请总统再另简贤能。随着又把学生如何筹划，商界如何愤激，一般公民如何激烈，在野诸政客如何不平，一样一样的说个不了。老徐一听知道要真下命令（即送法庭惩办学生），恐怕闯出别项乱子来，所以不顾曹、章的面子，当时也就答应吴氏的建议了"。[1]

与此同时，抗议电报如雪花般飞向北京政府和巴黎和会中国代表团，在内外压力之下，北京政府放弃了以法律严惩学生的意图。6日晚，吴炳湘向蔡元培等提出释放被捕学生的两个条件：一是明日（7日）不许学生参加群众大会；二是各校在明日一律复课。蔡元培等完全答应了这两个条件。

7日上午，学生复课。同日上午，各校遭逮捕的学生获保释返校。但当人们去迎接的时候，被捕学生却认为："我学生多拘一天，则国民多一次刺激，甚至我三十二人被杀，其刺激甚大，坚不肯出。"后来，"经同学再三劝慰，始各返校"，受到热烈欢迎。蔡元培和北京大学的全体学生，在汉花园文科新校舍（即红楼）前迎接北大被捕同学。

孙伏园目击了当时情景，他回忆说："汉花园红楼北面的广场里放了五张方桌，北京大学全体学生都在广场上等候着被捕同学的归来。不知道从什么地方借来了三辆小汽车，每辆都装满了人，我在红楼门外远远望见三辆小汽车出沙滩来了，即刻回到广场上的同学队伍中，三辆车里面的被捕同学大约十二人至十四人，全体站立桌上和同学见面。情绪紧张万分。因为太紧张了，被捕同学没有一人说话，在校同学也没有一人说话。当时大家只是热泪交流。"

北京高师同学回校的情景，当时被捕的陈荩民1979年回忆说："我们北京高师被捕的学生共有八人，5月7日由警察厅派两辆车子送我们回校。刚到校门口，就被欢迎的同学和邻近的居民围住。我们一下车，就给戴上大红花，把我们一个个抬起来，高高举起，并为我们拍摄了两张照片（这两张照片，我一直珍藏到现在）。群众的爱国热情倾注在我们被捕获释者的身上。我们能获释返校，这是群众的力量，这是全国人民的胜利，使我受到深刻的教育，

---

[1] 上海《民国日报》1919年5月10日。

陈荩民（1895—1981 年）　　　杨明轩（1891—1967 年）　　　初大告（1898—1987 年）

终生难忘。"陈荩民原名陈宏勋，获释返校后高师校长陈宝泉把他叫到校长办公室对他说，为了避免再次被传讯或逮捕，就把他的名字改为"荩民"，这个名字的意思是忠于国家忠于人民，此后这个名字伴他终生。

　　显然，北京政府当局选择 5 月 7 日国耻纪念日释放被捕学生，是一个善意的信号，希望籍此结束与学生之间的冲突，缓和公众的情绪。因为他们知道许多群众集会和示威游行将在这一天举行。

　　尽管学生赢得了与政府的第一场战斗的胜利，但他们最初和最终的目标并没有实现。因此，北京学生罢课尽管宣布结束，但北京和其他各大城市的学生运动仍在继续，而且有扩大的趋势。

　　5 月 4 日之后，北京政府实际上立即采取了强力措施，总统还颁布整纪训令，命令警察总监切实防止以后民众各种集会和游行示威，"倘有借名纠众，扰乱秩序，不服弹压者，著即逮捕惩办，勿稍疏驰"，阻止和干涉公众的爱国活动。5 月 7 日，政府当局在释放被捕学生的同时，关闭了中央公园。国民外交协会原定于这一天在中央公园召开的国民大会也被迫流产——天安门左右两三里间的交通断绝了，2000 多名警察、成百上千的马队、步兵布满在南至中华门、东西至三座门的区域内。四周汇集来开会的群众都被驱散了。《每周

1919年5月7日，北京高师师生热烈欢迎5月4日被捕八勇士返校。被举起的八人自左至右：
唐英国、赵允刚、薛荣周、初大告、向大光、杨明轩、王德润、陈荩民。

中華民國八年五月四日北京學界遊行大會

1919
5.4
SCENE
TRUTH
五四运动画传
历 史 的 现 场 和 真 相

北京大学欢迎被捕学生返校

北京各界欢迎被捕学生返校，
警方还提供了专门车辆。

部分被捕学生合影

北京各界欢迎被捕学生返校

北京山东学会欢迎获释同学归来

评论》报道："在道旁和中央公园门前——十点钟以前集合——的人，还能集合演说，不久便为马队冲散。有的往先农坛，有的往商会，又都被军警解散。有的往国民外交协会，这里的会虽开成功，也因地方太小，人数太少，没有什么结果。"

国民大会虽然没有开成，但人们的爱国热情却一点没有冷却。

5月7日晚，北京高师的学生发起建立各界联合抵制日货组织。陈荩民回忆说："返校的当天晚上，我们高师学生会评议部就召集评议员开会。参加开会的评议员除我外，回忆出来的还有董鲁安（于力）、熊梦飞和匡互生三人。在这次会上，建议组织成立北京各界抵制日货联合委员会，我被选派为高师代表去参加这个会。后来，我被推选为全国各界抵制日货联合会主席，委员会内还有北大代表李光宇及女高师代表朱光玉。委员会向全国各界宣传抵制日货，即：不买日本货，不用日本货，不卖日本货。并动员中学生制作一些家常日用品，如手巾、儿童衣帽等等代替日本货，送往商店销售。全国各界都支持这个运动……"远在西北郊的清华大学学生5月7日未能进城开会，5月9日就在校体育馆举行"国耻纪念会"，决议通电巴黎和会中国代表，要求拒绝签字。全体同学庄严宣誓："口血未干，丹诚难泯，言犹在耳，忠岂忘心。中华民国八年五月九日，清华学校学生，从今以后，愿牺牲生命以保护中华民国人民、土地、主权，此誓。"会后，同学们当即在大操场上焚烧了校内的日货。此间，北京中等以上学校学生联合会积极组织抵制日货活动，把学校所存的日货拿出来在先农坛当众焚毁。

北京学生运动如星火燎原，影响波及全国，天津、上海、南京、武汉等各大城市的学生运动也日益高涨，他们纷纷仿效北京学生运动的模式，成立学生自治组织，组织示威游行，抗议外交亲日卖国政策、巴黎和会有关山东问题的决议及对学生的逮捕，并广泛发起抵制日货运动。在全国，学生运动活跃的还有江苏的苏州、无锡、常州、镇江、扬州、南通，浙江的杭州、嘉兴、湖州，安徽的安庆，湖南的长沙，山西的太原，广东的广州，以及陕西、福建、广西、四川等省。此外，在欧洲和日本的中国留学生也举行了游行、集会和示威活动，与国内的学生运动遥相呼应。

因为学生运动一直没有停止反对政府亲日政策的活动，总统徐世昌在5月

为纪念声势浩大的抵制日货
运动，由学生代表提议，安
徽省政府批准，改商家云集
的四牌楼西街为国货街，专
售国货。

扬州市民在焚烧日货

这支学生游行队伍，头戴白帽，既表悲
痛之愤，又示雪耻之义。

苏联工人游行集会声援中国

8日再次颁布训令，指责学生"干涉政治"，说："学校之设，所以培养人才，
为国家异日之用。在校各生，方在青年，质性未定，自当专心学业，岂宜干
涉政治，扰及公安……所有当场逮捕滋事人，既由该厅送交法庭，宜即由法
庭依法办理。至京师为首善之区，各校学风，亟应力求整饬。看该部查明此
次滋事确情，呈候核办；并随时认真督察，切实辅导，务使各率训戒，免为
成材，毋负国家作育英髦之意。"同时，徐世昌总统还在其他训令中不接受曹

清华大学举行国耻纪念大会，焚烧日货

汝霖和陆宗舆的辞呈，甚至盛赞"曹汝霖体国公诚"，"陆宗舆有裨大局"。

总统的训令自然无法让公众接受，他们依然错误地"把革命的发生归咎于少数煽动者的恶意"（马克思语），而忽视了爱国主义这个巨大的社会要求和民族情感，把事件的大部分责任归咎于新文化运动的领导者和全体学生，教育部作为学校直接领导机构也罪责难逃。而作为新文化运动中心的北京大学，更是军阀和官僚痛恨的对象。因为北大文科学长陈独秀已经被他们轰下台，蔡元培自然就成了他们的眼中钉，"于是北京学生一万五千人所为之事，乃加罪于北大之一校，北大一校之罪加之于蔡校长之一身"[1]。

5月4日晚，在内阁总理钱能训家召开的会议上，教育总长傅增湘曾为蔡元培解释，立即遭到钱的责问："汝谓蔡鹤卿校长地位不能动摇，假若蔡死则何如？"傅于第二天便提出辞呈。这个消息第一时间被报纸纷纷登载。于是，有关曹汝霖、章宗祥行将报复之说四起，有的说他们"一方面以三百万金购人刺蔡，一方面派人焚北大校舍，杀北大学生"。有的人还说徐树铮已经调来军队，在景山上架起了大炮，准备轰击北京大学。这些传说，虽然不真实可信，有的甚至是谣言，但却符合当时人们对事件发展的逻辑思维，不仅仅是空穴来风。更何况在许多传说中，政府当局内定撤销蔡元培校长职务确实是事实，且"某派即提出马其昶为北京大学校长，已得当局同意"。

5月8日晚上11点，蔡元培闻悉他将被解职的消息后，便在第二天早晨五点半秘密离京，前往天津，后来经上海到达杭州。临行前，蔡元培留下两份辞呈，一份致总统，一份致教育总长。辞呈说："元培滥膺校席以来，不称厥职，久图引退。此次大学校学生，因爱国之故，激而为骚扰之举动，元培实尸其咎。唯因当场学生被拘，不能归罪于少数，未即引咎。目下学生业经保释，各校亦已一律上课，元培不敢尸位，谨请辞职以避贤路。"对此，蔡元培后来在《我在北京大学的经历》中解释说："被拘的虽已保释，而学生尚抱再接再厉的决心，

---

[1] 蔡晓舟、杨景工编：《五四》，《五四爱国运动》上册，中国社会科学出版社1979年版，第460页。

1919 年 5 月 10 日出版的《北京大学日刊》发表了蔡元培出走的启事。

政府亦且持不做不休的态度。都中喧传政府将明令免我职而以马其昶君任北大校长，我恐若因此增加学生对于政府的纠纷，我个人且将有运动学生保持地位的嫌疑，不可以不速去。"

在如此境遇之下辞职，对蔡元培来说确实是一个上策。但他在辞呈之外还留下了一个简短的启事，却给他的秘密出走留下了一个更令人难以捉摸的谜。启事曰——

> 吾倦矣！"杀君马者路旁儿"，"民亦劳止，迄可小休"。我欲少休矣！北京大学校长之职已正式辞去，其他向有关系之各学校各集会，自五月九日起，一切脱离关系。特此声明，惟知我者凉之。

这份启事，立即被北大学生以油印传单的形式，在北京学生界中广为散发。"杀君马者路旁儿"和"民亦劳止，迄可小休"的典故，含义实在难以清楚，各种解释盛传一时。5 月 10 日，北大文科的一位教授向学生指出了典故的出处和含义："《风俗通》曰，杀君马者路旁儿也。言长吏养马肥而希出，路旁小儿观之，却惊致死。按长吏马肥，观者快之，乘者喜其言，驰驱不已，至于死。"一年后，蔡元培解释自己引《风俗通义逸文》典故，"但取积劳致死一义，别无他意"，引《诗经·民劳》两句，也只是"但取劳则可休一义"。

北大学生一面上书教育部并面见教育总长，要求明令挽留蔡元培并立即采取措施；一面向全国各界发出通电，要求支援。他们在通电中说：

"北京大学校长蔡元培因受外界胁迫辞职他去，请一致挽留。""北京大学校长蔡元培先生辞职离京，群情惶惑，恐酿大变，务乞各界重察。"北大的教师们和学生站在一起。马叙伦、马寅初、李大钊、康宝忠、徐宝璜、王星拱、沈士远等代表教职员面见教育总长傅增湘，要求政府挽留蔡元培。傅答复得比较明确，但表示不能代表总统、总理。于是，北大教职员代表大会作出了"如蔡不留，即一致总辞职"的决议。其他学校学生也纷纷召集代表会议，讨论与政府斗争的办法。除教育界外，北京的许多社会团体也积极进行声援。

因为简短启事在北大的不同解读和盛传，令秘密出走的蔡元培深感不安，为消除北大师生的误解，他在出走的第二天（即5月10日）又致信北大同学——

北京大学同学诸君鉴：

仆深信诸君，本月四日之举，纯出于爱国之热诚。仆亦国民之一，岂有不满于诸君之理？惟在校言校，为国立大学校长者，当然引咎辞职。仆所以不于五日即提出辞呈者，以有少数学生被拘警署，不得不立于校长之地位以为之尽力也。今幸承教育总长、警察总监之主持，及他校长之援助，被拘诸生，均经保释，仆所能尽之责，止于此矣。如不辞职，更待何时？至一面提出辞呈，一面出京，且不以行踪告人者，所以避挽留之虚套，而促继任者之早于发表，无他意也。北京大学之教授会，已有成效，教务处亦已组成，校长一人之去留，决无妨于校务。惟恐诸君或不见谅，以为仆之去职，有不满意于诸君之意，故特在途中，急促书此，以求谅于诸君。

十日　蔡元培启

蔡元培为什么要秘密离京？1919年5月17日天津《益世报》曾报道蔡和友人的谈话，从中可以解开其出走之谜。报道说："蔡孑民南下登车时，遇一天津友人，询以辞职何以如此坚决？蔡曰：八日午后，有一平日甚有交谊而与政府接近之人又致一警告谓：君何以尚不出京？岂不闻焚烧大学、暗杀校长等消息乎？我曰:诚闻之，然我以为此等不过反对党恫吓之词，可置不理也。其人曰：不然，君不去，将大不利于学生。在政府方面，以为君一去，则学生实无能为，故此时以去君为第一义。君不闻此案已送检察厅，明日即传讯乎？彼等决定，如君不去，则将严办此等学生，以陷君于极痛心之境，终不能不去。如君早去，则彼等料学生当无能为，将表示宽大之意敷衍之，或者不复追究也。我闻此语大有理。好在辞呈早已预备，故即于是晚分头送去，而明晨速即离校，以保全此等无辜之学生。"蔡元培的辞职和出走，如同火上浇油，更激起了学生们的愤怒，认为这是专制政府对学生爱国运动的公开挑衅。而不论政治观点和革命阵营的不同，蔡元培在教育界的名声和道德及其无与伦比的精神地位，都是首都教育界和广大师生们的榜样。随后，北京高师校长陈宝泉、工专校长洪镕、农专校长余邦正、医专校长汤尔和等中等以上学校校长也仿效蔡元培，向政府提出辞呈。

而就在蔡元培出走的当天，教育部又下令限制学生的活动，而一些议员则提出要起诉曹汝霖。更令师生气愤的是，政府竟然决定审判32名被保释的学生。5月10日，32名学生受到了北京地方法院的传讯。在法庭上，他们断然拒绝对火烧赵家楼事件负责，并坚决否认他们的爱国行动得到了任何政治势力的指使和支持。他们在法庭上宣称"这是完全出自良心的自由行动"，并拒绝填写无罪抗辩书，因为他们认为自己的行动根本不是犯罪。事后，他们集体向法院递交了书面声明——

曹章等卖国，罪不容诛。凡有血气，罔不切齿。五月四日之事，乃为数千学生，万余商民之爱国天良所激发。论原因不得谓之犯罪，则结果安有所谓嫌疑。且使我国果有法律之可言，则凡居检查之职者，应当官而行，不畏强御，检查曹章等卖国各款，按照刑律一百零八条、一百零九条之罪，代表国家提起公诉，始足以服人心。乃曹章等卖国之罪，畏而不检举，而偏出传票传讯学生，不平者一。学生等三十二人，并无一人系当场捕获者。即非当场捕获，亦不过数千人中分子之一耳。钧厅传讯，加以"嫌疑"二字，果有嫌疑耶，亦应数千

人同时讯问，何单传生等？不平者二。公
民团捣毁议会，殴打议员，被逮捕者百余
人，释放之后，未闻依法办理。5月4日之事，
痛外交之失败，愤卖国之奸人，悲愤所激，
不能自已，非公民团所比拟，而钧厅公然传
讯。不平者三。以上三大不平，所谓"法律"
二字者，宁复有丝毫价值之可言！然五月
九日学生等奉到钧厅传票，十日即齐集候
审者，岂甘受此不平之审讯哉？盖一以卸
校长保释出署之责任，一以避抗传不到之
恶名。此两种原因，在钧厅传讯时，学生
等已首先声明在案矣。今各校长已联翩辞
职，同学又自行检举，情事变迁，两种原
因，已不存在。特提出声明，如钧厅认为
有再讯之必要，嗣后不论其为传票为拘票，
请合传十六校学生。德珩等亦当尾同到厅，
静候讯问，决不能单独再受非法之提传也。
再此呈已于五月十五日上午十时呈递钧厅，
奉喻以不合方式，不能受理，改用刑事辩诉
状，见示。学生等查刑事辩诉，系刑事被
告人所用，不敢从命。理合状明。谨呈。[1]

当然，从法律的意义上不能断然否认政府在法

1919 年 5 月 9 日，上海各界罢
市罢课的通告

傅增湘（1872—1949 年）

四川宜宾人，中国近代著名藏书
家。1917 年 12 月至五四运动前，
任教育总长。

[1] [美]周策纵：《五四运动：现代中国的思想革命》，周子平等译，江苏
人民出版社1999年版，第141—142页。

庭上能找到理由和根据来审判32名被捕学生。但从当时的历史现场来看，现实中的社会、政治、道德尤其是民族情感和国家荣誉，比法律更令中国人感动和接受。而北京政府当局与日本的秘密条约本身的合法性也是一个问题。因此，在南北没有统一的中国，不受欢迎的北京政府运用法律手段对付学生，很难得到大多数公众的支持。当爱国学生威胁要集体自首并走进监狱的时候，政府当局通过法院控告学生的企图以失败告终。

但政府当局至此仍然没有放弃它从一开始就错误使用的强力办法，对学生运动进一步压制，5月11日又逮捕了清华大学在街头演讲的两名学生。同日，"北京中等以上学校教职员联合会"正式成立，这标志着新文化运动中互相对立的新旧知识分子在爱国运动中结成了统一战线。12日，各校学生和教职员代表在北京大学召开联席会议，商讨继续斗争的办法，学生们主张立即全体罢课。至此，教师也紧跟学生一起投入轰轰烈烈的爱国运动之中。由于对政府行为和局势的失望，教育总长傅增湘继蔡元培之后，于当晚潜往北京西山躲避，坚意请辞，由次长袁希涛代理。

面临社会压力，徐世昌不得不于5月14日以大总统名义下达了慰留蔡元培的命令。随后袁希涛和其他中等学校校长也致信蔡元培，请蔡复职。结果因为政府缺乏诚意，蔡元培借口"卧病故乡，未能北上"。

就在5月14日这一天，政府当局还下达了两项特别训令，"遇到纠众滋事不服弹压者，仍遵照前令，依法逮惩"，以军事力量镇压学生运动，禁止学生干涉政治。因不满政府的政策，新知识分子和青年学生非常愤慨，期间清华学校高等专科的一名叫徐曰哲的学生在街头讲演时劳累猝死，还有一名前京师大学堂的校友周瑞奇悲剧性地自杀身亡。[1]

尤其值得称道的是，就在北京政府当局采取高压政策的同时，学生运动的领袖依然保持着清醒。尽管5月12日在教职员和学生代表联席会议上作出

---

[1] 周瑞奇是投水自尽的，死后人们从他的口袋里发现一封遗书，表明了他对中国时局的悲观看法："中国有如此严重的内忧外患，不久也许要亡国了。谁人能知山东问题将如何解决，南北和平将于何时实现。大家徒然旁观，学生们空举双手，毫无私心，隐讳与其他外在的企图，冒着生命危险来救国家，这多么可遗憾！我认清了我现在是正在见证一个民族的危亡和人民的受奴役，我决定宁愿作自由鬼而不愿作活奴隶。同胞们！为你们的国家而勇敢奋斗吧！我结束了我的生命。"

了总罢课的决定，但鉴于当时的形势，罢课或许难以达到预期目的，因此决定总罢课的时间推迟。

5月16日，安福系政客在太平湖安福俱乐部总部召开会议，在讨论教育总长人选时，"有人报告由该党首领与政府交涉之结果，已提出该派重要人物田应璜，众皆欣然喜其势力从此复伸于教育界，当时并有人大呼云：自有会议以来无如今日之痛快者。田应璜长教育既决定，复决以黄云鹏或吴文瀚为次长，于是教育部之各司长及其所辖之各校校长皆有所拟议。且有北大教员胡钧者，湖北某县人，新国会开幕之始即卖身于某派，当五四事件发生后，乃首趋曹章之前慰问，并痛詈学生之无礼。北大学生闻之，力绘极秽亵之讽刺画张贴各宿舍中，见者莫不指其善蛣之长舌以为笑，至是某派直欲以此人继蔡任接办北大。"[1]

5月17日，北京18所中等以上学校在得知亲军阀政客田应璜将出任教育总长和安福系主导的政府将对各教育团体严加管束的消息后，立即连续两天召集了学联紧急会议，决定于5月19日举行全体罢课。

这个时候，新文化运动的领导人陈独秀、李大钊也紧紧地和爱国学生们一起，站在斗争的最前沿，为爱国运动擂鼓助威。他们以《每周评论》为阵地，以文字作为匕首、投枪和炸弹，为学生运动释疑解惑，指引方向，开辟道路。在5月18日出版的《每周评论》第二十二号上，李大钊发表了《秘密外交与强盗世界》，高举民主和科学的大旗，一针见血地指出帝国主义的虚伪，代表中国知识分子发出了心声——"改造强盗世界，不认秘密外交，实行民族自决。"他说——

我们历来对外的信条，总是"以夷制夷"；对内的信条，总是"依重特殊势力"。这都是根本的大错。不知道有几多耻辱、哀痛、失败、

---

[1]《五四爱国运动》上册，中国社会科学出版社1979年版，第463—464页。

伤心的陈迹，在这两句话里包藏。而从他一方面，又把民族的弱点、惰性、狡诈、卑鄙，都从这两句话里暴露出来。这回青岛问题，发生在群"夷"相争，一"夷"得手的时候。当时我们若是不甘屈辱，和他反抗，就作了比利时，也不过一时受些苦痛有些牺牲，到了今日，或者能得点正义人道的援助。那时既低声下气，今日却希望旁人援手，要知这种没骨头没志气的人，就是正义人道昌明的时代，不能自助的人，也不能受人的帮助，况在强盗世界的里面，更应该受点罪孽。我们还在这里天天做梦，希望他人帮助。这种丧失自立性的耻辱，比丧失土地山河的耻辱，更要沉痛万倍！

大家都骂曹、章、陆这一班人为卖国贼，恨他们入骨髓，都说政府送掉山东，是我们莫大的耻辱，这抱侵略主义的日本人，是我们莫大的仇敌。我却以为世界上的事，不是那样简单的。这作恶的人，不仅是曹、章、陆一班人，现在的世界仍然是强盗世界啊！日本人要我们的山东，政府答应送给他，都还不算我们顶大的耻辱。我们还是没有自立性，没有自决的胆子，仍然希望共同管理，在那"以夷制夷"四个大字下讨一种偷安苟且的生活，这真是民族的莫大耻辱啊！日本所以还能拿他那侵略主义在世界上横行的原故，全因为现在的世界，还是强盗世界。那么不止夺取山东的是我们的仇敌，这强盗世界中的一切强盗团体、秘密外交这一类的一切强盗行为，都是我们的仇敌啊！我们若是没有民族自决、世界改造的精神，把这强盗世界推翻，单是打死几个人，开几个公民大会，也还是没有效果。我们的三大信誓是：

改造强盗世界，

不认秘密外交，

实行民族自决。

5月18日，北京各校5000多学生在北大法科礼堂召开了郭钦光的追悼大会。郭是广东文昌县人，在广州初级师范读书时就积极参加反对"二十一条"的斗争，曾"与同志开国耻会于东园。登坛演说，至于呕血"。1916年夏毕业后于1917年就读北京大学预科。5月4日游行时，他"奋袂先行，见当局下逮捕学生之令，愤然大痛，呕血盈斗。至法国医院，已有不起之势"。临危之际，他卧床叹息："国家濒危，政府犹以狮子搏兔之力，以压一线垂尽之民气；日政府待我留学诸君之事，不图乃见于生斯长斯之祖国，事可知矣。"5月7日，赍志而殁，年仅24岁。郭钦光是五四运动中死去的第一位爱国学生，也是新民主主义革命斗争中牺牲的第一人。因此，这天的追悼大会格外隆重，北京各界送来的挽联达3000余幅。在他的遗像两旁悬挂着"力争青岛，死重泰山"八个大字。到会的还有北京女子师范、汇文、协和等女校的代表。大会上，北大学生代表、留日学生总会代表、长辛店十人团代表和妇女代表都发表了演说。许德珩第一个发表演说，他说："今日追悼郭君，实无异追悼我们自己。因郭君未了之事业，全凭我们继行其志，做到他现在的地位，方肯罢休。"最后发表演说的是一位不知姓名的妇女代表，她在"演说之际，放声大哭。叩其姓名，不答。"演说完毕，一位姓成的同学将其所戴的最新式东洋草帽当众扯碎，以示抵制日货之决心，"于是纷纷掷帽坛前者，约数百人。群众大呼中华民国万岁"[1]。

郭钦光的追悼大会，实际上是5月19日北京学校总罢课的动员誓师大会。在以"北京学生联合会全体学生"名义发给"各省省议会、教育会、商会、农会、工会、各学校、各公团、各报馆"的《罢课宣言》中，学生们充满感情地宣布——

怕作安重根，万死不甘亡国泪
愿追陈太学，千秋共矢摘肝心
——北京聂中丞公学挽郭钦光联

洒志士热血，为洗河山干净土
树国魂正气，常留天地姓名香
——天津追悼郭钦光挽联

[1]《五四爱国运动》下册，中国社会科学出版社1979年版，第256页。彭明：《五四运动史》，人民出版社1984年版，第306页。

1919
5.4
SCENE
TRUTH
五四运动画传
历史的现场和真相

1919 年 5 月 31 日，上海学生为郭钦光举行追悼大会。

各省省议会、教育会、商会、农会、工会、各学校、各公团、各报馆钧鉴：

外争国权，内除国贼，五四运动之后，学生等以此呼吁我政府，而号召我国民，盖亦数矣，而未尝有纤微之效，又增其咎。夫青岛问题，学生等争集之焦点，今议已决矣，事濒败矣，卒未见政府有决心不签字之表示，而又破裂南北和议以资敌，学生等之失望一也。曹汝霖、章宗祥、陆宗舆，国人皆曰可杀，乃政府不惟置舆论之掊击于不顾，而于其要挟求去反宠令慰留之，表彰其功德以与教育总长傅公之免职相况，外间复盛传教育全局举将翻动之说，国是前途何堪设想，学生等之失望二也。五月十四日两令：一则以军威警备学生，防公众集合；一则禁学生干政，凡公忠爱国之天良，一切不容表见，留日学生以国事被拘，政府则置诸不理，学生等之失望三也。学生等之为学，恃有此方寸之地耳，今一朝而三失望，方寸乱矣。谨于五月十九日一律罢课，至三失望之回复为止。至罢课期内仍本我寒电宣言之大纲，始终无悖，一则组成北京护鲁学生义勇队，以备我国家不时之需；再则推行各校平民教育讲演团，使国人皆知以国家为重；三则由各校自组十人团维持秩序以纾我国家内顾之忧；四则以暇时潜心经济，俾勿负我国家树人之意。学生等深受教育，修养有素，凡所作为皆循我智仁勇之国风，决不致逸轨道而遗我国史之羞也。学生等一任良能，行我良知，知我罪我，今非所计，惟付诸百世后之公评而已。

北京学生联合会全体学生叩

5月19日，北京18所中等以上学校2.5万名学生拒绝上课，总罢课实现。第二天，全市所有中学学生也参加了罢课。同日，学生再次上书总统徐世昌——

呈为暂行停课，亟谋救国，谨陈缘由，请准谅察事：外交失败，国是凌夷，凡有人心，罔不兴起。五月四日以来，学生等本外争国权，内除国贼之义，呼吁于我大总统之前，已觉瘏口哓音，精疲力竭。而于事未济，反招怨尤。学生等多方思维，不解者有六。中心如焚，无意为学，乃不得不暂时停课，陈其崖略，而有所请求，惟我大总统赐察焉。学生等之惟日不息，为奔走呼号者，为青岛与山东之宗主权而已。今青岛问题已决，而政府尚无决心不签字之表示。此不解者一也。曹汝霖、章宗祥、陆宗舆等素以亲日相号召，阴卖国以媚外，以攘权，积累巨资，逆迹显著。乃舆论不足以除奸，法律不足以惩罪。五四运动，实国民之义愤所趋，而曹陆等犹饰词狡辩，要挟求去；明令则反殷勤慰留之。此不解者二也。教育总长傅公，大学校长蔡公，学问道德，中外推重，近来教育界发皇振劝之气，皆属二公之赐。而傅公则无端免职，蔡公则被迫远引，以致各校校长联翩辞职；日内复盛传政府将以品卑学陋之田应璜继傅公之后。似此摧残教育，国家之元气以伤。此不解者三也。集会言论之自由，载在约法。值兹外交紧急之际，尤赖学子提倡，纾其怀抱，唤醒国民，振励民气。乃十四日明令，视学生如土匪，防学生如大敌，集会言论之自由剥夺净尽。学生等痛心国敝，将欲无为，则违匹夫有责之义；将欲有为，又犯纠众滋事之禁。此不解者四也。五月七日，为我国耻纪念日。我留日学生，于是日游街纪念，实为我民族精神之表现。在日人痛恨疾恶，固无足问。独怪我驻日代公使，竟于是日招致优伶，酣歌宴乐；更招日兵保卫使馆，蹂躏学生。置国耻于不顾，视国人如仇雠，丧心病狂，莫为此甚。政府不立免该代使之职；而于日人擅拘我学生，又不容我学生之吁请，以向日政府抗议。此不解者五也。南北和议，为全国国民所殷望，尤为我大总统酷爱和平之初意所坚持。而近日政府许议和代表辞职，竟有任其决裂之象。随兹外患方迫，岂宜再起内讧。此不解者六也。学生等身在学校，本不应谋出其位。而此六不解交萦于中，实有不能安心受课者。谨于五月十九日起，暂行停课，藉图挽救。伏望大总统本全国人之公意，对于青岛问题，出不签字之决心，以固

北京学生集会

国土；惩办曹汝霖、章宗祥、陆宗舆等，以除国贼；力挽傅蔡诸公回职，打消以田应璜长教育之议，以维教育；彻废警备学生明令，以重人权；向日政府严重抗议，释被拘学生，重惩日警，以重国权；恢复南北和议，速谋国内统一，以期一致对外。我大总统以国人之心为心，当能鉴此愚忱，俯允所请。俾学生等，彻心了解，早日上课。是则不惟学生之幸，抑亦国家之福也。迫切陈词，不知所云。谨呈。[1]

学生在呈总统的信中提出了六项要求：（一）欧会不得签字；（二）惩办卖国贼曹、章、陆；（三）挽回蔡、傅，打消田长教育之议；（四）撤销警备命令，以重人权；（五）严重抗议日本政府，释放被拘留日学生，以重国权；（六）恢复南北和议（该和会于5月15日中断），速谋国内统一。这六条要求，经教职员联合会代表和政府磋商后，国务总理钱能训的答复未能使学生满意，继续罢课。22日下午3点，教育次长袁希涛亲赴北京大学召集专门以上各校长开会，企图再向学生疏通，但官立学校校长无一到会。下午3点半，袁

[1]《近代史料》之《五四爱国运动资料》，科学出版社1959年版，第195页。

与私立各校校长及警备司令部某处长共同到学生联合会，再度规劝学生复课，但"学生仍坚持非惩办卖国贼之目的达到，决不上课"。在罢课的同时，学生们还不顾警察的干扰，连续大规模地组织讲演团到全市的各个角落进行演讲，即著名的"十人团"。讲题有《青岛问题》《痛史》《团体》《国民自决》《中国现在的形势是怎么样》《国民现时应持之态度》《国民快醒》等，直接配合当前的斗争。参与演讲的人数由19日的三四百人，增至20日的六七百人、21日的一千多人。他们广泛散发用白话文写的传单、标语和报纸，鼓动爱国运动，抵制日货，提倡国货。他们还发行日刊《五七》《五四》两种。因经费和警察干预，《五七》日刊仅出版三期。学生们自发组织了"护鲁义勇队"，经常操练，学习枪法、战术，并聘有教官讲授军事学。

北京学生总罢课的行动很快影响了全国其他重要城市。5月19日，北京一些学生代表秘密潜行天津、南京、上海等主要城市，串联组织统一罢课行动。5月下旬，罢课迅速在全国各大重要城市展开，尤其是以上海、天津、武汉等城市为代表的学生罢课行动，与北京息息相通心心相印，可谓开创了中国学生运动历史的光辉篇章。

以反对亲日卖国政策为发端的学生运动，从一开始就受到中外反动派的破坏。尤其是日本帝国主义公开出面干涉，要求北京政府取缔学生的"排日"运动。日本驻华公使小幡酉吉分别在5月18日、20日、21日连续三次向北京政府当局提出抗议，要求镇压学生运动。而北京竟然出现了日本驻华士兵持枪示威事件——日军一个排的士兵持枪游行示威于中南海总统府门前，而中国守门之陆军不仅不制止反而向其行礼，日军则"傲然不顾"骄横而过。当年中南海总统府大门前有东西两门，一般行人不能通过，曾贴有"车马行人，不准经过"的告示。如今出现此等咄咄怪事，是丧权辱国之大事，可见北京政府当局之媚外嘴脸。同时，日本军舰也开始在天津、上海、南京、杭州和其他城市的港口进行集结和调动，以期恫吓。

小幡酉吉在5月21日的照会中说："近来北京方面散布'胶州亡矣！山东

天津的游行队伍　　　　　　　　北京学生在街头演讲

亡矣！'等传单，传之于各省各处，实行煽动，排斥日货。此种传单及其他之檄文、宣言等，不能不认为故意曲解、谗诬中伤之行动，本使殊难默视。"还警告说："而贵国政府，对于此等荒唐无稽（稽）之无政府的主张，阻害友邦国交、挑拨两国国民恶感之盲动，并不加以何等之取缔，本使甚为遗憾。若放任此等风潮，不仅酿成贵国内政上意外之扰乱，且引起两国国家上重大之交涉，深堪忧虑。兹特照请贵国政府，于此时深加考量，速筹适当之处置，是为至盼。"对于日本公使蛮横无理的照会，陈独秀在6月1日出版的《每周评论》上公开指出："有一班好说直话的人，以为小幡公使的照会，不是对等国的口气，简直是中央政府对于地方长官申饬的命令，未免太不客气了。"

在日本外交和军事武力的威慑下，北京政府企图用武力镇压学生运动。他们曾试图撤换警察总监吴炳湘，但遭到北京商会的反对。之后在5月21日撤换了步兵统领李长泰，由王怀庆接任。两天后的5月23日，他们又查禁了北京学联的报纸《五七》日刊以及其他无政府主义和社会主义的秘密刊物，如《救国》《进化》《工人宝鉴》《太平》《民声》等，还有《益世报》《晨报》《京报》等11家支持学生的报馆被查封。《每周评论》6月8日报道说："自《五七》日刊封禁之后，公园市场里边，就没有卖东西的学生。过了两天，又有许多学生，手拿布袋，有的写'国货'两个字，有的写'提倡国货'四个字。每到茶桌前面，先向游人鞠躬，发一种极和蔼的话，劝人买货。所卖的货物，不外牙粉、肥皂、手巾、香水、纸烟类，也有卖《国民》杂志和《国体与青年》的。游客之中，十个人总有八个人买的，照他们说，卖出去的钱专做学校联合会费用。"

5月23日，北京政府内务部训令北京警察厅取缔"排日风潮"，说："近闻京师地方排日风潮，愈演愈烈，竟有制成泥偶，指作日人，陈列道路，加以种种污辱。又各学校所组织之学生演说团游行街市，所有旗帜及宣言，有指日本为敌国，日人为敌人字样。似此昌言不讳指斥日本，不惟妨害国家友谊，亦且扰乱地方治安。且现闻安徽芜湖地方，并有击毁日人商店，殴打日人情事。万一京师地方亦遇有前项同一事实发生，殊非所以慎重邦交、维持治安之道。"于是，警察厅和警备司令部派出了大批军警，禁止学生集会和讲演。"24日，商学界联合会在北京大学开会，突来武装警察二百余名，包围该校，捕去学生六名。"

5月25日，教育部下令各校校长会同教职员于三日内"督率"学生一律上课。政府当局以大总统名义向全国下令严厉镇压爱国运动：一是用武力干涉学校的行政管理；二是解散学生组织；三是派遣警察到学校向个别学生施加压力，让他们签署复课的保证，拒绝签署者立即开除。北京学校的教职员立即向政府提出抗议，并威胁说，如果政府采取强硬手段，他们将集体辞职。学生对复课命令不予理睬，在5月28日即三日期满时，学生们在高师召集临时代表会，一致决议：凡罢课各校同学，自29日起，均将行李书籍等物收束齐整，专俟政府下解散令，即行全体出校，另谋救国。

在这种高度一致的强烈反对之下，政府表面上采取了稍微和缓的手段，暂时答应放弃武力干预，一是提前放假，二是举办文官高等考试及外交司法官员考试，企图以功名利禄分化和瓦解学生运动。当时报载："各校暗潮又起，数日以来，争持颇烈。北京农业、法政等校，本年暑假皆有一二班卒业，卒业人数约占各校三分之一，此中分子以切身利害关系，益以父兄师友之相诏，皆极端希望如期卒业，现在罢课风潮稳定，遂向各校长积极怂恿举行考试，于是遂与多数主张罢课者渐渐分携。"事实上，政府试图曲线寻求与学生妥协的努力确实取得了一定的成效，一部分学生因自身利益退出了运动，北京的学生运动暂时转入低潮。

以不容忍学生运动的亲日派为幕僚的北京政府,看到学生热情逐渐减退,就迫不及待地想把学生运动一棍子打死。6月1日,徐世昌以大总统名义接连下了两道荒谬的命令:一道命令说"曹汝霖迭任外交、财政,陆宗舆、章宗祥等先后任驻日公使,各能尽维持补救之力,案牍具在,无难复按",公开为曹、章、陆等卖国贼辩护;另一道命令指责学生危害公共秩序,要求学生即日复课,"联合会、义勇队等项名目,尤应切实查禁。纠众滋事,扰及公安者,仍依前令办理"。

一个是"卖国有功",一个是"爱国有罪"。北京政府当局的戒严令,让爱国学生瞠目结舌,愤怒莫名。

更难以想象的是戒严令公布的第二天即6月2日下午,7名在北京东安市场出售国货的学生遭到警备司令段芝贵和步军统领王怀庆的逮捕。这一下子更激怒了学生。北京学联当晚举行会议,决定举行更大规模的讲演团活动。6月3日上午,北京20多所学校900多名(亦有说2000多名)学生,每团约10至60人不等,有组织有秩序地抵达预定地点,挑起讲演团大旗,不再公开提抵制日货,而是展开爱国宣传,说服国民购买国货。他们还约定,万一讲演团中有一人被捕,剩下的人将全部一起去自首。

6月3日,军警的马队在首都的大街上横冲直撞,仅上午就逮捕学生148人,午后又增加到400人。这使得北京的监狱人满为患,政府不得不把北大法科校舍作为临时监狱,并在正门贴上"第一学生拘留所"招牌。北京学联致电上海新闻界说——

今日学生游行讲演,各校之出发者九百余人,被捕者一百七十八人。北京大学法科已被军警占据,作为临时拘留所,拘囚被捕学生于内。校外驻扎兵棚二十,断绝交通。军警长官,对于学生,任意侮辱,手持国旗,军警夺而毁之。讲演校旗,亦被撕掷。其坚持国旗与校旗者,多遭枪殴。受重伤者二人。旋被送入步军统领衙门,榜掠备至,尚不知能否生还。此外马队之冲突而受伤者亦多。东华门外有一军官对学生曰:"吾系外国人。"其颠顶昧良,有如此者;学生等文弱,拘囚榜掠，任彼军警之所为。一日不死，此志勿夺，杀贼杀敌，愿与诸君共勉之。

　　陈独秀也以《六月三日的北京》为题，在6月8日出版的《每周评论》第二十五号上报道这天的情形说："民国八年六月三日，就是端午节的后一日，离学生的（五四）运动刚满一个月，政府里因为学生团又上街演说，下令派军警严拿多人。这时候陡打大雷、刮大风，黑云遮天，灰尘满目，对面不见人，是何等阴惨暗淡！"他以笔名只眼在同期《每周评论》上还发表了《军警压迫中的学生运动》，详细报道了6月3日和4日军警镇压学生运动的情形。6月3日晚，170多名学生遭逮捕，其中北大学生占十之七八，也有清华学校、高等师范、汇文大学等校的。这些学生均被监禁在北大法科的"讲堂之内"，"校内的差役，一跑干净，自早到晚，一百多人连一口凉水也没吃着。这天天气陡变，夜间越加寒冷，当时就有几个体弱的学生，忽得重病"。但学生们没有被武力所吓倒。6月4日，街头讲演的学生人数增加一倍，"上午十点钟时候，各学生怀里藏着白旗，上写某校某队讲演团字样，或五六人或十几人不等，静悄悄地出去。走到行人多的地方，就从怀中摸出白旗子，大声疾呼的演说。这个时候街心的警察，比平常增加好几倍，又有穿灰衣的马队，背着枪，骑着马，四处乱跑。遇到有人讲演，不问他人多人少，放马过去，左冲右突，也不知道踏伤了几多人。把听的人冲散之后，便让游缉队保安队把演说的学生两人夹一人送到北河沿法科大学里边去监禁起来。"

　　6月4日，一封加急电报经过天津转发上海，报告了北京的形势，说——

　　昨日（3日）十时，北京学生大演讲，被军警拘捕，现闲置译学馆四百人；断绝粮食，四周架武器，设帐置围。又二人被步兵统领拘去；笞刑镣铐下狱。未捕者连日仍续演讲，以示决心。并电各界县学生、各界，火速营救。

北大法科校舍位于校门外边的北河沿，军警在北河沿东西两岸各搭了20个帐篷驻扎，东华门一带交通完全断绝，"直到东安市场，有陆军第九师步兵一营和第十五团一团扎住，连接北河沿一带，直到法科门前"，一时间首都如临大敌般壁垒森严。陈独秀在《每周评论》上描述："四日晚上天气忽然大变，大风大雷大雨，竟把一个首善的京城，闹成了黑暗的世界。尘土大起飞沙走石之中，看见多少学生，对着路上的行人演说；电光闪闪隐隐约约之中，看见二十个帐篷，把大学法科团团围住……"学生监禁处的环境非常恶劣，700多名士兵监视着他们。监禁的第一天不准带任何食物进去。直到6月4日凌晨四时，学生才得到被褥，更晚些时候才得到食物。伤病员也根本得不到照顾。

6月4日，军警又拘禁学生700多人。北河沿法科校舍已无法容下，又将马神庙理科校舍辟作第二临时监狱，关押学生达1150名。这天上午，100多名女学生也开始上街讲演，下午，北京15所女校1000多人列队在中南海总统府示威，抗议政府用对待匪徒的方法对付爱国学生，把大学当作监狱，要求释放被捕学生，给予言论自由。北京15所女校联合会是在石驸马大街女子师范学校开会，议决列队到总统府请愿的。1000多名女生穿着各自的校服，在天安门集合后奔赴中南海总统府。陈独秀以《每周评论》记者身份报道说："记者午后三时到中央公园门首，看见女学生约有千人排队向总统府而去。虽然大风吹土，对面不能见人，步伍却一点不乱。拿枪带剑的警察，到处跟随，一步不让。到了新华门首，被总统府卫队拦住，遂举出代表钱中慧、吴学恒、陶斌、赵翠菊四人，进府求见。徐世昌不见，随叫陈子厚秘书代见。女学生说明要求四件事：（一）大学不能作为监狱；（二）不可拿待土匪的法子来待高尚的学生；（三）以后不得再叫军警干涉爱国学生的演说；（四）对于学生只能诰诫，不能虐待。"《每周评论》说："女学生现在也组织讲演团，预备到处演说；他们所办的周刊也出过好几期了。"而这一切，在中国5000年历史上都是罕见的。

面对武力镇压，学生们斗志不减反增，6月5日上街讲演的人数达到5000多人。陈独秀记述说："这天学生更加激昂，当出去的时候，各人背着行李，连牙粉牙刷面包都带了，预备去陪伴同学坐监。这天聚集大队出发，分路讲演，合计约有两千多人。"

6月5日早晨，北京中等以上学校联合会再次向全国各界发出宣言——

各省省议会、教育会、商会、农会、工会、各学校、各报馆钧鉴：

　　学生等以内除国贼、为外争国权之资，爰有五四运动。其后事理纷纠，三失望踵至，不得已而致于罢课。寒巧二电之宣言，言之详矣。皓日以后，政府极端威压，干涉交通，摧残舆论，学生等遂坐困于北京。然以三失望未复，绝不以时迁而气馁。先日两令，其一以劝学诱学生，以法纪威学生。是固因学生之所求而未得者也，勿庸深议。其一涉于外交，直不啻为国仇示私恩，为国贼作辩护。直欲以一纸空文，掩尽天下耳目。而谓外交繁重，责在当局，则直灭弃民主国之精神，直欲任少数官吏使其包办。卖国贼曹汝霖、章宗祥、陆宗舆等之挟持于内，概可知矣。夫国贼不除，则外交之挽救无望；国权不复，则世界之永久和平难期。学生等之于国贼，人知其非有私怨。而必欲除之而后快者，非仅为国家计，亦正为正义人道计也。为国家及正义人道计者，宁肯避难。肴日（三日）以来，恢复露天讲演，被捕者一百七十八人，军警横加虐待，肴电已陈其概。豪日（四日）

1919年6月初上海、江苏政府通告商界开始罢市和上海学联劝告商界坚持罢市的两个广告。

被捕者七百余人。今日明日，有加无已。是即明知其难而故蹈之也。
学生等方当求学，惟知有真理耳。真理所在，死生以之。求仁得仁，
又何怨乎；用布区区，伏维亮鉴。

　　愈捕愈多，捕不胜捕。学生与军警之间的对抗就像越吹越鼓的气球一样，面临爆炸的危险。几乎每个街道、胡同、公园、市场、路口，都变成了学生集会的场所。学生们热血澎湃，慷慨激昂，讲演至动情处声泪俱下。《每周评论》对6月5日的现场作了生动的描述："五日上午，记者打前门经过，看见三个学生，站在路旁演说，来了几个警察，身长黑面，犹如城隍庙里的阎王一般。把三个学生一人捉一个，那三个学生两手虽然被他们捉住，嘴里还说个不止，听的人不知道有多少都流下泪来。后门外边，有两队学生，一向西行，一向东行。这个地方只有十几个警察，到东边去赶人，西边又演说起来了，到西边去赶人，东边又演说起来了。闹得很久，听的人个个拍手，几个警察也就不敢动手了。"

　　这天，街头讲演的学生共分三队：第一队由北京大学、第一中学、第四中学的学生组成，由东四经东单，到崇文门一带讲演；第二队由法政专门、蒙藏专门、崇德中学的学生组成，由西四经西单到顺治门一带讲演；第三队由高等师范学生组成，拟从前门到东西长安街一带讲演。学生讲演团遭到了军警的强力压制，"穿黄色军装的马队，迎头冲来，把几千几百听的人冲得东奔西散，老啼幼哭，叫苦连天"。学生们威武不屈，政府当局已经不能再逮捕更多的学生，只得驱散围观的群众，因此"三队学生竟能沿街游行，手拿国旗，大叫爱国，不过有许多军队跟随罢了"。

　　因为学生们无所畏惧，都做好了被捕的准备，而监狱已经人满为患，政府当局无奈之下不得不停止拘捕学生。但学生心中的怒火依然熊熊燃烧，因为还有1000多名同学身陷囹圄，于是2000多名学生齐奔北河沿北大法科拘留所，要求军警将他们一同拘捕。被囚禁的学生知道这一情况后，更加激动，纷纷登上法科大楼，向窗外"扬旗怒号"，场面悲壮激奋。

　　学生们的斗争从一开始就赢得了社会的同情和支持。"六三"大逮捕后，去北大法科和理科拘留所慰问学生者络绎不绝，仅6月6日一天，就有国民外

交协会、女学生联合会、留日学生代表团、北京教育会、和平联合会、红十字会、商界各界代表等。北京教职员联合会的八名代表，其中包括汇文大学的一名美国教授，冲破阻挠来到学校慰问被捕学生。他们还于6月4日通电全国，说："等学生于匪徒，以校舍为囹圄，蹂躏教育，破坏司法，国家前途，何堪设想！"各校长在给国务院的呈文中也说："学校为国家永久作育人才之地，非政府随意执行刑法之地。"同日，北京的基督教徒决定把他们的布道坛借作学生们的讲台。6月5日，北大法科拘留所军警撤除后，"有劳动社会如某路车中之茶房等，皆以团体名义馈赠馒首数千，或面包若干磅，以表感激学生为国宣劳之意"。但对所捐献的钱，学生们都拒绝了。对于北京政府当局出动军警自6月1日至4日进行的大逮捕行动，许德珩回忆说——

北京军阀政府对学生继续采取严厉镇压手段，学生仍然坚强不屈，运动日益扩大。在众志成城的气氛下，北京学生决定从6月3日起，所有出发讲演的学生都挺起胸膛，放大声音，站在通衢大道上堂堂皇皇地举行讲演。如果军警来捕，就让他们逮捕。如果第一天出发的学生全体被捕，第二天就用加倍的人数出发讲演。如果第二天发生同样情形，第三天再加上一倍，直到北京中等以上学校学生2.5万人全体被捕而止。6月1日至3日间，北京被捕的学生达两三千人，监狱容纳不下，竟把北大三院作为临时监狱。4日，学生用加倍的人数出发，军警进行了更大规模的逮捕，当天被捕者竟达700余人。北大三院也收容不下，只得又把理科作为临时监狱的扩充部分。北京学生示威消息很快传遍全国，天津学生首先响应，接着南京、上海、武汉、浙江、山西、湖南、福建、两广等处学生，也都纷纷起来响应。6月3日，上海各界举行民众大会，号召全国罢工罢市来援助学生。上海自来水公司也罢工，弄得全市没有水用。这样，五四运动就从知识分子的范围，扩大到工商各界都来参加，成了全国范围的革命运动了。

5日，北京军阀政府在全国各方面的强烈抗议下，再加上上海罢市的消息传来，只得改变方针，下令撤退北大军警，释放被捕学生。这时，学生中有提议组织学生政府者。经考虑，学生内部的思想不一致，恐因此引起同情者的不同情，反而不好。民族资本家南洋兄弟烟草公司简照南兄弟捐款10万两银子，给我们作活动费，被我们退回了；上海棉纱大王穆藕初也给我们10多万元的巨款，我们也立即退回。从此规定，学生会不接受任何人的捐款，以示纯洁。

学生的大罢课和军警的大逮捕，引起北京商界的大恐慌。据《每周评论》转述《顺天时报》的报道说："段芝贵前在军警会议席上，极力主张以严厉的办法对待学生，故令警察厅施行拘捕。不料学生拘捕未尽，而市面秩序，反形恐慌。更兼商民睹此军警戒严及学生愈闹愈厉之景况，以为大乱在即，遂向各兑换所兑取天津、张家口中交钞票现款。于是金融界又受影响。"

就在这个时候，上海"三罢"的消息传来，北京政府无奈中不得不向学生让步，曾主张强力拘捕学生的警备司令段芝贵不得不"引咎辞职"。

6月5日，包围北大校舍的军警也撤走了。但学生们十分清醒：斗争并没有结束，因为他们的斗争目标还没有实现，而且他们认为自己并不是可以随意侮辱的。因此，当军警撤围以后，被拘的学生们并没有离去，而是自己组织警备队维持秩序，还反拘了七个警察、留下两个帐篷，作为人证、物证。他们派出代表到警察厅索取被捕近千学生的伙食费和卧具。陈独秀在6月8日的《每周评论》上报道说："记者晚间六时到大学法科去看看，二十个帐篷已经撤掉，学生仍在校内。校门由清华童子军背枪守卫，不准外人进去，大家在里面商议办法。开会之后，议决两条办法：（一）暂不出校，并举出纠察员数人维持秩序；（二）向政府要求集会、言论、出版自由，不受限制。如这一条要求办不到，宁肯饿死监狱中，决意不回本校。"

6月6日，北京学联第三次向全国各界发出通电说——

有（三）豪（四）两日，共计捕去讲演学生七百余人。歌（五）日出发讲演者，共计五千余人，政府未施逮捕，仅以军警四逐听众。

歌日午后防守被拘学生之军警，忽然全数撤去。然政府自为儿戏，而学生等无端被拘，决不能自行散去，致陷逃法之咎。故被拘者仍在北京大学法理两科，保持拘留时原状，以俟正当解决。惟此次军警蹂躏教育，破坏司法，侵犯人权，蔑弃人道，种种不法行为，皆政府纵使之。武人之跋扈日恣，国家之运命自蹙，长此优容，何以为国。学生等一面质问政府有以处置军警，一面仍应亟筹应付国仇国贼之道，谨此述闻。

此时，为安抚学生，北京政府不得不免去代理部务的教育部次长袁希涛，而以傅岳继之。傅声称愿作调解人，并宣扬说今后学生事件由教育部直接交涉，军警不得过问。但政府当局同时任命胡仁源署北大校长，再次激怒教育界和学生，认为政府毫无诚意。为此，教育部派代表（参议）陆某等四人于6月6日前往北河沿北大法科劝说被拘禁的学生返校，空手而归。6月7日，徐世昌又特派参议曾某偕教育部专门、普通两司长前往道歉，表示政府"处置失宜"，劝诸生"回校休养"。随后，学生召开临时联合会，一致认为："政府对待学生毫无诚意，或以武力胁，或以小惠诱，如欲示诚意，须自罢免曹章陆始，曹章陆不予罢免，决不甘休，议决现仍暂不出拘留所，以示要求罢免曹章陆之决心。"第二天，政府又派了一个包括国务院秘书参加的"两人劝慰代表团"，向学生解释，并承认政府犯了错误，表示歉意。警察也向学生表达歉意，并派汽车到学校门口。一些社会组织和团体也派代表来慰问学生，并充当政府和学生之间的调解人。

6月8日，学生们开始改变策略，决定主动出击，"效申包胥七日之哭，不杀国贼，誓不返校"，到新华门总统府请愿。这才由各校派代表到北河沿北大法科接被拘学生返校。在鞭炮和欢呼声中，自愿关押的学生走出学校监狱，前去参加同学和市民为他们举行的热烈的欢迎大会和游行。至此，大逮捕就以一种"滑稽剧"的方式结束了，政府在这一个月中的所作所为成了老百姓们茶余饭后的笑料。正如西方观察家所言，这种形势的发展在中国通常是致命的。

在大罢课和大逮捕的较量中，北京政府当局自己打了自己一记响亮的巴掌不说，还注定成为自己的掘墓人。

7. "三罢"：工学商大联合

从北京到上海，从北京到全国，从北京到巴黎，从北京到世界，中华民族的热血儿女，秉持赤子之心报国之志，以星火燎原之势，播撒爱国的火种。

自1919年5月5日开始的第一次总罢课，到5月19日的第二次总罢课，以北京爱国学生为主体的总罢课在学生联合会的严密组织领导下，赢得了包括教授、作家、教员、新闻记者等知识分子的支持。在高涨的民族意识中，他们以"反对亲日政策"作为战斗的口号，高举爱国主义的伟大旗帜，以北京为首，在全国掀起了罢课风暴，先后有江西九江（5月20日）、天津（5月23日）、山东济南（5月23日）、河北唐山（5月24日）、河北保定（5月24日）、山西太原（5月26日）、上海（5月26日）、江苏苏州（5月28日）、浙江杭州（5月29日）、江苏南京（5月29日）、福建福州（5月30日）、安徽安庆（5月31日）、河南开封（5月31日）、浙江宁波（5月31日）、江苏无锡（5月31日）、湖北武汉（6月1日）、湖南长沙（6月3日）、江苏常州（6月5日）、江苏镇江（6月6日）、江苏徐州（6月9日）以及重庆、广州、厦门等城市。

这次总罢课行动的影响波及全国22个省200多个大小城市。以5月26日复旦大学等大专学校的2万名学生实行总罢课为标志，学生运动的中心由北京迁移至上海。上海学联和北京学联一样，在5月19日就曾致电北京政府当局，要求收回傅增湘教育总长辞职的命令，并要求全体学生在5月22日拒绝上课。后在教职员和江苏省教育会的调解下，罢课推迟了三天。在得知北京政府不接受北京学生提出的六条要求后，遂于26日开始总罢课，当天大约有30万市民观看了学生的示威游行。

上海作为当时中国的经济中心和帝国主义侵略中国的基地，学生们似乎更清楚地意识到学生运动必须与商人和城市工人联合的重要性。罢课第二天，

复旦大学学生在五四运动中

他们就派联络小组到各商业团体，鼓励商人在5月31日统一在商店、企业门前悬挂白旗，以示参加郭钦光的追悼大会。上海学联还决定成立劳工部和调查部，保持与劳工的密切联系，查清各大商店库存日货，并创办新闻日刊，要求每一位成员向学联捐款5角，派代表到其他城市学校、会见从海外归来的留学生、会见外国领事，请求他们的支持。此时，上海云集了北京、天津、南京等各大城市的学生运动领导人。5月31日，上海82所中等以上学校和市民10万人参加了郭钦光的追悼大会，5月27日从北京化装秘密来沪的北京学生代表许德珩和陈宝锷（又名陈剑修）在大会上作了激动人心的讲演。随后，学生们游行到上海县商会，敦促商会劝说各商店与学生合作。[1]轰轰烈烈的学

[1] [美]周策纵：《五四运动：现代中国的思想革命》，周子平等译，江苏人民出版社1999年版，第147—148页。

上海各界示威游行

上海学生和群众集会

1919 年 5 月 7 日上海的国民大会上，民众慷慨激昂，誓保
国土完整。

上海市民在公共体育场召开国民大会

1919 年 6 月，上海市民示威集会。

上海各界人民举行大会　　　　　上海市民的示威游行活动

上海各界示威游行

1919年5月7日,上海国民大会会场。

上海学生宣传队

罢市后的上海南京路

1919年五四运动席卷全国,安徽乃
"全国最活跃的地区之一",而当
时作为安徽政治、经济、文化中心
的安庆尤烈。安庆进步教育界和青
年学生纷纷集会声援。5月6日,
安庆各界学生代表100余人在法政
专门学校召开紧急会议,当时安徽
一师的代表有方洛周、常万元、王
先强等人。图为安徽公立法政专门
学校旧址。

生运动在上海有了创造性的发展，在得到工商
业者和工人的支持后，达到了新的高潮。

　　也就是说，到这时，五四运动的中心城市
由北京转移到上海，而运动的主力军则渐渐由
学生变成了工人。对此，美国记者霍塞在《出
卖的上海滩》一书中评论说，"在战争结束后
来到上海的新时代中，苦力崛起而为这个新时
代的最重要特征"；"上海的新兴无产阶级转入
行动，激进和爱国的学生找到了最有力的同盟
者"。事实上确实如此，被外国资本家称作"冒
险家乐园"的上海，在第一次世界大战结束后，
民族工业得到了长足进步，至五四运动前后，
上海工人总数已经将近50万人，几乎占当时全
市150万人口的三分之一。这些工人主要分为
产业工人、交通运输工人、手工业者和店员。
产业工人主要分布在纺织、印刷、缫丝、织袜、
香烟、眼镜、自来水、电器、兵工、造纸、火柴、

宣传抵制日货的漫画

由北京学生发起的反帝反封建运动，
很快得到全国各大城市及各阶层的响
应。图为当时上海市南京路一带罢市
的情景。

提倡国货的宣传海报　　　　　宣传抵制日货的书籍

机器、碾米、玻璃、糖果、自来火等行业，近20万人；交通运输工人包括铁路、转运公司、电车、码头、邮政、人力车、马车、汽车等行业，约10万人；手工业者包括成衣、理发、榨油、制鞋、铁、木、漆、猪鬃、园艺、纽扣等行业，和店员一起约20万人。

当然，在上海，走在运动最前列的依然是爱国学生。自5月11日上海学联（复旦大学学生何葆仁任会长）和12日国民大会上海事务所相继成立后，北京的学生运动和上海已经密不可分，北京的任何消息都在第一时间发往上海，再传播到世界。

6月1日、2日，京、津、宁、沪和留日学生代表，一面筹备全国学联，一面联络各界与学生一致行动。6月3日，上海学联代表何葆仁和北京学联代表许德珩、黄日葵、段锡朋、陈宝锷等，在南市商会会所和上海商界领袖会谈，要求上海商人支持抵制日货运动，抗议政府的内外政策，并号召如果政府不作出积极答复就停止纳税。

6月4日，上海学联接到天津学联发来的关于北京学生遭到大逮捕的消息，立即行动起来，致电全国："政府摧残士气，惨无人道，一至于此！同属国民，宁忍坐视？务乞主持公理，速起援救，性命呼吸，刻不容缓。"当天下午，学生们就走出校门，走上街头。他们火速印发刊登北京学生遭到逮捕的新闻号外、标语和传单，四处宣传，动员各商号自5日起一律罢市。有的同学在遭到店主拒绝后，不惜"沿街跪求"。到了晚上，大街上到处都是头戴白帽的学生在发表演说。因为从抵制日货开始后，上海人就很少再戴由日本生产的草帽了。有的学生遍访各个商店，请求商人们签名同意第二天开始罢市。

山雨欲来，势不可挡。日本领事馆6月3日预言上海6月5日可能将发生商人罢市，北京的新闻界也在6月4日作出了同样的判断。

6月5日早晨，罢市果然开始了。天一亮，学生们就开始上街演讲。整个南市区的商店早晨没有开门。上午8点左右，法租界周围街道的商店参加了罢市，一小时后扩展到法租界。上午10点至11点又扩展到公共租界的英美租界区。随后，罢市如龙卷风般席卷了整个城市，几乎所有店铺包括娱乐场所和饭店纷纷关门，"至十二时，华租界各界大小商店，已无一开门者，所余者仅外人所设之洋行耳"。娱乐场所停止售票，理发店门口也贴上了"国事如此，无心整容，请君不必光顾"的标语。

罢工是从纺织和印刷工人开始的。首先罢工的是日本内外棉第三、第四、第五纱厂的工人，接着日华纱厂、上海纱厂的工人也相继罢工。商务印书馆、中华书局的工人紧接着罢工。随后扩展到金属制造业和其他行业。

同一天，上海所有大、中、小学校全部罢课，学生们走上大街，组织游行、演说和维持秩序。

6月5日，上海的学生罢课、商人罢市、工人罢工紧紧结合在一起，成功实现了"三罢"斗争大联合。下午5点，上海各界代表在宁波路卡尔登西饭店举行联席会议，成立了上海商、学、工、报各界联合会（工界代表未参加）。北京、天津的学生代表也参加了会议。会议由上海学联会长何葆仁担任临时主席。共有200多人参加了会议，主要代表有上海商业、社会、教育、政治各界的领导人，如虞洽卿、黄炎培、蒋梦麟、叶楚伧、张东荪等，北京的学生代表段锡朋、许德珩、朱承洵等。代表们一致决议继续罢市以支持学生，成立一个工、商、报界及学生联合行动的永久机构，即后来的"全国各界联合会"或"工商学报联合会"。这次会议讨论结果认为，目标应集中在惩办卖国贼上，

招贴

"三罢"举行之后，上海各商界均关门停业，并在大门贴上各种爱国告示和口号，却被警察撕毁，商家又马上重新贴上，谁知又被撕毁，反复如此。为此，上海福建路九江路口某理发店店主专门写了这样一个招贴，告示警察——

扯贴，你扯我贴。你来扯，我来贴。你只顾扯，我只顾贴。你若再来扯，我仍再来贴。你定归要扯，我一决要来贴。你扯你的你去扯，我贴我的我来贴。你一张二张张张扯，我千张万张处处贴。你倘若使着野蛮的扯，我要用举动文明的贴。你逢低扯扯只管去扯，我拣高贴贴变换来贴。

上海妓女妙莲《敬告花界同胞书》

在五四爱国运动中，工、学、商大联合的"三罢"斗争深入人心，上海西福致里一名叫妙莲的妓女深深被爱国运动所感染，在向上海国民大会捐赠了五十元之后，又在报纸发表"敬告曹、陆、章三卖国贼"，痛斥其卖国罪行，被当时报界称为"妓女中有爱国思想者"。随后，这位叫妙莲的妓女又发表《敬告花界同胞书》，分发上海各妓院，其原文如下——

我们中国到了将亡未亡的时候了。现在所以未亡，全仗一点国民的志气。自外交失败的信息传来，首先由爱国的学生，发起惩警卖国奴，抵制日本货。没有几日，全国各界万众一心，下至小工车夫，亦不肯与日人工作。可见人心不死，正是我国一线生机。唯我青楼一无举动。我本我的良心，想出几条办法，劝告我全国花界同胞，各本良心尽我国民应尽之天职。后并附办法八条：一，请花界同胞哀恳各界，一致救护被捕爱国学生。一，请花界同胞，不购日本货。一，请花界同胞不可收受日本纸币。一，请花界同胞，将波兰朝鲜亡国苦状，择要印在局票后面。一，请花界同胞将国耻纪念二十一条件，印在请客票后面。一，请花界同胞劝人文明抵制，不可稍有暴烈行为。一，请花界同胞普劝我商家，国货万万不可涨价。一，请花界同胞量力捐助国民大会，及学生联合会经费。

并表示此目标不达到，即不应开市。当时上海的英文报纸《字林西报》报道说，这次会议决定，"罢市不是排外运动——甚至也不是排日运动。所有与会者都保证劝说他们的朋友协助维护和平和秩序"。在五四运动中，联合会举行多次会议，支持商人罢市和工人罢工及其他群众运动。这年11月20日，联合会举行了正式成立大会，来自各省的1200名代表，包括政界的领导人黄大伟（代表孙中山）、章炳麟、黄炎培等出席了大会。

商、学、工、报各界取得一致意见后，立即通电全国："此间工商界全体，于本日起一律辍业，与学界一致进行。卖国贼存在一日，商学工界即辍业一日，誓不反顾。"各商号也大都贴出揭帖："忍痛停业，冀救被捕学生。不除国贼，誓不开市。"

6月6日起，"三罢"斗争继续扩大。华商、法商电车公司罢工，求新、锐利机器厂罢工。随后各手工业者、自来水厂、全市司机和清洁工人都实行了罢工。到10日，工人罢工达到高潮，上海市水陆交通全部中断，电话通讯工人和接线员也参加了罢工。据统计，参加罢工的工人人数为6万至9万，有43个工厂、公司和服务业参与了罢工，其中包括7个纺织厂、7个金属厂、8个公用事业企业如公共汽车公司和电话电报公司、

7个运输及交通公司。印刷、造纸、烟草、火柴、水手、餐饮、油漆、木匠、泥瓦匠、司机和清洁工等各行业的工人都参加了罢工，有100多家公司企业受罢工影响。

值得一提的是，上海"三罢"斗争积极影响了社会底层民众，甚至乞丐、小偷、妓女、歌女等都参加了罢工。

至11日，"三罢"依然在坚持。直到曹、陆、章等卖国贼被罢免的消息证实后，上海工商界才决定开市，大街上鞭炮齐鸣，如同过年般庆祝"三罢"胜利。当然，在这个过程中，帝国主义和上海的军阀官僚也一直没闲着，驻上海的各国领事团"将英美两国驻沪陆海军，调集分布各要道，实力巡防"，日本、英国、法国的军舰也纷纷出动，"往来弹压"。淞沪护军使卢永祥、淞沪警察厅厅长徐国梁、沪海道尹沈宝昌等人，也对运动大肆破坏，叫嚣"上海已发生二次义和团"。但一切反动的卑鄙的压制，不仅没有吓倒人民群众，反而火上浇油，使爱国运动来得更加猛烈更加广泛更加深入也更加有力量。

8. 结果：罢免卖国贼·拒签和约

——"水能载舟，亦能覆舟，民气之奋兴，诚未可遏塞而致使溃决。侧闻罢学罢市，各省已有逐渐响应之虑，京师彼此刺激，亦暗有浮动情形。"

这是北京总商会1919年6月7日呈送北京政府公文中对首都情况的描述。

——"此次沪上风潮始由学生罢课，继由商人罢市，近且将有劳动工人同盟罢工……星星之火，可以燎原，失此不图，将成大乱……上海为东南第一商埠，全国视线所及，内地商埠无不视上海为转移。"这是淞沪护军使卢永祥和沪海道尹沈宝昌1919年6月8日致北京政府急电中的描述。

6月10日，北京各团体代表面见总统徐世昌，"陈述险象，恐生大变，乞纳民意，以息风潮"。

五四风潮，星火燎原。自北京到上海，而至全国，纷纷响应，山东、天

上海罢工、罢
课、罢市结束，
学生举行游行
庆祝。

1919 年 6 月
12 日，上海
工商界庆祝
开市。

1919 年 6 月，北洋军阀政府在反帝爱国民众的压力下，被迫免去曹汝霖、章宗祥、陆宗舆职务，原来进行罢市的
上海工商界人士恢复开市。图为 1919 年 6 月 12 日上海市胜利开市景象。

上海学生和各界人民在西门公共体育场召开大会

津、武汉、长沙等地尤为热烈。而在海外的日本东京、法国巴黎、美国旧金山，以及俄国的海参崴、南洋和南美洲等，华侨和留学生团体纷纷声援五四爱国运动。

经济基础决定上层建筑。这次涉及全国的"三罢"运动，是中国历史上第一次政治性和爱国性的罢课、罢市和罢工——学生罢课不是为了学业功名，商人罢市不是为了经营利润，工人罢工不是为了增加工资和改善待遇，他们只为一个共同目的——对腐败无能的卖国政府和侵略中国的日本政府进行抗议，他们最初和最终的目标只有一个——爱国。

尽管北京的大逮捕以政府收兵道歉、学生释放而滑稽收场，但问题并没有解决。上海的"三罢"依然在进行，全国各地抗议政府亲日卖国政策的活动也没有结束，相反各种力量正逐渐凝聚团结起来，要对政府进行一次统一行

上海学生游行队伍

动。比如6月6日上海商、工、学、报界代表1473人曾在上海县商会会馆举行
了一次全国各界代表联合会会议，要求北京政府严厉惩办卖国贼，否则"三罢"
将继续下去，商人将拒绝纳税，以示抗议。会议还发表了两份声明，一份是
要求上海市民团结起来在法律规定的范围内为自由而战，呼吁群众要维护秩
序。在城市的中心区域，许多童子军和学生们一起帮助警察维护秩序，甚至
流氓、小偷、黑社会帮派如青红帮等，都对"三罢"给予支持和帮助。因此，
上海的"三罢"斗争始终是在和平中进行的，秩序井然。这令外国人十分吃惊，
因为在他们看来，上海这个像美国芝加哥一样恶习盛行的城市，在如此规模
的"三罢"运动中从头到尾竟然没有出现一点骚乱，实在有些不可思议。

　　当然，还有一份声明，更令在上海的外国人看到了中国人民的诚心
诚意——

　　　　此次吾们市民罢市的真意，只在促北京政府觉悟，取消丧失主权
　　的不正当条约，惩办应负责任的外交和军事当局；决不损害到中国的
　　各友邦的一丝一粟。这是中国人民最和平、最正当的爱国表示；希望

曹汝霖（1877—1966年）　　陆宗舆（1876—1941年）　　章宗祥（1879—1962年）

祖籍浙江，生于上海。早年留学日本，后任北洋交通总长。五四运动时，被指为卖国贼，住宅惨遭烧毁。后被解职。	浙江海宁人，先后担任驻日公使和币制局总裁等职。五四运动中，被称为卖国贼，后被解职。	浙江吴兴人，驻日公使。在五四运动中成为广大学生要求严惩的三大卖国贼之一。后被解职。

各友邦国民原谅我们的苦衷；希望各友邦国民主持正义，加以精神的援助！

这项非常理性的声明，有力地驳斥了日本政府诬陷爱国运动是反日排外运动的无理指控。事实胜于雄辩。中国人民做到了这一切。

"三罢"如排山倒海般席卷大江南北、长城内外，在全国各大城市蔓延。6月9日，长江航运全线中断。紧跟着华北地区也卷入了"三罢"斗争，京沈线上的唐山车站和京汉线上的长辛店车站的工人也参加了罢工。

长辛店铁路工人罢工是北京工人斗争的一个典型。这是五四运动南北"暗有浮动"、相互呼应相互影响的结果。当时，长辛店铁路工人有800多人，一个老工人回忆说："6月3日以后，卖国政府逮捕学生，上海工人大罢工。消息传到了长辛店，我们厂里工人再也不能沉默了。本来这些天大伙早就没心干活，这时几个工人骨干和学生们商量了一下，就决定举行示威游行。一天中午，史文彬和陈励茂、张珍领着很多工人到大街艺员养成所的门口去集合，

五四运动时期在天津、济
南、南京等地爆发的爱国
游行示威活动。

陶善琮也领着艺员养成所的学生出来了,大家上了大街……","于是在长辛店大街上开始了第一次工人的游行,队伍里边也有几个工头,史文彬和陶善琮两人在前头领头,有一百来个工人、艺员养成所和车务见习所的学生排着整齐的队伍,走在后面。""这次游行开了头,以后就游上了劲,三天两头尽游行,晚上还搞过一回'提灯会',也是个示威游行。"当年担任长辛店救国联合会会长的盛成,1919年6月9日上午去天津接受各界援助罢工的爱国捐款,下午回到长辛店时,工人们正酝酿罢工。他发现,曹汝霖的女婿、时任长辛店铁路工厂副厂长的刘家骥,在得知工人即将罢工的消息后,马上打电话告诉了曹汝霖。据说,曹得知此消息后胆战心惊,感到不去职是不行了。[1]

"三罢"斗争令北京政府的压力越来越大,而更为严重的打击又在身边出现了——天津市民和学生继6月5日、6日举行示威游行之后,9日学生联合会又组织了一次有两万多人参加的市民集会,抗议政府对北京爱国学生的大逮捕和压制言论自由。更令北京政府恐慌的是,天津总商会已经接受学生和市民的劝说,决定效仿上海在6月10日举行罢市。这个消息在6月9日下午就传到北京,立即引起首都商界的骚动和担心,中国银行和交通银行发行的纸币在市场上突然不受欢迎,商人也准备暂时停业。

形势严峻,政府被迫作出妥协,6月9日当天晚间,国务院秘书长郭则澐向北大学生传达了一个还没有公开的正在印制的总统接受曹汝霖辞职的训令,但因为怕引起中日关系的麻烦,陆宗舆和章宗祥则不被解职。显然,形势对政府越来越不利,天津方面已经传来工人第二天举行罢工的准确消息。一些银行家开始警告政府:"如果今天再不解决,明天金融就无法维持。"北京市的公用事业将面临瘫痪。更有谣言风传,说西山附近一个团的兵力正准备开赴京城支持学生。

也就是在这天晚上,北京学联决定第二天全京中等以上学校(女校亦加入)同往总统府门前痛哭,并通知"身背卧具往公府请愿,一,惩卖国贼;二,青岛不签字;三,不承认胡仁源为大学校长。如不允,即卧以待命,非允后不散"。

学生的爱国热潮对北京政府来说,确实是一场危机。6月9日深夜,内阁

---

[1] 彭明:《五四运动史》,人民出版社1984年版,第399—400页。

连夜召开会议，讨论对付办法。10日上午10时，北京政府终于下达了准免曹汝霖职务的训令，但这难以满足国人的愿望，不足以平民愤。北京学生继续进行斗争，并举荐6名代表赴国务院，请见总理。这时，在各界群众愤怒的抗议声中，上海银行家集团又给政府施加压力，北京政府不得不在当日午后宣布了准免陆宗舆职务的训令。面对北京政府这种走一步看一步的老奸巨猾的敷衍姿态，学生和民众难以接受。10日下午，天津总商会紧急电报政府说："本日仅准曹汝霖辞职，似此可以谢国人乎？……查栖息于津埠之劳动者数十万众，现已发生不稳之象，倘迁延不决，演成事实，其危厄之局，痛苦有过于罢市者。"天津的电报震惊了北京政府，"危厄之局"逼迫着他们在几小时后公布了准免章宗祥职务的训令，并且急急忙忙于当日深夜就将三份免职令快马加鞭地送到了天津，"提示大众，劝其开市"。

就在这关键时刻，新文化运动的领导人、新知识分子的精神领袖陈独秀于6月9日亲自起草了《北京市民宣言》传单，号召"平民征服政府"，并亲自到中央公园等地散发。这位五四运动的领导者和爱国青年一起直接行动起来，为学生运动擂鼓助威。11日当他在新世界散发传单时，被警方逮捕，又引起轩然大波。

天津商务总会罢市声明

"时日曷丧，予及汝偕亡"；"民不畏死，奈何以死畏之"。其时，北京还汇聚着各省市进京请愿的学生代表。爱国学生们万众一心，在新华门前发出了怒吼。对这次行动，当时年仅21岁"以头碰壁血溅总统府"而轰动全国的陕西学生联合会会长屈武回忆说——

在6月4日和6月5日，逮捕了在街头讲演的学生1000余人。统治者妄想用高压的手段来扑灭革命的火焰，结果适得其反。统治者的种种倒行逆施，有如火上添油一般，使得斗争的火焰愈烧愈旺了。当时北京各校代表曾在北京大学红楼开会，并邀请各省市已经到京的学生代表参加，决定到总统府请愿，坚决和反动政府斗争。

大概是在6月5日以后，10日以前吧，确实的日期我已经记不大清楚了，时间大约在下午3点钟左右，北京各大学的学生和一部分中学生，集中到新华门前，人数有一两万之多，把西长安街围得水泄不通，要求当时北京政府总统徐世昌亲自出来接见学生。徐世昌避而不见。警察总监吴炳湘出来说："总统不在，可以把请愿书留下；时间已经很晚，希望学生回校休息，政府自有答复。"但是，学生们不肯上当，坚决表示不见徐世昌，不得明确答复，誓死不回校。这样一直僵持到晚上10点多钟，人愈聚愈多，有些过往行人，也参加进请愿行列。特别是一些洋车工人，把一天拉车得来的血汗钱，买了烧饼、

1919年6月11日《晨报》刊登
的《曹陆章免职令发表之经过》

《章宗祥》　　　　《曹汝霖》　　　　《民潮七日记》　　　　《上海罢市实录》

《上海罢市救亡史》　　　《五四》　　　　《青岛潮》　　　　《学界风潮纪》

茶水送给学生。这种真诚的支持，使学生们受到极大的感动。徐世昌看到不见学生不行，才派了他的两位秘书出来传话说：学生可以推派10个代表，到里面受接见。

　　我被推为10个学生代表之一，由北大学生代表领头，一道进了新华门，到中南海。徐世昌接见的地方，大约就是现在的勤政殿。当时警卫森严，如临大敌。首先讲话的是北大学生代表，他代表请愿群众要求：（一）政府下令参加巴黎和会的代表拒绝在和约上签字；（二）惩办卖国贼；（三）释放被捕学生。徐世昌对学生的这些正义的要求，采取敷衍的态度。他说话的大意是：你们年纪太轻，没有政治经验，容易受别人利用。我们国家多年积弱，不能操之过急。学生们爱国心切，陈述意见，情有可原，如果聚众滋事，那就不对了。希望你们安心读书，国家大事政府自有权衡云云。代表们对徐世昌的答复一致不满，相继发言和他辩驳。我激于一时气愤，说："现在国家都快要亡了，今天丢青岛，明天丢山东，后天就可能丢整个华北，如果政府再不想办法，不答应学生们的要求，我们只好以死力争。"说罢就以头碰地，血流如注。但是徐世昌毫不动心，反而一扭身回里面去了。消息传到外面，激起请愿群众的更大愤怒，要冲进新华门和徐世昌当面讲理，并且和军警发生了冲突。

直到夜半1点钟，徐世昌又派了一位代表（据说是内务总长）匆匆出来，说刚才内阁阁员开了紧急会议，决定同意学生的要求，即日打电报给出席巴黎和会的我国代表，命其拒绝签字。我们还怕这是徐世昌的缓兵之计，所以又要他代表徐世昌一方，我们10个人代表请愿学生一方，立了一个协议书，正式签字画押，请愿队伍才解散回校。

请愿回来以后，我进医院养伤，同伴们不断带来令人兴奋的消息："被捕的同学已经释放了！""卖国贼曹、陆、章已经被免职了！"我虽然躺在病床上，但也得到莫大的安慰。

徐世昌（1855—1939 年）

天津人，历任北洋政府国务卿和大总统等职。

钱能训（1869—1924 年）

浙江嘉善人，著名政治家。五四运动爆发时，辞去国务总理职务。

曹、章、陆三个卖国贼的罢免，无疑是一场"人民战争"的胜利。6月10日，交通次长曾毓隽被任命为代理交通总长；6月18日，李思浩被指定接替陆宗舆任币制局总裁。而在罢免三名卖国贼的当天，总统徐世昌也递交了辞职报告，但遭到议会的否决。政府必须对学生运动和上海南北和会失败承担责任，于是仅仅当了一年零四个月总理的钱能训6月13日被迫辞职，财政总长龚心湛任代总理。但政府内阁依然由安福系把持，直到9月24日与段祺瑞勾结的军阀靳云鹏被任命为代理国务总理，完成新内阁的组成。上海的"三罢"斗争在坚持了7天之后，也于6月12日结束。随后，全国各大城市的罢市、罢工也陆续偃旗息鼓。

爱国学生们虽然赢得了五四运动中第一场重大战役的胜利，但斗争还没有结束，因为拒绝在巴黎和约签字、挽留北大校长蔡元培等目标依然没有实现。

马上就要放暑假了，如何把这个斗争继续下去？学生们在决心把爱国活动的宣传带到更广大的城市和乡村的同时，决定在上海设立一个永久性的总部机关，负责统一全国学生的行动。这就是中华民国学生联合会。

其实，早在5月底，北京学联和天津学联就邀请上海、南京、太原、济南、保定、安庆、杭州等地的学联各派两名代表来上海组织全国学生联合会。6月1日，来自京、津、沪、宁及留日学生代表在上海召开了一次非正式会议，决定成立中华民国学生联合会，并在环球中国学生会设立了一个临时办公室负责筹备组织工作，邀请全国各地学联两星期内派代表到上海"商定章程及办法，再开成立大会"。

6月12日，就在上海人民欢庆"三罢"胜利、重新开市的鞭炮锣鼓声中，全国学联召开了筹备会议。6月16日下午两点，来自各重要省市的50多名学生代表在上海大东旅馆召开了中华民国学生联合会成立大会，其他社会、教育、政治和经济领域的名流近百人也出席了会议。参加会议的代表主要是——

北京（11人）：段锡朋　陈宝锷　许德珩　黄日葵　黄炳蔚
　　　　　　　罗国煓　罗发组　张伯谦　唐炳原　陆梅僧
　　　　　　杨　健
上海（8人）：何葆仁　陈伦会　恽　震　瞿宣颖　舒志侠（女）
　　　　　　程孝福（女）　陆匀绚（女）　高时侠

天津（1人）：张阳光

南京（3人）：郎宝鎏　曹公瑾　吴邦杰

武昌（2人）：蒋元龙　潘德芬

杭州（4人）：连瑞琦　黄维时　陈中岳　曹　烈

济南（2人）：崔书馨　卓景泰

安庆（2人）：常万元　汤志光

嘉兴（2人）：吴乃燮　葛敬庚

松江（4人）：陈　熹　王同福　汤　乂　庄居正

崇明（2人）：王　欧　施　英

南通（2人）：罗元恺　潘润夫

九江（1人）：邓　毅

保定（1人）：吴震寰

吉林（1人）：吴仁华

宁波（2人）：张其昀　丁福成

河南（2人）：李仁荣　李九朝

唐山（1人）：周　易

苏州（2人）：尤敦信　周承澍

扬州（1人）：孔庆洙

留日学生（6人）：廖方新　王之桢　凌　炳　邹　卫

　　　　　　刘振群（华）　盛世才

　　这是一个不完整的名单。因为成立大会召开的时候，还有许多学生代表正在前往上海的路上。上述名单中的许多人，如段锡朋、陈宝锷、许德珩、黄日葵、张伯谦、唐炳原、陆梅僧、杨健、何葆仁、崔书馨、张其昀等，后来都成为中国政治、教育或经济界的名人。在成立大会上，文化教育和新闻界的蒋梦麟、黄炎培、闻一多、周炳琳、戈公振等30多人与会，商界有十多人、工界有6人参加。

　　6月18日，全国学联代表选举北京学生代表段锡朋为正会长，上海学生代表何葆仁当选为副会长，北京学生代表陈宝锷当选为评议长，任期一年。干事长则按照章程由所在地上海的学联评议部选出。从此，一个属于中国学生自己的全国性组织登上了中国的政治舞台，并作为一股政治力量发挥了难以替代的历史作用。著名历史学家李剑农1947年在上海出版的著作《中国近百年政治史》中，对全国学联给予了高度评价。他说——

　　从这一次的运动出发，于是全国各省都有了学生联合会，又成立了一个全国学生联合总会；我敢大胆地说一句——此时候已经有了长久历史的国民党的组织，其和党员间的联络指挥，恐怕还不如这个新成立的全国学生联合会组织完密，运用得活泼灵敏。后来共产党和国民党在军阀势力压迫下的各省，大概是靠着学生联合会作宣传主义吸收青年党员的大本营。可知道所谓"五四运动"的意义了。

斗争依然在继续。

　　6月11日之后，学生与政府的斗争焦点集中到中国是否在巴黎和会上签字。有报道说，6月4日前巴黎和会的中国代表团向政府报告说：签字对中国有利。前总理段祺瑞、安福系的国会、总统以及中国外交界对此也一致赞同。为什么这么做？用徐世昌辞职信中的话说是"昧于外交事实"，他们甚至认为"若竟拒绝签字，不惟有负各国调停之苦心，抑且不啻自绝于国际联盟之保障，

1919年6月16日，第一次全国学生代表大会在上海召开，全国学生联合会总会宣告成立。

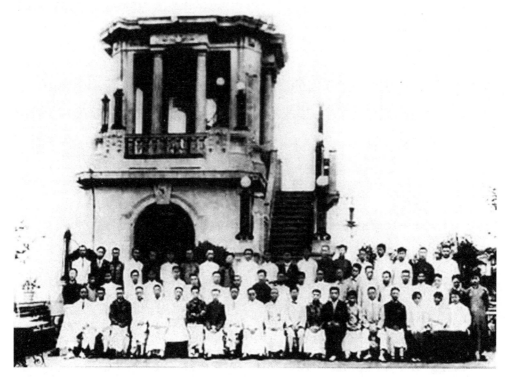

全国学联第一次代表大会代表合影

各国将来更难过问"。这真是拿国家主权开国际玩笑，卖国政府的嘴脸昭然若揭。政府在6月24日指示代表团，如果他们的抗议最终完全失败的话，就在和约上签字，"熟权利害，再四思维，如竟不签字，则嗣后挽救惟难"。

但人民不会答应。在老百姓看来，"若卖国首领未诛，卖国条约未废，亡国之祸终难幸免"。人民疾呼："徐世昌去职难成事实，签字势在必行。签字而山东亡，山东亡而全国随之，亡国大难迫于眉睫，吾同胞忍坐视家国之亡而甘心作奴隶乎！"[1] 尤其山东人民更是特别积极，由山东省议会、教育会、学联、总商会、农会等各界80多人组成的请愿团进京。6月20日在总统府门前站了两天两夜，他们愤怒哭诉，要求请见总统徐世昌，"时适下大雨，各代表尽陷于水污泥浊之中，痛哭失声，闻者悱恻"。直到23日徐世昌才同意接见山东请愿团6名代表。他们向总统要求实现"拒绝和约签字、废除高徐、顺吉铁

[1] 上海《民国日报》1919年6月23日。

山东请愿团 130 余人到北京，向北洋军阀政府请愿，要求政府不要在山东问题的条约上签字。

路草约、惩办卖国贼"三个条件，并说："起程之际，我东民父老昆季姊妹环跪车站，泣不成声，嘱代表等，请求不遂，不得生还。"[1]

山东请愿团的斗争，再次点燃了北京和上海人民的斗争火炬。6月27日，全国学联和上海各界在沪西公共体育场召开拒签和约万人大会。会议致电巴黎和会的中国代表说："务请抵死坚持，否则国人必有以待公等。"大会还通电全国，号召迅速召开国民大会。7月1日，在巴黎和会的准确消息还没有传来的情况下，上海各界又举行了10万人参加的国民大会，示威游行，提出救国主张。有工界代表在大会上说："救国必须从根本解决，就是要推翻卖国政府。因卖国政府一天存在，他可以在外交上、内政上活动订约借款，压迫国民，为所欲为。故国民必须另起炉灶，组织新政府。"

6月28日，是巴黎和会签字的日子。政府如果在和约上签字，人民就要脱离卖国政府而独立。面对民众的威胁，徐世昌这个卖国政府的总统真是一筹莫展。而在巴黎的中国代表团的代表们这些日子也不好过。这一天，"各专

---

[1]《申报》1919年6月27日。

△其二 欧洲媾和要电

◎中代表不签字之通告

围之拒绝签约甘正式通告路透电烈凡爾塞大命忙

碟之中未受人注意中國代表測發表文告解释不签

字之理由谓和约關於山東問題之解决於珠欠公允中

國付於五月四日向各閣首相会議提出抗議經過和

之情形中政府谷奥情一致反對之故被迫拒絶受納

和約中之山東條款

中國代表劇範對谊絶签约未派代表至凡爾賽中國

代表之罘勋介人珠涵訑異

(巴黎二十八日路透社這)

(巴黎二十九日路透社電)

中國代表

在民众压力下，北洋军阀政府被迫拒绝
在巴黎和约上签字。

使的寓所满被侨法的中国工人和学生围住了，不准专使出门，扬言如果出门，当扑杀之。吾们（指工人学生）已预备了：每一个专使的命由三个人的命去偿他。这预备偿命的人已开了名单，不管要出门的专使是被谁打死的，这预备偿命的人总去偿命。因此专使不敢出门，二十八日未曾列席"。中国代表团明白，如果在和约上签字，他们就会遭到像北京学生对待曹汝霖一样的结果。事实上，这一天中国代表们被中国留学生、工人和华侨包围在设于鲁特西亚酒店（Lutitia Hotel）的中国代表团总部和陆徵祥在法国圣克劳德疗养院（St. Cloud）的住处，根本无法出门。中国学生和工人、华侨直到法国鸣响礼炮向世界宣布凡尔赛条约已经签字之后，他们才撤除对中国代表团的包围。在这种情况下，先是南方军政府代表王正廷，接着是顾维钧，宣布：即使政府坚持，他们也决心拒签和约。其实，焦头烂额的徐世昌也不得不在人民的力量面前低头，三天前的6月25日，他终于改变决定，从北京打电报给巴黎的中国代表下达了不签字的命令。但奇怪的是，这封电报直到28日深夜巴黎和会闭幕会议结束几个小时之后，才送达中国代表团团长陆徵祥的手中。

中国代表团拒绝在巴黎和会对德和约上签字后，集体向总统递交了辞呈，并发表了一个宣言，称："与其承认违悖正义公道之第一百五十六、七、八三条款，莫不如不签字。中国全权之此举，实出于不得已，惟于联合国团结上有所损失，殊觉遗憾。"此时此刻，中国代表团的外交辞令，只是给外国人看的文字游戏罢了。中国政府拒签巴黎和约，给这个长达180天的国际和平会议画上了一个大大的问号，也给帝国主义者画了一个惊叹号。在这场大国博弈之中，中国人民创造了历史。

　　至此，自1919年5月4日北京学生以示威游行开始的群众抗议卖国政府的运动胜利结束。7月22日，全国学联宣布罢课全部结束。6月30日，北大校长胡仁源被免职；9月12日，蔡元培回到北京，并于20日重掌北京大学。

　　1919年7月13日，李大钊在《每周评论》发表《真正的解放》，指出："真正的解放，不是央求人家'网开三面'，把我们解放出来。是要靠自己的力量，抗拒冲决，使他们不得不任我们自己解放自己。不是仰赖那权威的恩典，给我们把头上的铁锁解开，是要靠自己的努力，把他打破，从那黑暗的牢狱中，打出一道光明来。"

　　1919，那年，那月，那一天，觉醒的中国人民在民族主义和爱国主义的旗帜下，用自己的爱国行动证明："人民，只有人民，才是创造世界历史的动力。"[1]爱国学生们以满腔热血、青春激情和一颗赤诚勇敢的中国心，谱写了一曲中华民族历史上的爱国浩歌，赢得了历史，也创造了未来。

9. 陈独秀被捕事件

　　五四爱国民主运动是中国旧民主主义革命的结束和新民主主义革命的开端，中国革命从此进入新的历史时期，但它也是新文化运动的继续和发展。而作为新文化运动兴起标志的《新青年》，在中国近代史上起到了重要的启蒙

---

[1]《毛泽东选集》第三卷，人民出版社1991年版，第1031页。

作用，不仅为五四爱国运动作了思想准备，使社会主义思潮逐渐代替资产阶级思潮而成为运动的主流，并在思想上和干部上为中国共产党的创建作了准备。1917年，在北京大学校长蔡元培的力邀之下，陈独秀这位没有正规大学文凭的社会活动家出任北京大学文科学长，《新青年》编辑部也移师北京，编辑部就在陈独秀的住处箭杆胡同9号。这里和北大红楼一样，成为他领导新文化运动的指挥部。毛泽东在延安时期就在不同场合多次强调说，陈独秀是"五四运动的总司令"[1]。这个在北京城里偏僻得不能再偏僻的小胡同，也可谓是五四运动的总司令部了。

新文化运动"解放了一代知识青年的思想，使他们冲出了封建主义的牢笼，获得了独立的人格。只有这样的新青年才能勇敢地走向街头、广场，举行游行示威，火烧卖国贼的住宅，点燃起五四运动的革命烈火。如果没有新文化运动，那些满脑子三纲五常、三从四德的男女知识青年，不过是摇头晃脑地哼哼几句古文，写些佶屈聱牙的之乎者也罢了。新文化运动直接为五四运动

---

[1] 1942年3月30日，毛泽东在延安谈到《如何研究中共党史》时说："陈独秀是五四运动的总司令。"紧接着，他还说过这样一段意味深长的话："现在还不是我们宣传陈独秀历史的时候，将来我们修中国历史，要讲一讲他的功劳。"1936年10月，毛泽东在延安接受美国著名记者埃德加·斯诺采访，在口述自传的时候，曾多次讲到陈独秀。第一次讲陈独秀是他回忆自己创立新民学会的时候，他说："在中国其他部分，像这类的激进团体都由那时在中国政治上占有势力的战斗青年纷纷组织起来。这许多团体大半都是在陈独秀编辑的著名新文化运动杂志——《新青年》影响下组织起来的。我在师范学校读书时，就开始阅读这本杂志了。并且十分崇拜陈独秀和胡适所作的文章。他们成了我的模范，代替了我已经厌弃的康有为和梁启超。""有很长一段时间，每天除上课、阅报以外，看书，看《新青年》；谈话，谈《新青年》；思考，也思考《新青年》上所提出的问题。"1920年5月，在上海，毛泽东"又一度碰到陈独秀。我和他第一次相见是在北京，当我在北大的时候，他给我的影响也许比那里任何人所给我的都大。"毛泽东说，"在中国共产党的组织中，陈独秀和李大钊占着领导的地位，无疑地，他们都是中国知识界中最灿烂的领袖。我在李大钊手下做图书馆佐理员时，已经很快地倾向马克思主义了，而陈独秀对于引导我的兴趣到这方面来，也大有帮助。我第二次赴沪时，我曾和陈独秀讨论我所读过的马克思主义书籍，陈本人信仰的坚定不移，在这也许是我一生极重要的时期，给我以深刻的印象。"毛泽东曾在《新青年》第三卷第二期（1917年4月1日出版）上发表了《体育之研究》一文，长达7000余字，署名"二十八画生"。因毛泽东名字的繁体字笔画共二十八画。这篇文章是通过毛泽东的恩师北大文科伦理学教授、杨开慧的父亲杨昌济转给陈独秀发表的。可见，五四运动对毛泽东的影响是空前的，陈独秀对毛泽东的影响也是当时任何人无法比拟的。在陈独秀1942年5月凄然诀世后的第三年，毛泽东在中共党史上有着重要意义的第七次全国代表大会的预备会议上，再次郑重地提到了他，说陈独秀"是五四运动时期的总司令，整个运动实际上是他领导的。他与周围的一群人，如李大钊同志等，是起了大作用的……我们是那一代人的学生，五四运动，替中国共产党准备了干部。那个时候的《新青年》杂志，是陈独秀主编的。被这个杂志和五四运动警醒起来的人，后头有一部分进了共产党。这些人受陈独秀和他周围的人影响很大，可以说是由他集合起来，这才成立了党。"毛泽东的话，实事求是，又意味深长。参见《毛泽东文集》和《毛泽东自传》第51—61页，斯诺录，汪衡译，丁晓平编校，中国青年出版社2009年版。

箭杆胡同9号（今20号），陈独秀故居。（丁一方/摄）

奠定了思想基础，准备了一批反帝爱国运动的中坚分子，伦理的觉悟转化为
进行政治斗争的动力，白话文成为爱国运动广泛开展的宣传工具"[1]。从文化运
动到政治运动，陈独秀吸取了孙中山辛亥革命失败的教训，从文化这个软实
力着手，娴熟地运用自己经营的报纸杂志发挥舆论宣传、鼓动、监督的作用，
引导群众开始向政府表达政治诉求。因为《新青年》办刊方针的限制，加上
同人志同道不合的制约，陈独秀遂携手李大钊创办《每周评论》，开始大谈政
治，激浊扬清。

　　1918年12月22日《每周评论》的创刊，标志着新文化运动把文化斗争和
政治斗争结合起来了。从此这个名叫"独秀"的人又以"只眼"的笔名，不

[1] 任建树:《陈独秀大传》，上海人民出版社1999年版，第142页。

断对重大政治问题发表评论。

第一次世界大战结束后，作为协约国成员的中国，举国欢腾，陈独秀也不例外。他相信这次大战是"公理战胜强权"。在他看来，"凡合乎平等自由的就是公理；倚仗自家强力，侵害他人平等自由的，就是强权"[1]。因此，他主张"我们东洋各国列席（巴黎和会）的委员，应该联合一气，首先提出'人类平等一概不得歧视'的意见，当作东洋各国第一重大的要求。此案倘能通过，他种欧美各国对亚洲人不平等的待遇，和各种不平等的条约，便自然从根消灭了"[2]。

而在《每周评论》创刊号上，陈独秀还以《两团政治》为题，公开揭露了军阀政治与帝国主义的勾结。陈独秀说："中国人上自大总统，下至挑粪桶，没有人不怕督军团，这是人人都知道的了。但是外交团比督军团还要厉害，列位看前几天督军团在北京何等威风，只因为外交团小小的一个劝告，都吓得各鸟兽散。什么国会的弹劾，什么总统的命令，有这样厉害吗？这就叫做'中国之两团政治'。"因为段祺瑞在日本帝国主义的支持下，为保存自己的军阀武装实力，把打着参加第一次世界大战的幌子训练的所谓"参战军"改为"国防军"。为此，陈独秀在2月23日的社论《我的国内和平意见》中，紧紧联系"中日共同防敌协定"发表意见，甚至号召"国民起来根本解决"。他说："在外交上说起来，原来这国防军，就是参战军的改名。参战军享受日本兵器兵费的接济，便不得不受中日两国军阀野心的结托，假参战为名，一方是打算握大陆的兵权，一方是打算做国中的霸主。一个愿打，一个愿挨，所苦的就是我们四万万被卖的人民。幸而欧战停止，参战军未能扩充，两国的军阀，还没有十分如愿。然而这国防军仍然是军事协定的余毒……"，"这国防军因为用了中日军事协约的参战借款和兵器，所以用人行政都不大自由。所以国防督办处和经理局教练处，都不得不用许多日本人执那重要的职务。""这国防军倘不取消，在内政上在外交上都是破坏和平的危险物。和平会议的南北代表诸君，如果真想为国民谋和平幸福，就应该竭力打消这破坏和平的危险

---

[1]《每周评论》发刊词，1918年12月22日。

[2]《战后东洋民族之觉悟及要求》，《每周评论》1918年12月29日。

物。我也知道这件事是两国军阀的结托，力量不小。不但代表诸君不敢得罪他们，就是两国政府的当局，也都无可奈何。如此我们只有奉劝两国的军阀，看看世界大势，不要太高兴。若是两国的国民起来根本解决，闹得俄德两国的现状，没有你们什么好处。"

紧接着，他在1919年1月19日的《每周评论》上发表了《除三害》，勇敢地向军阀、官僚、政客开战，他说，"中国若不除去这三害"，政治永无清宁之日，"若想除这三害，第一，一般国民要有参预政治的觉悟，对于这三害，要有相当的示威运动。第二，社会中坚分子，应该挺身出头，组织有政见的有良心的依赖国民为后援的政党，来扫荡无政见的无良心的依赖特殊势力为后援的狗党"。陈独秀把斗争的矛头直指封建军阀，大胆指出解决中国国内和平的根本途径，就是依靠人民的力量，"铲除南北军阀"，"非多数国民出来，用那最不和平的手段，将那顾全饭碗、阻碍和平的武人、议员、政客扫荡一空不可"。

在新旧思潮激战的时刻，陈独秀毫无顾忌地公开发表自己的政治主张，把民主与科学的思想通过《每周评论》与现实的政治斗争结合起来，从而赢得了更多新青

1919年5月18日、6月8日《每周评论》报道北京学生运动情况

年的信仰和爱戴。时为北大预科学生的罗章龙回忆说，陈独秀"一再强调，要采取'直接行动'对中国进行'根本改造'。他的这些言论非常符合当时激进青年的心意。青年们对他十分敬佩，亦步亦趋团结在他的周围。正是在他这些号召的鼓动下，易克嶷、匡互生、吴坚民、宋天放、李梅羹、王复生、刘克俊、夏秀峰、张树荣、吴慎恭、吴学裴、王有德和我等各院校的青年学生，在'五四'前夕，秘密组织了一个行动小组"。

五四爱国运动爆发后，陈独秀经常到事件发生的现场，看望被捕学生，掌握第一手材料，天天都在忙碌着采访、写作，一个月内在《每周评论》共发表7篇文章和33篇"随感录"。从5月4日至6月8日，《每周评论》用全部版面报道五四运动发展的情况，并连续出版了第二十一号（5月11日）、二十二号（18日）、二十三号（26日）三期"山东问题"特号，详细报道5月4日学生游行时悲愤激昂的情绪，全文刊登《北京学界全体宣言》，揭露帝国主义对中国的侵略和北京政府的卖国罪行，将青岛问题的来龙去脉、巴黎和会中国外交失败经过、日本代表在巴黎和会飞扬跋扈的嚣张气焰、北京学生被捕情况和各界对学生的支援，在第一时间向全国人民报道事件的真相，从而掀起罢免卖国贼、拒签和约的斗争热潮。在《每周评论》第二十二号，他还增刊四版，刊出《特别附录——对于北京学生运动的舆论》，指出公众的示威运动是国民"应有的权利"，"是合乎正义的"，不受"反乎人道正义"的法律制裁。难道"只许州官放火，不准百姓点灯。彼卖国之贼、残民之官、及奸淫焚掠暴戾恣睢之武人，皆享有自由违法之权"，为何独对学生执法如山？！

煽革命之风，点革命之火。陈独秀、李大钊主编的《每周评论》成为新青年们"欢喜无量"的"明灯"，仅在北京一地就发行五万多份，其"议论之精辟，叙事之简洁为全国新闻之冠"[1]。因此，北京政府对它恨之入骨。1919年8月30日，《每周评论》出版第三十七号时，被政府当局查封。当学生被捕、蔡元培被迫辞职秘密离京之后，上海的好友觉得陈独秀处境危险，就函电"促其南下"。陈独秀气愤地回答说："我脑筋惨痛已极，极盼政府早日捉我下监处死，不欲生存于此恶浊之社会也。"6月3日，当北京政府出动军警对学生实

---

[1] 《吴虞日记》，1919年7月11日。

行大逮捕之后，陈独秀更是义愤填膺。6月8日，他在《每周评论》第二十五号发表了著名的《研究室与监狱》——

> 世界文明发源地有二：一是科学研究室，一是监狱。我们青年要立志出了研究室就入监狱，出了监狱就入研究室，这才是人生最高尚优美的生活。从这两处发生的文明，才是真文明，才是有生命有价值的文明。

陈独秀高昂的战斗激情和乐观主义精神，感染了五四时代的新青年。"研究室与监狱"一时间成为青年学生的爱国诺言和报国实践。有人说陈独秀是"终身的反对派"，他自己也乐意接受，其实，这位诗人性格的革命者，却是一个终身的坚持派。他始终坚持自己的，不做别人。对陈独秀的为人处世，光明磊落，从不搞阴谋诡计，鲁迅最为欣赏，他说："假如将韬略比做一间仓库罢，独秀先生的是外面竖一面大旗，大书道：'内皆武器，来者小心！'但那门却开着的，里面有几枝枪，几把刀，一目了然，用不着提防。"

"庆父不死，鲁难未已。"在卖国贼曹、章、陆罢免后，耀武扬威的皖系军阀仍然掌握着中央政权，五四运动的根本要求依然没有实现。敢说敢做的陈独秀再也坐不住了，作为新青年的导师、中国思想界的先驱和"五四运动的总司令"，他把握了历史又推动了历史、他改变了历史又被历史改变。在这关键时刻，他以其特有的无畏和牺牲精神，开始了自己的直接行动——"直接行动就是人民对于社会国家的黑暗，由人民直接行动，加以制裁，不诉诸法律，不利用特殊势力，不依赖代表。因为法律是强权的护符，特殊势力是民权的仇敌，代议员是欺骗者，决不能代表公众的意见。"[1]于是，这位"五四运动的总司令"进一步对北京政府予以"根本之改造"，起草了《北京市民宣言》，

---

[1]《五四运动的精神是什么？》，《时事新报》1920年4月21日。

全文如下——

中国民族乃酷爱和平之民族。今虽备受内外不可忍受之压迫，仍本斯旨，对于政府提出最后最低之要求如左：

（1）对日外交，不抛弃山东省经济上之权利，并取消民国四年七年两次密约。

（2）免徐树铮、曹汝霖、陆宗舆、章宗祥、段芝贵、王怀庆六人官职，并驱逐出京。

（3）取消步军统领及警备司令两机关。

（4）北京保安队改由市民组织。

（5）市民须有绝对集会言论自由权。

我市民仍希望和平方法达此目的。倘政府不顾和平，不完全听从

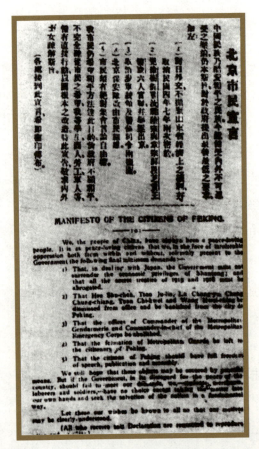

北京市民宣言

市民之希望，我等学生、商人、劳工、军人等，惟有直接行动，以图
根本之改造。特此宣告，敬求内外士女谅解斯旨。

　　（各处接到此宣言，希即复印传布）

　　《北京市民宣言》上半部为中文，下半部为英文，是陈独秀1919年6月9
日起草的，英文是他请胡适翻译的。当天夜里，陈独秀和高一涵一起到嵩祝
寺旁边一个为北大印讲义的小印刷所去印刷，印刷费也由其个人独自掏腰包。
印完时，已深夜一点多钟。两位印刷工人警惕性很高，印好后把底稿和废纸
一概烧得干干净净。[1][1]

　　这个宣言指明了五四爱国运动的方向，"希望和平方法达此目的"，但是，
如果政府"不顾和平，不完全听从市民之希望"，就"惟有直接行动，以图根
本之改造"，可谓是陈独秀"平民征服政府"的"纲领"。

　　"宣言"印好之后，陈独秀就和他的战友们一起散发。据高一涵回忆：他
和陈独秀先是一起到中央公园散发，大多是乘吃茶的人离开茶座时，把《宣言》
"放在没有人的桌子上，用茶杯压好，等到吃茶的人回到原桌子来，看到传单，
读后大声叫好，拍手欢呼"。6月11日这天下午，陈独秀又约同乡高一涵、王
星拱（北大理科教员）、程演生（北大预科教授）、邓初（内务部佥事）四人，
一起到香厂附近一个四川菜馆子浣花春去吃晚饭。餐后，陈独秀、邓初和高一
涵三个人就到新世界游艺园去散发传单，王星拱和程演生到城南游艺园去散发
传单。高一涵回忆说："我同陈独秀、邓初三人到新世界，见戏场、书场、台球
场内，皆有电灯照耀，如同白日，不好散发传单。陈独秀同我两人只得上新世
界的屋顶花园，那里没有游人，也无电灯。这时刚看到下一层露台上正放映露
天电影，我们就趁此机会，把传单从上面撒下去。哪知道，我们正在向下撒传
单时，屋顶花园的阴暗角落里走出一个人来，向陈独秀要传单看，陈独秀实在

---

[1] 高一涵:《李大钊同志护送陈独秀脱险》,《文史资料选辑》第61辑，文史资料出版社1982年版，第61页。

新世界大楼旧貌

天真、幼稚，就从衣袋里摸出一张传单给那个人，那个人一看，马上就说：'就是这个。'即刻叫埋伏在屋顶花园暗地里的一伙暗探，把陈独秀抓住。我乘着这个机会，疾走到屋顶花园的天桥上，探子大叫：'那里还有一个！'我就在此一刹那间，把手中拿的传单抛了，赶快走下去，杂在戏园的观众中，并脱去长衫，丢掉草帽，躲藏起来。转眼看到邓初一人，还在对过台球场内，把传单一张一张地放在茶桌上。我小声告诉他，说：'独秀已被捕。'他还说：'不要开玩笑罢！'正说间，遥见陈独秀已被探子们捉下楼来。陈独秀怕我们不知道他被捕，故意大呼大跳起来，说：'暗无天日，竟敢无故捕人！'"[1]

为此，《新青年》编辑部（即陈独秀住宅）当晚也遭到了搜查。陈独秀被捕监禁了近三个月，李大钊也因此出京到昌黎五峰山躲避了一个时期。陈被释放时，李也已回到北京。

其实，身着白帽西服的陈独秀，一来到新世界，因"上下楼甚频，且其衣服兜中膨满"，就引起了暗探的注意和跟踪。当晚10时，当陈独秀散发传单

---

[1] 高一涵：《李大钊同志护送陈独秀脱险》，《文史资料选辑》第61辑，文史资料出版社1982年版，第62—63页。对散发传单事，胡适的回忆与高一涵有所不同，他说当时是陈独秀、高一涵和胡适三位安徽同乡在新世界吃茶聊天，"陈氏从他的衣袋中取出一些传单来向其他桌子上散发……我们原在一起吃茶，未几一涵和我便先回来了（那时高君和我住在一起）。独秀一人留下，他仍在继续散发他的传单。不久警察便来了，把独秀拘捕起来送入警察总署的监牢"。

时，立即被拘捕。夜12时，军警百余人荷枪实弹包围陈的住宅，破门而入，陈的眷属从梦中惊起，当即被搜检拿去信札多件。6月12日，外右五区警察署提讯陈独秀。他这时才编造了一段供词，说当蔡校长在校时，他请假回安庆，于前几日来京，"路过上海时，经上海学生联合会友人徐姓交给我这传单一千四五百张，叫我到北京散布。本月十一日上午十正点钟，我将这传单送到北京学生联合会四五百张，交给不知姓名高等师范学生收讫"。晚九、十点钟，"我到新世界散布传单，已散去数十张……"陈独秀承认散发《北京市民宣言》，但请假回安庆、上海徐姓友人和不知姓名的高师学生等却是信口欺骗警察的托辞。

13日，北京《晨报》首先披露了陈独秀被捕的消息，随后这个消息成为热点新闻，全国各大报纸纷纷转载报道。15日，上海《民国日报》指出：当此"人心浮动之时，政府苟有悔祸之诚心，不应对国内最负盛名之新派学者，

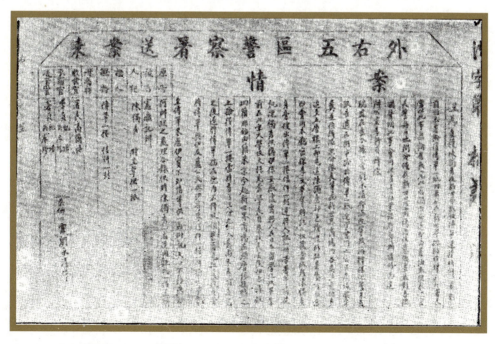

1919年，北京外右五区警察署逮捕陈独秀后呈报的一份"送案表"

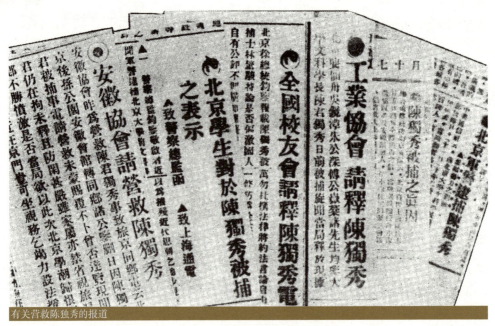

有关营救陈独秀的报道

加以摧残，而惹起不幸之纠葛也"。17日，《申报》以《北京之文字狱》为题发表评论，认为五四学潮是因为政府"利用黑暗势力，以摧毁学术思想之自由"，而今逮捕陈独秀，"乃又扬煽其波，激之使动，树欲静而风又来，是诚何心耶？"

北京政府逮捕陈独秀，再一次在中国文化界、教育界和政界以及青年学生中引起轩然大波，舆论一片震惊，各省各界函电交驰，纷纷为陈辩白，吁请政府当局立予开释。全国校友联合会致电总统徐世昌："陈独秀被捕，士林惊骇。持论是否偏激，国人自有公评，不得横加摧残，防民之口，其可得乎？"北京学联致函警察总监吴炳湘，措词以鼓动性的口气对当局施压说："陈先生夙负学界重望，其言论思想皆见称于国内外，倘此次以嫌疑遂加之罪，恐激动全国学界再起波澜。当此学潮紧急之时，殊非息事宁人之计……现今各种问题已极复杂，岂可再生枝节，以滋纷纷。"并通电上海："除设法援救，并希国人注意。"上海工业协会通电说："大乱之机，将从此始。"国民大会上海干事部、中华工业协会、江苏省教育会和安徽省各界以及社会各界名流如孙中山、章士钊，甚至包括对五四运动持反对态度的田桐、广东军政府主席总裁岑西林以及北京大学的旧派代表人物刘师培、桐城派古文家马通伯、姚永概

陈独秀文存

等也都致电政府当局，要求释放陈独秀。章士钊在电报中说："讵可忽兴文网，重激众怒"，"试观古今中外，每当文网最盛之秋，正其国运衰歇之候，以明末为殷鉴，可为寒心。今日谣诼繁兴，清流危惧，乃迭有此罪及文人之举，是真国家不祥之象，天下大乱之基也。"孙中山在上海对徐世昌、段祺瑞的代表许世英义正词严地说：你们逮捕了陈独秀，"做了好事，很足以使国人相信，我反对你们是不错的。你们也不敢把他杀死，死了一个，就会增加五十、一百个，你们尽管做吧！"许世英连忙说："不该，不该，我就打电报回去。"

北京政府当局之所以逮捕陈独秀，最重要的原因就是陈独秀乃新文化运动的领袖人物，他所倡导的新文化和鼓吹的新思想一直令北京政府和军阀官僚们深恶痛绝。但令北京政府当局没有想到的是，逮捕陈独秀又是搬起石头砸了自己的脚，不但没能阻止新文化运动的扩展，反而使新文化阵营通过营救活动扩大了陈独秀的影响，使得新思潮更加深入人心。

1919年6月24日，李达在《民国日报》副刊《觉悟》上以笔名"鹤"发表《陈独秀与新思想》，对陈独秀的被捕评论说："陈独秀先生是什么人？大家都晓得是一个'鼓吹新思想'的书生。北京政府逮捕他是怎么缘故？因为他是'鼓吹新思想'的缘故。'鼓吹新思想'的书生，北京政府何以要逮捕他呢？因为现在的北京政府，是顽固守旧的政府、卖国政府。陈先生是一个极端反对顽固守旧思想的急先锋，并且还用文字反对政府卖国的行为。他的文字，很有价值，很能够把一般青年由朦胧里提醒觉悟起来。北京政府为了这样，卖国的举动不大方便。所以，忌到这位鼓吹新思想的陈先生，想把'莫须有'的事随便戴在陈先生的头上，说是在他家里发见过过激派的书籍印刷物。这事并不是真的。要把陈先生做个标本，来恐吓许多鼓吹新思想的一般人。"所以，"我们对他应该要表两种敬意。一敬他是一个拼命'鼓吹新思想'的人。二敬他是一个很'为了主义吃苦'的人。"陈独秀的精神和地位，像明星般光彩耀人。时任北大庶务主任的李辛白在1919年7月13日《每周评论》上发表诗歌《怀念陈独秀》——"依他的主张，我们小百姓痛苦。依你的主张，他们痛苦。他们不愿意痛苦，所以你痛苦。你痛苦，是替我们痛苦。"

对于陈独秀的被捕，身在长沙的毛泽东在7月14日出版的《湘江评论》创刊号上，以《陈独秀之被捕及营救》为题立即作了深入报道。在这篇文章中，毛泽东不仅简单叙说了陈独秀的被捕经过，还全文抄录了中美通讯社发布的《北京市民宣言》、北京学联呈送京师警察厅的公函、章士钊致南北和会北方代表王克敏的信函，对陈独秀的被捕给予了高度关注，称赞陈是"思想界的明星"。他说："我们对于陈君，认他为思想界的明星。陈君所说的话，头脑稍微清楚的听得，莫不人人各如其意中所欲出。现在的中国，可谓危险极了。不是兵力不强财用不足的危险，也不是内乱相寻四分五裂的危险。危险在全国人民思想界空虚腐败到十二分。中国的四万万人，差不多有三万九千万是迷信家。迷信神鬼，迷信物象，迷信运命，迷信强权。全然不认有个人，不认有自己，不认有真理。这是科学思想不发达的结果。中国名为共和，实则专制，愈弄愈糟，甲仆乙代，这是群众心里没有民主的影子，不晓得民主究竟是甚么的结果。陈君平日所标揭的，就是这两样。他曾说，我们所以得罪于社会，无非是为着'赛因斯'（科学）和'克莫克拉西'（民主）。陈君为这两件东西得罪了社会，社会居然就把逮捕和禁锢报给他。也可算是罪罚相敌了！凡思想是没有畛域的……陈君之逮捕，绝不能损及陈君的毫末，并且是留着大大的一个纪念于新思潮，使他越发光辉远大。政府决没有胆子将陈君处死。就是死了，也不能损及陈君至坚至高精神的毫末。陈君原自说过，出试验室，即入监狱。出监狱，即入试验室。又说，死是不怕的。陈君可以实验其言了。我祝陈君万岁！我祝陈君至坚至高的精神万岁！"

在强大的社会舆论压力之下，北京政府不得不向人民群众作出妥协，在关押了98天之后，于1919年9月16日下午4时释放陈独秀，恢复自由。为此，北大学生还专门为陈独秀召开了慰问和欢迎大会，他本人也对北大师生表达了谢意。10月12日，陈独秀还参加了国民杂志社周年纪念会，并发表演说，称赞该社同学为五四运动"出力独多"，指出"此番运动，实为国民运动之嚆矢，匪可为与党派同日而语"。

陈独秀出狱，是新文化阵营的又一次重大胜利，也是五四爱国运动在实现罢免卖国贼、拒签和约之后的重大战果。1919年11月1日出版的《新青年》第六卷第六号热情洋溢地发表了刘半农、胡适、李大钊和沈尹默写的白话诗，欢迎陈独秀出狱。

胡适的白话诗《威权》这么写道——

威权坐在山顶上，/指挥一班铁索锁着的奴隶替他开矿。/他说："你们谁敢不尽力做工？/我要把你们怎么样就怎么样！"/奴隶们做了一万年的苦工，/头颈上的铁索渐渐地磨断了。/他们说："等到铁索断时，我们要造反了！"

奴隶们同心合力，/一锄一锄的掘到山脚底。/山脚底挖空了，/威权倒撞下来，活活的跌死！

李大钊的白话诗《欢迎陈独秀出狱》说——

（一）

你今出狱了，/我们很欢喜！/他们的强权和威力，/终竟战不胜真理。/什么监狱什么死，/都不能屈服了你，/因为你拥护真理，/

所以真理拥护你。

（二）

你今出狱了，/我们很欢喜！/相别才有几十日，这里有了许多更易：/从前我们的"只眼"忽然丧失，/我们的报便缺了光明，减了价值；/如今"只眼"的光明复启，/却不见了你和我们手创的报纸！/可是你不必感慨，不必叹息，/我们现在有了很多的化身，同时奋起：/好像花草的种子，/被风吹散在遍地。

（三）

你今出狱了，/我们很欢喜！/有许多的好青年，/已经实行了你那句言语：/"出了研究室便入监狱，/出了监狱便入研究室。"/他们都入了监狱，/监狱便成了研究室，/你便久住在监狱里，/也不须愁着孤寂没有伴侣。

陈独秀的被捕从某种意义上说，更加增强了新知识分子和青年学生之间的团结。五四运动的精神也就"好像花草的种子，被风吹散在遍地"。而以陈独秀为首的《新青年》编辑部同人因为忙于参加五四运动，使得《新青年》的编辑工作被迫中断。本来应该在1919年4月15日出版的《新青年》第六卷第四号，实际出版发行时间却延迟到了7月；应在5月出版的第六卷第五号则延迟到了9月，而五四运动爆发后的第一期《新青年》即第六卷第六号，则延迟到了11月1日才出版。由此可见，陈独秀的新文化阵营是多么深入地卷进了这场运动。

从1915年9月15日创刊，《新青年》的编辑人员经历了多次变动。从第一卷第一号至第三卷第六号，由陈独秀一人担任主撰和编辑；1917年陈独秀执掌北大文科、《新青年》移师北京之后，因为胡适、钱玄同、刘半农等人加入，与其组成"文学革命"的"四大台柱"；1917年10月陈独秀开始考虑把《新青年》变成同人刊物，并从1918年1月出版的第四卷第一号正式转变为由六人轮流编辑的同人刊物，主要编辑人员有陈独秀、钱玄同、刘半农、胡适、沈尹默、陶孟和、高一涵、李大钊。鲁迅和周作人兄弟作为《新青年》的旗手和骨干，尽管没有直接作为责任编辑参加编辑工作，但"遇着兴废的重要关头"，也被邀请列席会议。

　　但到了1919年12月，《新青年》的编辑工作又有了重大变化。经历了牢狱之苦的陈独秀决定，从第七卷开始《新青年》重新由自己独自担任主编。这一方面因为五四爱国运动已经达到了高潮，新文化运动已经取得了胜利；另一方面编辑部同人也不是铁板一块，因为各人持论不同，已经引起社会上的怀疑和误会，尤其突出表现在政治观点和立场上，比如胡适和李大钊在《每周评论》上先后发表《多研究些问题，少谈些"主义"》和《再论问题和主义》，开展了"问题"和"主义"之争；再加上有"某籍某系"之称的浙江籍教育界人士蔡元培、汤尔和、马叙伦、沈尹默等人，3月26日晚上在汤尔和家中议决因生活作风引发道德丑闻而导致陈独秀失去文科学长之职，给《新青年》同人阵营分裂埋下了伏笔。但在陈独秀重新独自主编之后的第七卷第一号上，却开门见山地发表了《〈新青年〉宣言》，这是《新青年》创刊五年来第一次完整发表自己的主张。这份据说是表达"全体社员的共同意见"的宣言，实际上却成为鼓舞一代新青年行动的纲领——

　　　　本志具体的主张，从来未曾完全发表。社员各人持论，也往往不能尽同。读者诸君或不免怀疑，社会上颇因此发生误会。现当第七卷开始，敢将全体社员的公共意见，明白宣布。就是后来加入的社员，也共同担负此次宣言的责任。但"读者言论"一栏，乃为容纳社外异议而设，不在此例。

　　　　我们相信世界上的军国主义和金力主义，已经造了无穷罪恶，现在是应该抛弃的了。

　　　　我们相信世界各国政治上、道德上、经济上因袭的旧观念中，有许多阻碍进化而且不合情理的部分。我们想求社会进化，不得不打破"天经地义"、"自古如斯"的成见；决计一面抛弃此等旧观念，一面综合前代贤哲、当代贤哲和我们自己所想的，创造政治上、道德上、经济上的新观念，树立新时代的精神，适应新社会的环境。

我们理想的新时代新社会，是诚实的，进步的，积极的，自由的，平等的，创造的，美的，善的，和平的，相爱互助的，劳动而愉快的，全社会幸福的。希望那虚伪的，保守的，消极的，束缚的，阶级的，因袭的，丑的，恶的，战争的，轧轹不安的，懒惰而烦闷的，少数幸福的现象，渐渐减少，至于消灭。

我们新社会的新青年，当然尊重劳动；但应该随个人的才能兴趣，把劳动放在自由愉快艺术美化的地位，不应该把一件神圣的东西当做维持衣食的条件。

我们相信人类道德的进步，应该扩张到本能（即侵略性及占有心）以上的生活；所以对于世界上各种民族，都应该表示友爱互助的情谊。但是对于侵略主义、占有主义的军阀、财阀，不得不以敌意相待。

我们主张的是民众运动、社会改造，和过去及现在各派政党，绝对断绝关系。

我们虽不迷信政治万能，但承认政治是一种重要的公共生活；而且相信真的民主政治，必会把政权分配到人民全体。就是有限制，也是拿有无职业做标准，不拿有无财产做标准；这种政治，确是造成新时代一种必经的过程，发展新社会一种有用的工具。至于政党，我们也承认他是运用政治应有的方法；但对于一切拥护少数人私利或一阶级利益，眼中没有全社会幸福的政党，永远不忍加入。

我们相信政治、道德、科学、艺术、宗教、教育，都应该以现在及将来社会生活进步的实际需要为中心。

我们因为要创造新时代新社会生活进步所需要的文学道德，便不得不抛弃因袭的文学道德中不适用的部分。

我们相信尊重自然科学实验哲学，破除迷信妄想，是我们现在社会进化的必要条件。

我们相信尊重女子的人格和权利，已经是现在社会生活进步的实际需要；并且希望他们个人自己对于社会责任有彻底的觉悟。

我们因为要实验我们的主张，森严我们的壁垒，宁欢迎有意识、

有信仰的反对，不欢迎无意识无信仰的随声附和。但反对的方面没有
充分理由说服我们以前，我们理当大胆宣传我们的主张，出于决断的
态度；不取乡愿的、紊乱是非的、助长惰性的、阻碍进化的、没有自
己立脚地的调和论调；不取虚无的、不着边际的、没有信仰的、没有
主张的、超实际的、无结果的绝对怀疑主义。

实际上，这份宣言可以看作是新文化阵营知识分子们的一份"精神独立
宣言"。但在《新青年》同人面临分裂之前，这个宣言也是作为"总司令"的
陈独秀希望同人加强团结、达成共识、巩固阵地、志同道合、继续奋勇前进
的条约。或许其中有妥协与调和的底色，甚至有些一厢情愿，但却向世界宣
告新文化运动已经如不可抵挡的"洪水"，在古老的中国大地上汹涌澎湃……

红楼（丁晓平 / 摄）

WU SI
YUNDONG

作为新文化运动的滥觞之地，红楼如今成了老北大的永恒标志和象征。

第十章
CHAPTER 10

红　楼

HUAZHUAN
Scene and Truth of History

WU SI YUNDONG

现在北京东城的五四大街，在1919年的民国地图上叫沙滩汉花园。今日五四大街29号新文化运动纪念馆，在1919年的时候是北京大学文学院，也就是著名的北大红楼。作为新文化运动的滥觞之地，红楼如今成了老北大的永恒标志和象征。

那时候，北京大学全名叫国立北京大学。1917年蔡元培任校长以后，北大分三个院：一院是文学院，即红楼，位置就是紫禁城神武门（北门）以东的汉花园；二院是理学院，在景山东侧的马神庙，即现在的景山东街路东，这是北京大学的老校址，原来京师大学堂所在地，因为红楼落成后才降为二院；三院是法学院，在北河沿路西侧。当然，今日大学中的这个学院、那个学院与那时的北京大学文学院、理学院和法学院是不能相提并论的。

红楼坐北朝南，这座四层红砖到顶的"工"字形大楼建造于1918年，是北大20年校庆的一个标志性建筑。因周身红色，叫红楼名副其实。当初建造的时候是准备作宿舍使用的，建成之后改作文科教学楼。全楼有300多个房间。许多至今听来仍如雷贯耳的教授先生就在这里进进出出，如严复、林纾、蔡元培、陈独秀、胡适、刘师培、辜鸿铭、李大钊、鲁迅、周作人、钱玄同、马叙伦、梁漱溟、蒋梦麟、刘半农、吴虞、高一涵、王星拱、邵飘萍、章士钊、

1918年落成的北大红楼

李大钊

1920 年 10 月北京共产主义小组在红楼李大钊的办公室里诞生

马寅初、刘文典、程演生、杨昌济、黄侃、顾颉刚、钱穆等，真可谓星汉灿烂。

那时北大学生集会活动主要在二院和三院。二院马神庙的西斋是学生宿舍，是一座很大的中式院落，在沙滩红楼建成以前，北大学生们的食、宿主要都在这里，因此，各种消息首先在这里专播，许多活动首先在这里展开。这里可以随时看到各种海报、布告、通知等，"有人发出什么号召，就有人响应；说开会，就有人去。开会的地点，大些的会，在饭厅开的时候多，要说话的，站在板凳上就说起来"。而位于北河沿的三院法科礼堂，五四运动中人数众多的集会，特别是联合其他各校的集会大都在这里举行。在北京政府6月3日开始镇压学生运动的时候，法科就成为"第一学生拘留所"。

红楼是文科的教学楼，文科学长陈独秀的办公室就在红楼二层。二楼系文科、法科学长办公室和八个系主任的办公室，各系的教授会、教务处、总务处、学生会均在这一层办公。其中208室是蔡元培校长的办公室。红楼的一

子民图书室标志

层则是图书馆，馆长李大钊的办公室就在一楼东南角。一层的图书馆共有 15 个书库和四个阅览室、一个登录室、两个编目室。为纪念蔡元培，167 号房间在 1947 年被开辟为"孑民图书室"。三层和四层都是教室。红楼的半地下室则是北大的出版部，各种讲义、试卷都在这里印刷。五四运动时期的进步刊物《国民》《新潮》《每周评论》都是在这里印刷的。这样，红楼就成了名副其实的北大行政和教学的中心。

伟人毛泽东也曾在这里工作，他经杨昌济介绍在李大钊任馆长的北大图书馆当佐理员，工作倒也简单，只是负责新到的报刊和阅览人姓名的登记，月薪仅 8 块大洋。而当时李大钊的月薪为 120 块，胡适为 200 块，陈独秀为 300 块。毛泽东回忆说："我的

红楼

职位如此之低，以致人们都不屑和我来往。我的工作之一就是登记来馆读报的人名，不过这般人大半都不把我放在眼里。在这许多人名之中，我认得有几个是新文化运动著名的领袖，是我十分景仰的人。我很想和他们讨论关于政治和文化的事情，不过他们都是极忙的人，没有时间来倾听一个南边口音的图书馆佐理员所讲的话。但是，我并不因此而丧气，我仍然参加哲学研究会和新闻学研究会，想藉此能听大学里的课程。"[1]

1919年5月4日，红楼后门外偏西的那架铁钟，敲响了民主爱国的钟声，爱国学生们就是从这里整队出发走向天安门的。红楼作为五四运动的策源地，成为进步学生集会的重要场所。1946年由华北学联命名，红楼操场又有了一个响亮的名字——民主广场，那座铁钟也被称为"自由之钟""文化之钟"。

在红楼，陈独秀创办了《每周评论》，成为五四爱国运动的政治刊物。李

[1] 丁晓平编校：《毛泽东自传》，斯诺录，汪衡译，中国青年出版社2009年版，第53—55页。

红楼 "自由之钟"

大钊在这里组织了马克思学说研究会[1]，是中国最早的研究马克思主义的团体之一。在红楼，李大钊还成立了一个"马克思学说研究会"图书室，会员们称作"亢慕尼斋"（Commnism，即共产主义），并刻印一方，因此所有"马克思学说研究会"的图书上都有"亢慕尼斋"字样的印章。在红楼，李大钊写下了《庶民的胜利》《布尔什维主义的胜利》《我的马克思主义观》等经典作品。

1920年4月，李大钊在红楼热情接待了共产国际代表维金斯基和马马耶夫。维金斯基向中国青年介绍了俄国十月革命的情况，李大钊和他还讨论了建立中国共产党的问题。此后，李大钊介绍维金斯基到上海见陈独秀，商议建党大计。10月，继上海共产党早期组织成立之后，李大钊在红楼自己的办公室成立了北京共产党早期组织，成员有三人：即李大钊（教授）、张申府（讲师）和张国焘（学生）。11月，北京党的早期组织改为中国共产党北京支部，李大钊担任支部书记，张国焘负责组织，罗章龙负责宣传，已经有14名成员，并创办《劳动音》周刊，积极宣传马克思主义。11月，邓中夏、何孟雄、缪伯英、范鸿劼、朱务善、黄日葵、杨仁杞等40多人聚集在北大红楼学生会办公室，召开了"北京共产主义青年团"成立大会，经选举，高君宇担任第一任书记。中国共产党北京支部和共产主义青年团的成立，标志着中国北方的共产主义运动开始了新的里程。

1921年元旦，邓中夏主持长辛店劳动补习学

维金斯基（1893—1953年）

俄国人，共产国际代表。

---

[1] 当时为欺骗警察取名为"马尔柯斯学说研究会"。

校，后来又成立了工人俱乐部，积极开展劳工运动，成为北方工人运动的主要阵地。1921年7月中共一大召开之前，总共在8个地方建立的党组织中，有6个党组织的负责人是北大的师生或校友；总共58名党员中，在北大入党的师生有11人、在北大学习及工作过已经离校的校友有10人，共计21人，占党员总数的36%左右。出席中共一大的13名代表中，有北大的学生和校友5人，占代表总数的38.5%。[1]

有诗曰："北大红楼两巨人，纷传北李与南陈；孤松独秀如椽笔，日月双悬照古今。"[2]

因为五四运动，北京大学名扬世界。因为是五四运动的大本营和马克思主义传播的发祥地，红楼也成为名扬四海的爱国主义教育基地。

---

[1]《北京大学校史馆》第43页，内部资料。

[2] 萧超然:《北京大学与五四运动》，北京大学出版社1986年版，第359页。

1919 年爱国群众在天安门前

WU SI
YUNDONG

五四运动是一次青年运动，而且是中国青年运动的经典。我们对五四运动领袖人物和精英的年龄进行一次统计，就会发现青春的魅力和生命的张扬。

第十一章
CHAPTER 11

五四年龄

纪念五四运动 **100** 周年

HUAZHUAN
Scene and Truth of History

WU SI YUNDONG

1919

　　五四运动是一次青年运动，而且是中国青年运动的典范。参加五四运动的不仅有爱国青年学生，还有各个阶层的文化精英和社会名流，以及广大人民群众。在这里，我们对五四运动领袖人物和精英的年龄进行一次统计，就会发现青春的魅力和生命的张扬。

　　据1920年出版的《最近官绅履历汇录》记载：在4764名高级官员和教育行政人员中，1545人曾通过清政府的科举考试，1341人在旧式学堂毕业后曾留学国外，909人在中国学校毕业，969人来自商人和其他阶层。几乎所有的中下级官员都只受过传统教育。但到了19世纪末20世纪初出生的这一代人，因为1905年废除科举考试以后，知识分子"学而优则仕"的传统法则发生了变化，其前途命运面临巨大的不确定性，因此也更多地具有了活跃的社会和政治意识——从官场转而走向群众运动，进而成为改革家和革命家。而且他们大多有海外留学的经历和阅历，视野开阔，思想解放。"天下兴亡，匹夫有责"。五四时期的"海归"们背负家仇国恨，热烈的报国情怀和强烈的强国使命以及激烈的科学民主精神，促使他们吸收了更多的新思想，在意识形态和文化与政治的"黑屋子"中碰撞、冲突、喧嚣和发酵，使他们成为与父辈截然不同的一代新人类。

　　在这里，我们必须注意新知识分子与他们的对立者在年龄和接受教育方面的差异。显然，新派人物与旧派人物的年龄差异是巨大的，尤其是学生领袖大都是刚刚二十出头的年纪，这正是早晨八九点钟的太阳，朝气蓬勃。我们不妨直接考察五四人物的年龄差异，从中或许能分析出一些奥妙，并发现"年龄"在五四新文化运动和爱国运动中所发挥的特殊作用。

表一：五四新文化运动中的新派代表人物

姓名	籍贯	生卒年月	1919 年的身份和在五四运动中的表现	1919 年年龄
蔡元培	浙江绍兴	1868—1940	北大校长，五四新文化运动的支持者	51
吴 虞	四川成都	1872—1949	四川成都教师，《新青年》撰稿人，五四新文化运动重要人物	47
陈独秀	安徽怀宁	1879—1942	北大文科学长，《新青年》和《每周评论》主编，《北京市民宣言》起草、散发者，"五四运动总司令"	40
鲁 迅	浙江绍兴	1881—1936	教育部佥事，《新青年》撰稿人，五四新文化运动"旗手"	38
沈尹默	浙江吴兴	1883—1971	北大教授，《新青年》编辑、撰稿人	36
邵飘萍	浙江金华	1884—1926	京报社长，著名记者，北大新闻研究会发起人之一	35
周作人	浙江绍兴	1885—1967	北大教授，《新青年》撰稿人，五四新文化运动重要人物	34
高一涵	安徽六安	1885—1968	北大教授，《新青年》编辑、撰稿人，《北京市民宣言》散发者之一	34
易白沙	湖南长沙	1886—1921	天津南开学校教员，《新青年》撰稿人	33
王星拱	安徽怀宁	1887—1949	北大教授，《新青年》撰稿人，《北京市民宣言》散发者之一	32
陈大齐	浙江海盐	1887—1983	北大教授，《新青年》撰稿人	32
钱玄同	江苏苏州	1887—1939	北大教授，《新青年》编辑、撰稿人，五四新文化运动重要人物	32
陶孟和	浙江绍兴	1887—1960	北大教授，《新青年》编辑、撰稿人	32
程演生	安徽怀宁	1888—1955	北大教授，《新青年》撰稿人，《北京市民宣言》散发者之一	31
李大钊	河北乐亭	1889—1927	北大图书馆馆长，《新青年》编辑、撰稿人，创办马克思主义研究会，五四新文化运动代表人物	30
刘文典	安徽怀宁	1890—1958	北大教授，《新青年》撰稿人	29
刘半农	江苏江阴	1891—1934	北大教授，《新青年》编辑、撰稿人，五四新文化运动重要人物	28
胡 适	安徽绩溪	1891—1962	北大教授，《新青年》编辑、撰稿人，五四新文化运动代表人物	28

表二：五四新文化运动中的旧派代表人物

姓名	籍贯	生卒年月	1919 年的身份和在五四运动中的表现	1919 年年龄
林 纾	福建闽县	1852—1924	正志中学校长，五四新文化运动反对派代表人物	67
严 复	福建侯官	1854—1921	北大首任校长，保守派支持者	65
辜鸿铭	福建厦门	1857—1928	北大教授，五四新文化运动反对派代表人物	62
章士钊	湖南长沙	1881—1973	北大教授，保守派支持者	38
马叙伦	浙江余杭	1884—1970	北大教授，《国故》月刊社成员，保守派支持者	35
刘师培	江苏仪征	1884—1919	北大教授，《国故》月刊总编，五四新文化运动反对派代表人物	35
黄 侃	湖北蕲春	1886—1935	北大教授，《国故》月刊社成员，五四新文化运动反对派重要人物	33
林 损	浙江瑞安	1890—1940	北大教授，《国故》月刊社成员，五四新文化运动反对派重要人物	29

表三：五四爱国运动学生领袖和代表人物（部分）

姓名	籍贯	生卒年月	1919 年的身份和在五四运动中的表现	1919 年年龄
许德珩	江西九江	1890—1990	北大学生，国民杂志社编辑股干事，《北京学生界宣言》起草者，32 名被捕学生之一，五四爱国运动学生领袖之一	29
匡互生	湖南邵阳	1891—1933	北京高师数学系学生，"工学会"重要成员，"火烧赵家楼"主角	28
何葆仁	福建厦门	1895—1978	复旦大学学生，上海学联主席，全国学联副会长，五四爱国运动上海学生领袖	24
郭钦光	广东文昌	1895—1919	北大学生，五四爱国运动中第一个牺牲的学生	24
傅斯年	山东聊城	1896—1950	北大学生，5 月 4 日北京学生游行示威总指挥，《新潮》主任编辑，五四爱国运动学生领袖之一	23
段锡朋	江西永新	1896—1948	北大学生，《国民》杂志社评议部议长，5 月 4 日天安门游行示威大会主席，北大学生会主席，北京学联主席，全国学联第一任会长	23
罗家伦	浙江绍兴	1897—1969	北大学生，《北京学界全体宣言》传单的起草者，《新潮》主任编辑。五四爱国运动学生骨干之一	22
张国焘	江西萍乡	1897—1979	北大学生，《国民》杂志社总务股干事，五四爱国运动学生组织骨干之一	22

（续表）

姓名	籍贯	生卒年月	1919 年的身份和在五四运动中的表现	1919 年年龄
屈 武	陕西渭南	1898—1992	陕西学联主席，"以头碰壁血溅总统府"，五四爱国运动陕西学生领袖	21
易克嶷	？	？	北大学生，《国民》杂志社总务股干事、经理部主任，北京学生 5 月 3 日晚学生大会主席，32 名被捕学生之一，五四爱国运动学生组织骨干之一	？

表四：五四运动中成长起来的革命家（部分）

姓名	籍贯	生卒年月	1919 年的身份和在五四运动中的表现	1919 年年龄
毛泽东	湖南韶山	1893—1976	北大图书馆佐理员，主持新民学会。五四爱国运动湖南省组织领导者之一	26
邓中夏	湖南宜章	1894—1933	北大学生，五四爱国运动学生骨干之一	25
恽代英	湖北武昌	1895—1931	五四爱国运动武汉地区组织者之一	24
罗章龙	湖南浏阳	1896—1995	北大学生，五四爱国运动学生骨干之一	23
高君宇	山西静乐	1896—1925	北大学生，五四爱国运动学生骨干之一	23
周恩来	江苏淮安	1898—1976	南开学校学生，五四爱国运动天津学生领袖之一，觉悟社重要成员	21
黄日葵	广西桂平	1898—1930	北大学生，五四爱国运动学生骨干之一	21
瞿秋白	江苏宜兴	1899—1935	外交部俄文专修馆学生，五四爱国运动学生骨干之一	20

表五：巴黎和会中国代表团主要成员

姓名	籍贯	生卒年月	1919 年的身份和在五四运动中的表现	1919 年年龄
陆徵祥	上海	1871—1949	外交部长，巴黎和会中国全权首席代表	48
施肇基	浙江余杭	1877—1958	驻英公使，巴黎和会中国全权代表	42
王正廷	浙江奉化	1882—1961	广州军政府外交总长，巴黎和会中国全权代表	37
魏宸组	湖北武汉	1885—1949	驻比利时公使，巴黎和会中国全权代表	34
伍朝枢	广东新会	1887—1934	南方军政府代表，巴黎和会中国全权代表（接任魏宸组）	32
顾维钧	江苏嘉定	1888—1985	驻美公使，巴黎和会中国全权代表	31

表六：五四运动中的北京政府及军警要人

姓名	籍贯	生卒年月	1919 年的身份和在五四运动中的表现	1919 年年龄
徐世昌	天津	1855—1939	中华民国总统	64
段祺瑞	安徽合肥	1865—1936	皖系军阀首领，前任国务总理，安福系北京政府的把持者	54
钱能训	浙江嘉善	1869—1924	中华民国国务总理	50
段芝贵	安徽合肥	1870—1925	京畿警备司令	49
吴炳湘	安徽合肥	1874—1930	京师警察厅总监、厅长	45
徐树铮	安徽萧县	1880—1925	陆军次长。6 月被任命为西北筹边使兼西北边防军总司令，7 月免职	39

表七：五四爱国运动中罢免的卖国贼

姓名	籍贯	生卒年月	1919 年的身份和在五四运动中的表现	1919 年年龄
陆宗舆	浙江海宁	1876—1941	前驻日公使，币制局总裁、中华汇业银行总理	43
曹汝霖	上海	1877—1966	中华民国交通总长	42
章宗祥	浙江湖州	1879—1962	驻日公使	40

综合上述七个图表数据，我们可以看到七类人群的平均年龄从小到大依次排列关系如下：

A. 五四运动中成长起来的革命家，8 人，平均年龄 22.87 岁；

B. 五四爱国运动学生领袖和代表人物，9 人，平均年龄 24 岁；

C. 五四新文化运动中的新派代表人物，18 人，最大年龄 51 岁，最小年龄 28 岁，平均年龄 34.55 岁；

D. 巴黎和会中国代表团成员，6 人，最大年龄 48 岁，最小年龄 31 岁，平均年龄37.33岁；

E. 五四爱国运动中罢免的卖国贼，3人，最大年龄43岁，最小年龄40岁，平均年龄41.66岁；

F. 五四新文化运动中的旧派代表人物，8人，最大年龄67岁，最小年龄29岁，平均年龄45.5岁；

G. 五四运动中的北京政府及军警要人，6人，最大年龄64岁，最小年龄39岁，平均年龄50.16岁。

从上述数字中，我们清楚地看到，A、B、C三类人群是新文化运动的领导者和生力军，A、B和C之间的年龄层次相差在11岁左右；而C类和F类人群，正是新旧思潮激战双方的代表人物，他们的平均年龄差距也整整是11岁。这难道只是一个巧合吗？

岁月不饶人。长江后浪推前浪。时人时事，时世时务，时空时局，时代时势，或许这一切都无法还原到历史的现场，但不可否认的是，在年龄面前，岁月无情，历史有价！五四的年龄，不禁令人想起梁启超的《少年中国说》："故今日之责任，不在他人，而全在我少年，少年智则国智，少年富则国富，少年强则国强，少年独立则国独立，少年自由则国自由，少年进步则国进步，少年胜于欧洲则国胜于欧洲，少年雄于地球则国雄于地球……"

毛泽东

周恩来

邓中夏

恽代英

黄日葵

高君宇

1921 年 5 月 31 日，少年中国学会部分成员合影
（后排右起：邓中夏、章志、李大钊、陈愚生、高君宇、黄日葵）

WU SI
YUNDONG

五四时期全国出现了各种社团组织，这是五四新文化运动和爱国民主运动的直接产物，同时对五四爱国运动的深入开展也起到了积极作用，反映了那个年代的知识青年生动活泼的精神风貌。

五四时期是中国新闻出版事业的大发展时期。随着新文化运动的不断深入，新式标点符号在报刊上的广泛应用，白话文逐步代替文言文成为主流语言，新期刊如雨后春笋狂飙突进，旧刊物与时俱进实行改革，形成了一股"报刊热"，有600多种新期刊和报纸面世。

第十二章
CHAPTER 12

五四社团和期刊

HUAZHUAN
Scene and Truth of History

WU SI YUNDONG

1919

4
5

　　五四时期全国出现了各种社团组织，这是五四新文化运动和爱国民主运动的直接产物，同时对五四爱国运动的深入开展也起到了积极作用，反映了那个年代的知识青年生动活泼的精神风貌。尽管这类社团组织形式、宗旨目的以及政治立场各不相同，甚至背道而驰，但在那个风雷激荡的年代，它们的存在就是文化的真实和历史的现场。

1. 新民学会

创立时间：1918年4月14日

宗　　旨：革新学术，砥砺品行，改良人心风俗。

主办刊物：《新民学会会员通信集》

1919年11月16日，新民学会部分会员在长沙周南女校合影（后排左四为毛泽东）。

创立地点：湖南长沙，湖南第一师范学校

发 起 人：毛泽东　蔡和森　何叔衡　萧旭东　张昆弟　罗学瓒　萧　三　陈绍休　邹鼎承　邹蕴真　陈书农　周名第　叶兆桢

2. 国民社

创立时间：1918年10月20日

宗　　旨：增进国民人格，灌输国民新知识，研究学术，提倡国货。

主办刊物：《国民》

创立地点：北京大学

顾问支持：蔡元培　陈独秀　李大钊　邵飘萍　蓝公武　徐宝璜

3. 新潮社

创立时间：1918年11月19日

宗　　旨：介绍西洋近代思潮，批评中国现代学术上、社会上各问题。不取庸言，不为无主义之文辞。

主办刊物：《新潮》

创立地点：北京大学

顾问支持：陈独秀　胡　适　蔡元培　李大钊　鲁　迅

发 起 人：傅斯年　罗家伦　徐彦之

4. 工学会

创立时间：1919年5月3日

宗　　旨：1.保持一种真实无妄、坚强不懈之精神；2.自由、平等、博爱、勤劳、奋进，为本团体所极端崇尚，而努力遵行者；3.各分子的思想非常纯洁，绝无卑鄙；心胸非常坦白，绝无虞诈；4.平时则互相研究各种学术，或建设教育事业；国有困难外交，则竭力以谋补救。

主办刊物：《工学》月刊（1919年11月创刊）

创立地点：北京高等师范学校

主要成员：季　尊　周　馨　石　樵　刘熏宇

　　　　　左礼振　范煜燧　匡互生　彭究德

　　　　　孙光策

王光祈

5. 少年中国学会

创立时间：1919年7月1日（发起时间为1918年6月30日）

宗　　旨：本科学的精神，为社会的活动，以创造"少年中国"。

学会信条：奋斗，实践，坚忍，俭朴。

少年中国学会在五四运动前后表现十分活跃，图为少年中国学会部分成员1920年在北京岳云别墅合影。右起第三人为李大钊，右二为黄日葵，左起第二人为邓中夏。

主办刊物：《少年中国》月刊，《少年世界》月刊

创立地点：北京大学

发 起 人：王光祈

6. 北京大学平民教育讲演团

成立时间：1919年3月23日

宗　　旨：增进平民知识，唤起平民之自觉心。

创立地点：北京大学

发 起 人：康白情　夏镜澄　易克嶷　朱一鹗　陈宝锷　陈兴霸　周长宪
　　　　　罗家伦　黄日葵　周炳琳　陈云程　廖书仓　许德珩　邓　康

7. 觉悟社

创立时间：1919年9月16日

宗　　旨：本着反省、实行、持久、奋斗、活泼、愉快、牺牲、创造、批评、

觉悟社成员在中央公园来今雨轩集会

互助的精神，求适应于"人"的生活——做学生方面的"思想改造"事业。抽象的话是：要本"革心""革新"的精神，求大家的"自觉""自决"。

主办刊物：《觉悟》《觉邮》副刊

创立地点：天津

主要成员：邓颖超（逸豪）（1）（女）　周之廉（珊）（3）（女）

　　　　　周恩来（伍豪）（5）　赵光宸（奈因）（9）

　　　　　薛撼岳（石逸）（11）　郭隆真（石衫）（13）（女）

　　　　　关锡斌（石霸，管易文）（18）　潘世纶（述庵）（石九）（19）

　　　　　胡维宪（念豪）（20）　刘清扬（念吾）（25）（女）

　　　　　李震瀛（宝森）（二八）（28）　马　骏（念九）（29）

　　　　　李锡锦（衫逸）（31）（女）

　　　　　郑季清（漱六，岩）（衫崿）（34）（女）

　　　　　张若名（衫陆）（36）（女）　张嗣倩（衫弃）（37）（女）

　　　　　谌小岑（施以）（41）（女）

　　　　　李毅韬（峙山，施山或施珊）（43）（女）

　　　　　谌志笃（武陵）（50）　吴瑞燕（女）　张淑文（女）

8. 北京师大平民教育社

创立时间：1919年9月

宗　　旨：研究宣传及实施平民教育。

主办刊物：《平民教育》

创立地点：北京高等师范学校

主要成员：（不完全统计）

丁一盛　上官尧登　王九龄　王文祺　王印武　王卓然　王育黎　方永蒸

尹道耕　甘南引　田毓藩　江 东　刘可依　刘建阳　刘笃仁　刘 杰

刘 瑛　任熙烈　朱崧毓　曲殿赓　向兴杰　吕士熊　杜元载　杜靖武

邵正祥　吴光煜　余先砺　邱祖铭　何熙春　汪振华　沈璇玑　李声堂

李思慎　李嘉乐　李燮治　李 劲　李 辉　周光宇　周调阳　武绍程

易庆年　姚以齐　范正恩　洪仲昭　胡国钰　侯毓春　马映图　徐名鸿

徐庭达　唐世芳　柴有恒　韦青云　荆桂森　袁烈成　袁晴晖　陈乃甲

陈文华　陈兆蘅　陈春阳　陈培章　陈璧如（女）　郭威白　郭 峻

梁世栋　梁冀镐　章 璞　常乃德　常道直　黄公健　黄公觉　黄秉衡

黄远诚　孙光策　冯克书　曹配言　崔唐卿　康绍言　陶德怡　张羽丰

张佐时　张秉洁　张国宪　张景贤　张鸿图　曾作忠　程希孟　傅作梅

叶尚宽　汤茂如　喻谟烈　杨成章　杨国础　杨连科　杨时昌　杨贻达

杨韶春　董 璠　赵廷为　赵书纬　赵惠谟　赵维桢　鲁世英　卢光润

卢怀琦　萧华清　萧树棠　薛鸿志　戴应观　谭书麟　关辅德

罗志英（女）　罗志儒　罗驭雄　罗锦章　罗 濬　苏廷槐

9. 北京大学马克斯学说研究会

创立时间：1921年11月17日

宗　　　旨：以研究关于马克斯派的著述为目的。

创立地点：北京大学

发 起 人：高崇焕　王有德　邓中夏　罗章龙　吴汝明　黄绍谷　王复生
　　　　　黄日葵　李 骏　杨人杞　李梅羹　吴荣沧　刘仁静　范 鸿
　　　　　宋天放　高尚德　何孟雄　朱务善　范齐韩

顾问支持：李大钊

10. 北京工读互助团

创立时间：1919年12月

宗　　　旨：本互助的精神，实行半工半读。

创立地点：北京大学

发 起 人：顾兆雄　李大钊　蔡元培　陈独秀　胡　适　周作人　陶孟和
　　　　　程演生　王星拱　高一涵　张申府　李辛白　孟寿椿　徐彦之
　　　　　陈溥贤　罗家伦　王光祈

11. 互助社·利群书社

创立时间：1917年10月8日·1920年初

宗　　　旨：群策群力，自助助人。

主办刊物：《互助》

创立地点：武汉武昌

发 起 人：恽代英

主要成员：（不完全统计，有部分会员的姓氏未查证）

恽代英	林育南	余家菊	沈光耀	刘世昌	廖焕星	李书渠	郑遵芳
林毓兰	郑兴焕	萧鸿举	魏君谟	绍 文	理 恒	冼 震	负 生
定 安	鲁 斌	周 杰	进 贤	胡竞存	弓 理	刘仁静	济 川
卢 斌	陈启天	野 青	铭 新	光 国	杨承典	昌 绪	子 俊
春 山	陈治平	萧禧理	吴华梓	克 俭	刘光起	敏 怀	唐际盛
方与健	余传骧	胡 熏	杨新民	李兆龙	邱宗鼎	廖焕南	张宜瑞
陈发文	汪崇涛	汪宗廉	汪厚达	王治霖	熊文略	赵得榜	夏 苏
魏以新	陈学渭	谢远定	李维翰	宛希俨	李铭新	龚士希	林 雯
开 鼎	梅 棻	远 谋	棣 华	家 重	刘念祖	业 裕	启 良
刘茂锦	吴光荣	治 新	光 楚				

12. 曙光杂志社

创立时间：1919年11月

宗　　　旨：本科学的研究，以促进社会改革之动机。

主办刊物：《曙光》月刊

创立地点：北京

主要成员：

第一批加入曙光杂志社成员（《曙光》一卷一期，1919年11月1日）

丁镇华　王晴霓　王统照（剑三）　宋　介（木鸡）　祁大朋

李树峻（子刚）　段　澜（茂淇）　范煜燧　徐彦之

第二批加入曙光杂志社成员（《曙光》一卷二期，1919年12月）

耿　匡（济之）　刘静君（女）　李鲁航

第三批加入曙光杂志社成员（《曙光》二卷一期，1920年）

郑振铎（西谛）　瞿世英

13. 少年学会

创立时间：1919年9月1日

宗　　旨：发展个性知能，研究真实学术，以进取精神养成健全少年。

主办刊物：《少年》半月刊

创立地点：北京高等师范附属中学

发 起 人：赵世炎　党家斌　陆鼎恒　夏康农　汪德耀

主要成员：（最后三人因有事退会）

张　鹏　夏　检（康农，元农）　李亮恭　汪德耀　陆鼎蕃　张肇基

陆鼎升　齐植寀　金嘉斐　李建藩　韩德章　邹斯复　王述达

党家斌（修甫）　石翼宪　胡思永　李工生　林熙盛　邢大安　赵世炎

陆鼎恒（惟一）　李树勋（弘毅）　章家瑞　何延熙　曹尔龙

14. 青年学会

创立时间：1919年底

宗　　旨：发展个性的本能，研究真实的学问，养成青年的真精神。

主办刊物：《青年》半月刊

创立地点：河南开封，河南省立第二中学

发 起 人：曹靖华　蒋光慈　汪涤源

主要成员：

曹靖华　汪涤源　蒋侠生（光赤、光慈、侠僧）　宋若瑜（女）　王锡赞

汪昆源　潘保安　叶禹勤　关畏滑　王培之　蒋鉴章（镜湖）　张　励

15. 觉社

创立时间：1920年初

宗　　旨：本互助精神，研究学术，做实现真理社会的运动。

主办刊物：《觉社新刊》半月刊

创立地点：北京西城，北京师范学校

主要成员：（不完全统计）

涤　洲　向　辰　王项成　王魁绅　毕若愚

16. 浙江新潮社

创立时间：1919年10月10日

宗　　旨：谋人类——指全体人类——生活的幸福和进化。

主办刊物：《浙江新潮》周刊（前身《双十》半月刊）

创立地点：浙江杭州

主要成员：（不完全统计）

施存统　沈乃器（夏衍）　赵平复（柔石）　俞秀松（俞松寿）　徐麟书

傅彬然　宣中华　杨贤江　谢锦文　汪馥泉　阮毅成　周伯棣　查猛济

17. 永嘉新学会

创立时间：1919年7月25日

宗　　旨：培养德性，交换知识，促进思想之改革。

主办刊物:《新学报》(半年刊,后改为季刊)

创立地点:浙江温州

主要成员:

余 纲(子和) 孙如怡(靖夫) 潘云路(志澄) 周煦海(曙霞)

李廷镳(立三) 张 绂(芸叔) 陈慕琳(君橄) 姜 琦(伯韩)

董锡麒(伯豪) 杨联芳(莲舫) 孙希贤(警儒) 陈慕亮(逸民)

胡荣铨(衡臣) 余宗达(冠周) 陈闳恕(叔平) 吴 浩(一林)

任宏中(公涵) 杨 畴(玉生) 张启贤(益三) 陈时坤(侠群)

许 旦(伯平) 余继敏(德逊) 朱 明(澹菴) 林 翀(云龙)

杨其苏(雨时) 周邦光(伯华) 李 通(达敷) 刘孔钧(复中)

徐贤学(士希) 董锡麟(仲光) 秦 煜(友文) 马 毅(孟容)

周邦新(守良) 马 范(公愚) 董岳龄(鸣皋) 洪 勋(超尘)

杨 起(志由) 张 强(毅敕) 陈闳慧(仲陶) 李镜湖(澂川)

胡方来(孚朋) 张 埙(律仙) 高 卓(莘夫) 陈绥章(博文)

周邦楚(季材) 周渭夫(渭夫) 谷 旸(寅侯) 刘文庄(淑书)

张 远(仲光) 梅祖芬(思平) 吕兆璜(熊蜚) 魏 钧(伯铭)

郑振铎(铎民) 蒋德新(伯铭) 叶 峤(志真) 陈时琳(仲璋)

许文锵(叔鸣) 周 濂(让泉) 沈卓民(圣怀) 张 抗(毅远)

刘定藩(定寰) 叶洪煦(仲光) 章 超(孟元) 冯祖兴(慎秋)

曾 亮(伯明) 柯 豪(剑侯) 吴孝乾(江冷) 刘定蔚(定宇)

梅祖芳(琼逸) 汪 镇(瘦影) 叶 震(旭东) 叶风虎(啸谷)

王书麟(书麟) 董鹤龄

18. 批评社

创立时间:1920年10月20日

宗　　旨:用冷静的头脑,科学的方法,发展批评的精神。

主办刊物:《批评》半月刊

创立地点:北京大学

主要成员：（不完全统计）

六　几　郭绍虞　玄　庐　罗敦伟　黄绍谷　正　厂　缪金源

19. 新人社

创立时间：1920年4月

宗　　旨：（没有明确）

主办刊物：《新人》月刊

创立地点：上海

主要成员：

罗君雄　鲍克勤　钟天赋　卢怀隐　卢正伸　刘亚民　德　荣　邓演存
赵南公　杨井湄　叶福绵　黄希纯　黄光清　黄　琳　张静庐　张　智
许敦谷　陈辉汉　陈建雷　陈攸序　陈伯熙　陈　方（大荒）孙锡麒
郭荫亭　郭青杰　徐益楸　徐益棠　胡华玟　胡根天　周畹兰　周叔贤
林刚明　林哲民　吴益论　李祖荫　汪梦华　汪自新　杜廷缵　邰光典
成　平（舍我）朱凤蔚　朱承洪　朱以书　朱　朴　正　厂　王无为
王吟雪　王　靖　震　汉　徐天恨

20. 改造社

创立时间：1921年1月1日

宗　　旨：改造社会。

主办刊物：《新江西》季刊和《青年声》

创立地点：江西南昌

主要成员：

袁玉冰（冰冰）石廷瑜　黄在璇　徐先兆　黄　道　刘　轶　黄家煌
江　岩　邹秀峰（努）熊国华　杨　柳　黄文中　丘秉铨　李　穆

涂梗科（振农） 刘意生 洪宏义 方志敏 苏 芬（春普）

方铭竹（兰湘）（女） 张悼陵 江宗海 汪 群 汪 伟 张石樵

黄湘陵 车驭卿 何 基

21. 共进社

创立时间：1922年10月10日

宗　　旨：提倡文化，改造社会。

主办刊物：《共进》半月刊

创立地点：北京

主要成员：（不完全统计）

张仲超 魏惜言 缎尧钦 郑子诩 张益如 谢右石 刘尚达 赵少西
方干才 徐振华 茹志卓 张国藩 郝梦九 赵保华 段实斋 刘子丹
李致煦 杜少勋 郝梦九 刘尚达 李 芳 刘天章 子 休

22. 平民学社

创立时间：1920年5月

宗　　旨：研究合作主义，提倡平民教育，发展平民经济。

主办刊物：《平民》周刊

创立地点：上海复旦大学

发 起 人：李荣祥 黄华表 毛 飞 谭常恺

主要成员：（不完全统计）

杨道腴 黄华表 傅耀诚 刘启邻 毛 飞 李 安 陆宝璜 倪鸿文
郭预育 王世颖（以上为平民周刊社时期主要职员） 余 愉 许绍棣
倪鸿文 侯厚培 沈汉章 陈文华 温崇信 朱其鎏 张廷灏 陆荣光
王世颖 陈 情 吴钟恩 孙锡麒 陆宝璜 吴 立 鲍思信 许凤声
郭预育 端木恺 沈国勋 张耀参 董志一 陈承荫 刘百年 陈国棉
文屠信 崇申蟠 唐 文 张文彤 龚鸿基 陆邦荣 黄维荣 陈仲明
柳晋勖 胡寄南（以上为平民学社时期主要职员）

23. 上海国民合作储蓄银行

创立时间：1919年10月1日

宗　　　旨：补助小本营业，提倡合作主义，鼓励同胞储蓄，解放平民经济。

创立地点：上海复旦大学

发 起 人：薛仙舟

24. 大同合作社

创立时间：1920年12月

宗　　　旨：本工读互助的精神，谋社会消费的利益。

创立地点：湖南长沙

主要成员：（不完全统计，有部分社员的姓氏待查）

郭开第　杨　叶　黄敬叶　张勉之　巢劲松　郭文炜　杨世才　张　农
朱景初　著　梅　玉　芝　敏　求　佳　竹　子　陵　天　赐　有　诸
嘉　林　开　慧　丕　声　季　生　劳　一　开　放　敬　敷　炳　星
家　骥　锡　群　有　储　志　杰

25. 合作期成社

创立时间：1920年12月

宗　　　旨：研究合作主义，提倡合作事业。

创立地点：湖南长沙

主要成员：（未详）

26. 武昌时中合作书报社

创立时间：1922年1月1日

宗　　　旨：以互助精神，供给社员消费，提倡合作主义，使得物质上及精神上的利益。

创立地点：湖北武昌

主要成员：（不完全统计）

胡　文　周云会　蒋在钟　汤子箴　闻声扬　刘子年　葛镇国　段瑶光

刘镇汉　曾则民

27. 上海合作联合会

创立时间：1922年12月31日

宗　　旨：谋相互的扶助，为普遍的宣传，养成合作人材，调查合作事业。

创立地点：上海

发 起 人：王世颖

主要成员：王效文　刘梅庵　刘圃青　朱镜清　郑重民　曹轶飞　许绍棣

　　　　　余　愉　张廷灏　王世颖（**总务书记**）

五四时期是中国新闻出版事业的大发展时期。随着新文化运动的不断深入，新式标点符号在报刊上的广泛应用，白话文逐步代替文言文成为主流语言，新期刊如雨后春笋般狂飙突进，旧刊物与时俱进实行改革，形成了一股"报刊热"，有600多种新期刊和报纸面世。

在当时，比较著名或影响比较大的主要是《新青年》《每周评论》《新潮》《国民》《少年中国》《少年世界》《建设》《解放与改造》等。当然，五四时期新创刊的期刊数量多而杂，水平也是良莠不齐，其突出的特点都是充满激情，目标远大。一方面是因为这些期刊的创办人大多是新知识青年，许多人是大学学生，有的具有海外留学的经历，

五四时期的各类期刊

1919
5.4
SCENE
TRUTH
五四运动画传
历史的现场和真相

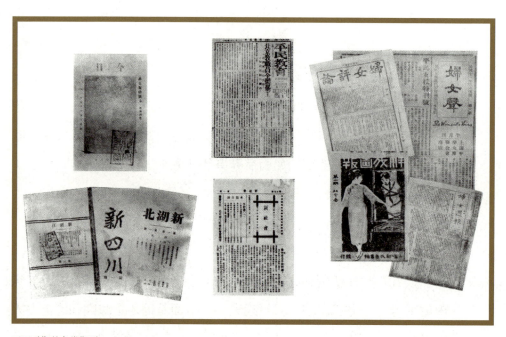

五四时期的各类期刊

《湘江评论》

见多识广，抱负满怀，对未来充满信心，敢于独创，不拘一格；另一方面是因为在那个混乱年代，知识青年们不愿当亡国奴，渴求祖国强大民族复兴，国仇家恨赋予他们一种民族的责任感和使命感。他们大多组成一个社团，以少有的叛逆精神和开放姿态，接受来自西方的新思潮，并直接行动起来。他们真可谓"革命的理想高于天"，有的公开宣称要"创建一个新中国""救社会"等等，但有些口号太空，甚至有哗众取宠之嫌，缺乏对现实的清醒认知。因为主观上的好高骛远和唱高调，导致现实和理想的距离、冲突越来越大，许多社团和期刊的主持人最终因缺乏恒心和韧性败下阵来。当然，其中也不排除军阀政府查封和国内战乱、社会不稳定诸因素的影响。因此，五四时期大多数的社团和期刊，如昙花一现，有的甚至仅仅出版了创刊号就停刊了。正如杜威1921年夏天对五四时期新闻出版的"繁荣"所作的考察，他说："正像它们都一律雄心勃勃一样，几乎也都昙花一现。但是它们比其他任何东西都更表明了这场运动的精神。"

五四时期的各类期刊

　　五四运动不但引发新期刊创办的热潮，也促成许多旧期刊的改革。比如《东方杂志》《教育杂志》《小说月报》《妇女杂志》《学生杂志》《中华教育界》等都与时俱进，完成了由文言文到白话文的转变，并开始介绍西方现代文化和思想。为了生存和发展，这些旧期刊不仅在语言、版式、内容上推陈出新，编辑从业人员也进行更新换代，真可谓是"不换脑筋就换人"。比如当时依然被保守的保皇党控制、在中国出版业具有垄断地位

《新生活》

《建设》

的商务印书馆，不得不"顺应世界之潮流"，不再沉缅于过去，开始改革：由其出版发行、已经创办16年的《东方杂志》在1919年6月就宣布根本改变编辑方针，放弃"反动的保守主义"；1920年起开始全部使用白话文，不久还聘请新青年胡愈之担任编辑。1920年12月，《小说月报》也聘请沈雁冰（即著名作家茅盾）担任编辑，1921年1月刊物立即面目一新，不仅开始翻译介绍外国文学，还首次发表了新文学作品。《教育杂志》在聘请李石岑担任编辑之后，在1920年1月就开始使用白话文。《妇女杂志》和《学生杂志》也都更换了新编辑。上海的《民国日报》和《时事新报》增加的副刊也受到了读者的热捧。而那些依然顽固保守的旧期刊则备受冷落，以致发行量减少，最后不得不停刊。

另外，五四时期，新书和翻译作品也大量出版。"五四事件发生后的那些年，至少有48家出版社出版西方著作的中译本。中国最大的出版社商务印书馆1912年出版407种，1915年出版552种，1919年出版602种，但到1920年出版数猛增到1284种。1919年和1920年中

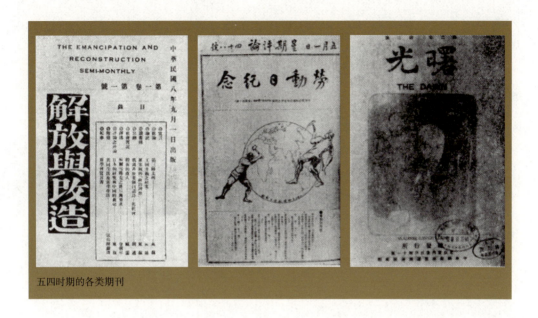

五四时期的各类期刊

国出版业迅速发展的指数可从那几年中国进
口的纸张数看出来，这是因为中国当时几乎
所有的新出版物都是用进口纸张印制的。从
1918年到1921年，纸张的进口数几乎翻了一
番。这是五四事件后的一个时期中国出版业
兴旺发达的又一证据。"[1]

《平民》

　　因此，从某种意义上来说，五四时期期刊
的"热潮"，不仅反映了中国新闻出版的繁荣，
也展示了中国新旧知识分子在爱国主义的旗
帜下划时代地结成了"统一战线"。他们通过
社团、期刊与广大普通民众建立了沟通的平

[1] [美]周策纵:《五四运动：现代中国的思想革命》，周子平等
译，江苏人民出版社1999年版，第185—186页。

《工学》

台和管道，传播新文化、新思想，不仅教育了社会和国家，也教育了自己。他们当中的精英分子，在时代的激流中扮演着开顶风船的角色，并迅速地成长壮大起来，在以后的几十年里成为中国社会、政治、经济、文学和科学等各方面的杰出人物和领导者。

后记
在历史面前，我愿意做一个思想者

　　我不知道这是第几次来到天安门广场了。写完《五四运动画传——历史的现场和真相》，我骑上自行车又来到了这里。从平安里的家中出发，沿着平安大道一直向东，在北河沿大街右拐，再向南来到五四大街，经过红楼，经过箭杆胡同，一直向南，来到长安街，再西行，到这个中国最著名的广场。每次站在这里，我都为自己是一个中国人感到骄傲，我好想发自肺腑地大喊一声：中国万岁！

　　往事并不如烟。90年前的五四运动是中国人民的共同记忆。五四运动的历史意义，已经写进了历史教科书；五四运动的伟大精神，已经如血液一样流淌在一代代爱国青年的心中。五四运动如诗如歌的光辉历程是一幅波澜壮阔的历史画卷，作为一个后来者，我在这画卷面前瞻仰、沉思、追寻，心潮澎湃。90年，在历史的长河中不算长，但对个体的生命来说却不算太短。穿越时空，在天安门广场，我似乎仍能感受到五四的脉搏和体温——爱国、进步、民主和科学。多年来，我一直在努力想用心中最美的文字，来描绘五四运动这伟大的画卷，从历史的细节中发掘时代精神，集中五四运动的图片、漫画、口号、传单、对联、图书以及五四期刊、社团等历史元素，再现五四运动这段人们知道但或许并不完全知道的历史，理性地将五四时代的那些人和事完整生动地还原到历史的现场——这也是本书叫《五四运动画传——历史的现场和真相》的原因。而这些历史资料是从90年前五四时代的人物发表的信件、文章和回忆录，以及历史学家、作家和编辑们至少在30年前发表的文章和著作中汲取的。就像任何一个对探究历史感兴趣的人一样，我要感谢先人和前辈们用辛勤劳动给我们留下的历史作品。

此时此刻，21世纪的我已经置身于中华民族伟大复兴的历史现场，见证历史，也告诉未来。站在天安门广场，想想自己为《五四运动画传——历史的现场和真相》这本书爬格子的日日夜夜，我的心中忽然有了诗的灵感和歌的旋律——

> 伟大的天安门广场，五星红旗和太阳一起飘扬
> 中国最著名的广场，是我们中国人宽阔的胸膛
> 东边的国家博物馆，那里的宝藏比爷爷的故事古老比奶奶的童谣悠长
> 西边的人民大会堂，是兄弟姐妹当家作主行使权力的地方
> 巍峨的人民英雄纪念碑挺直了炎黄子孙的脊梁
> 天安门城楼金碧辉煌，金星闪耀的国徽上有我老家的麦穗和高粱
> 中国人说到做到，没有什么困难可以阻挡
> 天安门是中国的心脏，人民在这里找到了前进的方向和团结的强大力量
> 大中华国泰民安，幸福生活中华民族共享
> 来到天安门广场，无论我走到什么地方
> 总忘不了毛主席他老人家那慈祥的目光
> 离开天安门广场，无论我走到什么地方
> 我的中国心永远和五星红旗在一起飘扬

在历史面前，我愿意做一个思想者。在五四运动90周年之际，我希望《五四运动画传——历史的现场和真相》作为我思想绽放的花朵，用以纪念伟大的五四，献给伟大的祖国。

丁晓平

2008年12月于北京西皇城根

主要资料来源和参考书目

1. 陈独秀主编:《新青年》第1卷至第9卷54期，群益书社，1915年9月至1922年7月。

2.《五四爱国运动资料》，科学出版社1959年版。

3. 汪原放:《亚东图书馆与陈独秀》，学林出版社2006年版。

4. 丁守和等编:《五四时期期刊介绍》(第1集至第3集6册)，生活·读书·新知三联书店1979年版。

5. 张允侯等编:《五四时期的社团》(1—4卷)，生活·读书·新知三联书店1979年版。

6. 社科院近代史所编:《五四爱国运动》(上下)，中国社会科学出版社1979年版。

7.《五四运动回忆录》，中国社会科学出版社1979年版。

8. [日]实藤惠秀:《中国人留学日本史》，谭汝谦、林启彦译，生活·读书·新知三联书店1983年版。

9.《北京大学校史馆展览导读》，内部资料，北京大学校史馆编。

10. 张国焘:《我的回忆》，东方出版社1991年版。

11. 彭明:《五四运动史》，人民出版社1984年版。

12. [美]周策纵:《五四运动:现代中国的思想革命》，周子平等译，江苏人民出版社1999年版。

13. 任建树:《陈独秀大传》，上海人民出版社1999年版。

14. 刘永明:《国民党人与五四运动》,中国社会科学出版社1990年版。

15. [英]马格丽特·麦克米兰:《大国的博弈》,荣慧等译,重庆出版社2006年版。

16.《北京大学学生运动史(1919—1949)》,北京出版社1979年版。

17. 王树棣等编:《陈独秀评论选编》,河南人民出版社1982年版。

18. [美]费正清主编:《剑桥中华民国史》,杨品泉等译,中国社会科学出版社1998年版。

策划编辑：刘智宏

责任编辑：刘智宏　苏向平

图书在版编目 (CIP) 数据

五四运动画传：历史的现场和真相 / 丁晓平著 . —北京：人民出版社，2019.5

ISBN 978-7-01-020692-9

Ⅰ . ①五… 　Ⅱ . ①丁… 　Ⅲ . ①五四运动—史料 　Ⅳ . ① K261.106

中国版本图书馆 CIP 数据核字（2019）第 078281 号

五四运动画传——历史的现场和真相

WUSI YUNDONG HUAZHUAN——LISHI DE XIANCHANG HE ZHENXIANG

丁晓平　著

人民出版社　出版发行

（100706　北京市东城区隆福寺街 99 号）

三河市龙大印装有限公司印刷　新华书店经销

2019 年 5 月第 1 版　2019 年 5 月北京第 1 次印刷

开本：710 毫米 ×1000 毫米　1/16　印张：20.25

字数：280 千字

ISBN 978-7-01-020692-9　定价：69.00 元

邮购地址　100706　北京市东城区隆福寺街 99 号

人民东方图书销售中心　电话（010）65250042　65289539